KB061995

BECOMING
KIM JONG UN

CIA가 심층 분석한 북한 젊은 독재자 김정은의 삶과 야망

BECOMING KIM JONG UN

비
커
밍

김
정
은

박정현 (JUNG H. PAK) 지음 | 손용수 옮김

일러두기

· 본문의 괄호 안 글 중 옮긴이가 독자의 이해를 돕기 위해 덧붙인 글에는 '옮긴이 주'로 표시했다.

· 본문에서 언급되는 단행본이 국내에서 출간된 경우 국내서 제목으로 표기했고, 출간되지 않은 경우 원제를 직역하고 원어를 병기했다.

· 단행본 제목은 겹낫표(『 』), 논문·영화·방송 프로그램 제목은 홑낫표(「 」), 잡지·신문 제목은 겹화살괄호(《 》)로 표기했다.

· 외래어 표기는 국립국어원 외래어 표기법을 따랐다.

프롤로그

2011년 12월 28일.

　이날은 극적인 선전 효과를 노리는 북한 입장에서도 김정일의 장례식을 치르기에 더할 나위 없이 좋은 날이었다. 춥고 으스스한 데다가 눈발까지 흩날렸다. 새하얀 눈이 까만 영구차와 그 위에 놓인 관 그리고 조문객들의 복장과 흑백의 대비를 이루었고, 북한 정권을 수립한 김일성이 사망한 1994년 이래 자신들을 통치해온 '경애하는 지도자'와 작별을 고하는 북한 인민들의 우울한 심정과도 묘한 조화를 이루었다. 눈 속에 장례 행렬이 서서히 움직이기 시작하자 길가에 줄지어 서 있던 북한 인민들은 (진심이든 아니든) 눈물을 흘렸다. 개중에는 슬픔에 겨워 실신하거나 경련을 일으키는 이도 있었다. 남녀노소 할 것 없이 가슴을 치거나 움켜쥐었고, 서로 부둥켜안고 위로하거나 땅을 치며 괴로워했다. 슬픔을 집단으로 표출하는 사람들의 울부짖음으로 고막이 터질 듯했다. 아마도 이 요란한 통곡이 죽은 지도자에 대해 그렇게까지 열렬한 감정을 느끼지 못했던 군중의 마음까지도 마구 흔들어놓았으리라.

장례 행렬의 선두에는 앳된 얼굴을 한 북한의 새 지도자 김정은이 있었다. 긴장한 듯 굳은 얼굴과 그 위를 타고 흐르는 눈물에서 그가 진정으로 느꼈을 슬픔이 묻어나기는 했지만, 그는 묵묵히 걸으며 끝내 침착함을 잃지 않았다.

그는 이제 고아가 되었다.

그의 어머니는 그가 20살 때 유방암으로 사망했다.

독재자이자 아버지였으며 열렬한 영화광이던 김정일은 이 마지막 작품(자신의 장례식)이 여러모로 꽤나 마음에 들었을 것이다.

2011년 12월 17일.

북한의 관영 매체인 「조선중앙통신」은 김정일의 사망 원인을 '과로에 의한 심장마비'라고 밝혔다. 그리고 이는 그리 놀랄 만한 일이 아니었다. 사실 김정일의 건강에 문제가 있다는 것은 누구나 잘 알고 있었다. 2008년 말에 그는 뇌졸중을 앓았고, 심장병

가족력까지 있었다. 그의 아버지인 김일성도 심장마비로 사망했다. 거기에 평소 흡연과 음주와 요란한 파티를 즐기는 그의 생활 습관이 언젠가는 발목을 잡을 날이 오리라 예상했다.

김정일이 뇌졸중을 일으킨 직후인 2009년 초, 나는 미국 중앙정보국Central Intelligence Agency, CIA에서 정보 분석 업무를 시작한 새내기 정보 분석가였다. 그리고 그즈음 열린 북한최고인민회의 춘계대회에서 오랜만에 대중 앞에 모습을 드러낸 김정일은 상당히 야위어 있었다. 한때 통통하게 살이 올랐던 양 볼은 가죽만 겨우 남아 광대뼈에 찰싹 달라붙어 있었고, 걸음 또한 매우 조심스럽게 느릿느릿했다.

김정일의 갑작스러운 사망으로 전 세계는 불안감에 휩싸였다. 한국은 즉시 국가안전보장회의National Security Council, NSC를 소집하고, 군과 민방위 경계 태세를 강화했다. 가까운 나라 일본 역시 위기관리팀을 꾸렸다. 그 시각 백악관은 성명을 내고 '동맹국인 한국 및 일본과 긴밀하게 접촉하고 있다'라고 밝혔다. 당시 나는 버지니아주 랭글리Langley에 있는 CIA 본부에서 평양의 불안정한 징후를 예의 주시하며, 젊고 경험 없는 새 지도자의 통치하의 북한이 어떤 방향으로 움직일지 분석하기 시작했다.

북한 정권은 김정일이 사망하자마자 차기 통치자를 둘러싼 의문이나 혼란을 불식하기에 나섰다. 북한 관영 매체는 김정일의

'훌륭한' 삶과 영도력을 찬양하고 북한의 국부國父이자 조국 통일의 '북극성' 역할을 한 점을 높이 칭송한 뒤, 그의 아들 김정은의 영도력 아래 북한의 미래가 보장되고 있음을 즉각 천명했다.

> "오늘 우리 혁명의 진두에는 주체 혁명 위업의 위대한 계승자이신 김정은 동지께서 우뚝 서 계신다. 모든 당원과 인민군 장병, 인민은 김정은 동지의 영도력을 충실하게 받들어야 하며 당과 군, 인민의 일심단결을 확고히 하고, 이를 강철처럼 더욱 강화해야 한다. 우리 혁명의 길은 고달프고 우리를 둘러싼 상황은 냉혹하지만, 위대하신 김정은 지도자 동지의 영도 아래 앞으로 나아가는 우리 당과 군, 인민의 혁명적 전진을 막을 세력은 세상에 없다."

북한 정권은 이 젊고 경험 없는 새 지도자를 추어올리는 데 한 치의 부끄러움도 없었다.

김정은에게 아버지 김정일의 장례식은 불과 몇 년 전부터 본격적으로 시작된 공개 승계 구도의 절정이었다. 평양 주재 영국대사는 '각종 국가 행사에서 북한 간부들이 김정일과 젊은 장군 김정은을 위해 건배했다'고 전했다. 북한 국영방송은 80대의 북한 엘리트들이 자신보다 새파랗게 젊은 김정은 앞에서 고개를 숙이는 모습을 방영했다. 북한 정권은 김 씨 부자 세습의 당위성을 홍보하는 데 그치지 않았다. 그들은 김정은을 할아버지 '김일성의 환생'으로 선전했다. 김일성이 즐겨 입던 짙은 색 양복과 헤어스타일, 심지어 허리둘레까지 김정은이 쏙 빼닮았다는 점을 강조하면서 말이다.

하지만 김정은 스스로가 북한의 지도자가 되는 이 엄청난 부담을 진정으로 원했는지는 분명하지 않다. 만약 북한 내 엘리트 계층이 그를 받아들이지 않는다면 정치적 불안정과 집단 탈북, 피비린내 나는 숙청과 난민의 홍수, 심지어 군사 쿠데타까지 걷잡을 수 없는 사태가 뒤따를 수도 있다. 우리는 이런 상황 속에서 다양한 가설을 던졌다.

성급하고 무모하며 고삐 풀린 망아지 같은 김정은이 군사적 모험주의에 빠져 대대로 물려받은 핵무기와 그를 포함한 새로운 권력을 휘두를 것인가? 그의 목표는 북한의 정책과 행동을 지배하는 것인가? 아니면 좀 더 개방적으로 주변 사람들의 조언을 끌어내는 것인가?

당시 많은 아시아 연구가들은 "우리가 아는 북한은 끝났다. 북한 정권은 앞으로 몇 주 혹은 몇 달 안에 분열할 것이며, 결코 단결하지 못할 것"이라고 말하며, 김정은이 추락 또는 사망하는 급변 사태를 예측했다. 통치 경험이 전혀 없는 20대 중반의 젊은 지도자가 노련한 연장자들에게 제압당하고 권력을 빼앗길 수 있다는 의견은 일견 타당해 보였다. 연륜과 원숙함에서 나오는 지혜를 소중히 여기는 북한 사회에서 그의 젊은 나이는 치명적인 결함이었다. 더군다나 북한 주민들이 공산주의 사회에서 유례없는 두 번째 권력 세습을 지지할 리도 만무했다. 국제사회에서 고립된 가난한 나라 북한은 주민들을 먹여 살릴 수도 없었다. 아무리 김정은이 정통성을 확보하고 핵과 미사일에 매달려 자신의 입지를 고수한다 해도, 북한의 붕괴 가능성은 그 어느 때보다 높아 보였다.

김정은이 엄숙하게 아버지의 영구차를 뒤따라갈 때 이른바 '7인방'이라 불리는 당과 군 고위 간부들은 그를 둘러싸고 있었다. 이들의 권위 있는 역할과 새 후계자를 둘러싼 상징적인 자리 배치는 김정은이 현재 원로들의 지지를 받고 있으며, 앞으로도 그러할 것임을 짐작게 했다. 대부분의 전문가는 이 일곱 명의 원로가 당분간은 젊은 후계자의 '멘토' 역할을 할 것이라 내다봤고, 일부 전문가는 김 씨 일가의 우상화가 훨씬 진화한 형태일 거라고 예측했다. 즉, 김정은을 명목상의 우두머리로 내세우고 이 '섭정'들이 실질적으로 북한을 통제하게 되리라는 예상이었다.

하지만 이런 예측은 틀렸다. 그 후 몇 년간 김정은은 억압과 공포, 신흥 엘리트 계층 선출, 군과 보위 조직에 대한 통제라는 '독재적 메커니즘'을 활용해 자신의 권력 기반을 공고히 했다. 또 할아버지와 아버지에게서 부여받은 '북한의 유일한 지도자'라는 정통성 우상화 작업을 더욱 강화하는 데 힘을 쏟았다.

김정은은 물려받은 통제 도구를 유지하는 것에 만족하지 않았다. 미국 국무부 정보 분석가이자 북한에 대한 예리한 관찰자인 패트릭 매게크런Patrick McEachern은 아시아태평양 지역 전문지《아시안퍼스펙티브스Asian Perspectives》에서 군과 내각의 제도적 역할을 축소하고, 조선노동당을 자신의 단일 지도 아래 두는 등 김정은이 자신에게 권력을 집중시킨 과정을 자세히 소개했다. 집권 2년 안에 김정은은 7인방 중 다섯 명을 숙청, 처형, 강등 또는 기타 방법으로 제거하거나 주류에서 축출하여 주요 지도부 자리를 빈틈없이 차지했다. 이와 동시에 김정은은 신기술(사이버)과 재래식기술(생화학무기)을 사용해 자신의 강압 수단을 갈고닦으면서 북한의 위상을 '잠재적으로 미국을 타격할 수 있는 핵무장 강국'으로 끌어올렸다. 이 점에서 그의 타고난 유연성과 적응력을 엿볼수 있다.

현재 김정은이라는 젊은 통치자가 지정학에 행사하는 엄청난 영향력과 세계 안보에 가하는 위험성에도 불구하고, 대부분의 사람은 그에 대해 거의 알지 못한다. 북한은 언제나 강한 호기심을 불러일으켰고, 김정은의 행동을 해석하고자 굶주린 대중의 욕구를 채우기 위해 수많은 기사와 다큐멘터리, 전문가 인터뷰가 뉴스 매체를 가득 채웠다. 하지만 유감스럽게도 대부분의 해설과 보고서는 너무 단순해서, 역사적이고 지정학적인 맥락에서 본 깊이 있는 분석과 이해가 빠졌거나 한참 모자란 수준이다. 심지어 워싱턴 정가의 터무니없는 안보 발언은 김정은의 개성과 스타일, 그리고 북한의 문화와 정치를 깡그리 무시하기도 한다.

처음에 나는 미국 중앙정보국의 일원으로, 그리고 나중에는 미국 국가정보위원회의National Intelligence Council, NIC의 부국장으로서 한반도 문제에 관한 미국 정부와 외국 파트너들의 이해를 돕는 일에 앞장섰다. 미국 정보계에서 전략 분석을 주도했고, 백악관 정책회의에서 남북한에 대한 우리의 견해를 제시하기도 했다. 또한 미국 국가안전보장회의에 직접 분석을 지원했으며, 미국 국가정보국Office of the Director of National Intelligence, ODNI(중앙정보국, 연방수사국 Federal Bureau of Investigation, FBI, 국가안보국National Security Agency, NSA 등 15개 정보기관을 총괄하는 미국의 최고 정보기관-옮긴이) 국장과 그의 고위 참모들에게 북한의 주요 전개 상황과 새로운 문제에 관해 조언했다. 그리고 내가 분석가로서 발견한 유의미한 시기들은 김정은이 권력자로 부상한 시기와 정확히 일치했다.

이 책은 우리의 축적된 지식을 바탕으로 젊은 통치자가 이끄는 북한의 현실과 김정은이 오늘날의 그가 되기까지에 대한 과정을 다룬다. 전기적인 관찰을 통해 북핵 위기를 포함한 북한 정권의 역사를 말하고, 김정은의 열망과 관점, 자아의식뿐만 아니라 그가 바라보는 북한의 세계적 위상을 파헤치고 있으며, 앞으로 북한 문제에 지구촌이 어떻게 대응하고 접근해야 하는지에 대한 권고로 마무리한다.

눈발이 흩날리고 애절한 밴드 연주가 나지막이 울려 퍼지자 젊은 후계자는 기나긴 장례 행렬을 이끌고서 방부 처리한 아버지의 시신을 안치하기 위해 금수산태양궁전(평양시 대성구역 모란봉 기슭에 있는 곳으로, 김일성과 김정일의 시신이 안치되어 있다-옮긴이)으로 향했다. 그의 곁에는 여동생 김여정이 서 있었다. 그녀 역시 얼굴이 창백했고, 슬픔에 잠긴 어깨는 한없이 축 처져 있었다.

김정은은 자신의 아버지가 할아버지 김일성을 위해 했던 방식 그대로, 잘 조직된 아버지의 장례식을 주관하는 첫 번째 임무를 성공적으로 완수했다.

그렇게 그는 북한의 새 지도자로서 첫 발걸음을 내디뎠다.

차 례

1장
우쭐한 애송이에서 국제적인 정치가로

•

CIA 분석가들에게도 북한은 '다루기 힘든 상대 중에서도 가장 다루기 힘든 상대'다. 핵무기로 무장한 이 나라가 미국의 안보를 지속적으로 위협하고 있지만, 정작 우리는 북한 정권의 불투명성과 그들이 자초한 고립, 강력한 방첩 활동, 공포와 편집증 문화로 인해 아주 단편적인 정보만을 얻을 수 있기 때문이다. 그리고 이는 신뢰도 높은 정보를 제공하고 위험 요인을 예측해 경고하는 CIA의 능력을 크게 저해한다. 북한 정권 내 주요 리더들의 생일이나, 특정 기념일에 벌이는 김 씨 일가의 행방 등 아주 일상적인 정보조차 입수하고 검증하기가 어렵다. 북한은 외신 기자들의 입국은 허용하지만 이들의 움직임과 보도는 철저히 통제한다. 그리고 이들은 종종 핵심적인 진실을 신화로 만들어 묻어버리고 이를 해독할 수 없게 만든다.

어려운 목표든 아니든, 북한의 동향을 분석하는 일은 CIA에서 우리가 해야 할 일이다. 우리의 임무는 정책 입안자들에게 국가 안보를 겨냥한 위협을 경고하고, 미국과 세계의 이익을 증진할 수 있는 기회에 관심을 갖도록 조언하는 일이다. 때때로 우리는 대통령을 비롯한 고위 관료들의 긴급한 의사결정을 지원해야 하는데, 이때도 해결책을 조언하거나 위험을 경고하기 위해 그들과 독대한다. 우리는 기밀 정보부터 공개된 정보에 이르기까지 수많은 정보를 분석하고, 적국의 역사와 문화, 언어, 과거 협상 전력 등 우리가 아는 모든 지식을 통합한다. CIA 웹사이트의 경력 소개란에는 '정보 분석가들은 일관적이지 않고 불완전한 데이터를 꼼꼼히 살펴서 빠르게 분석해야 한다'는 내용이 명시되어 있다. 이는 마치 다른 시간과 장소에서 받은 여러 종류의 퍼즐을 한데 뒤섞은 뒤 다시 맞추는 일과 흡사하다. 그중에서도 새내기 분석관들은 반드시 '개개의 점을 연결'해야 한다. 즉, 단편적인 사실을 종합해 '어떤' 결론을 도출해야 한다. 국가와 대통령이 우리의 정보 분석과 객관적인 평가에 의존하고 있고, 이런 분석과 평가가 주요 정책 방향에 엄청난 영향을 미치기 때문이다.

특히 북한을 분석할 때는 퍼즐 조각을 맞추기가 더 어렵다. 퍼즐 맞추기를 한번 떠올려보라. 보통 우리는 완성된 그림을 미리 알고 퍼즐을 시작한다. 색깔을 맞추고, 모서리와 평평한 가장자리를 구분해 윤곽을 잡기도 한다. 그렇게 점차 그림의 모양이 잡혀가면 퍼즐을 완성하기가 쉬워진다.

단편적인 사실을 종합해 어떤 결론을 도출하는 것이 보기에는 간단해 보일 수 있다. 하지만 수집한 사실들을 어떤 순서로 연결할지는 어떻게 알 수 있을까? 제자리를 벗어난 점들이 복잡한 '전체 그림'과 맞지 않고, 다른 모양의 윤곽을 나타내는 것처럼 보일 때는 어떻게 대처해야 할까? 2018년 초 한국·미국·중국 정상과 만나기로 한 김정은의 결정과 수년간 자초한 고립, 그리고 호전적인 태도에도 불구하고 '평화를 원한다'고 말한 김정은의 발언은 기존의 윤곽에서 현저히 벗어나고 있었다. 많은 분석가가 그의 행동으로 인해 '어떤 점을 따라가야 하는지' 혼란스러워하고 있다.

정보 분석은 어렵고, 직관적이지 않다. 그래서 분석가는 모호함과 모순에 익숙해져야 하고, 추정에 의문을 제기해야 하며, 다른 가설과 시나리오를 고려하려는 사고방식을 끊임없이 훈련해야한다. 그리고 큰 위험이 다가오고 있음에도 정보가 충분치 않을 때 역시 정부 최고위 정책 입안자들이 중대한 결정을 내릴 수 있도록 '어떤' 결론을 도출해야 한다.

나는 CIA 분석가로서 받은 훈련 과정에 끝이 없음을 깨달았다. 랭글리에서 나와 동료들은 사고력을 향상하고, 분석 과정에서 과신하거나 현상에 만족하지 않는 습관을 기르기 위해 특별 훈련 과정을 이수했다. 모든 전·현직 CIA 분석가의 사무실에는 리처즈 휴어_{Richards Heuer}가 쓴 얇은 보라색 책 『CIA 심리학』이 있다. CIA에서 45년간 작전과 분석 분야에서 일한 휴어는 이 책을 통해 정보 분석가들이 사고하는 과정에서 어떻게 '약점과 편견'을 극복해야 하는지 그 방법을 전한다. 이 책의 요점 가운데 하나는 '분석가들이 자신이 기대하는 것을 더 크게 인지하는 경향이 있다'는 것과 '이런 기대 양상이 분석가들에게 무의식적으로 무엇을 찾아야 하는지, 무엇을 중요하게 생각해야 하는지, 그리고 보이는 것을 어떻게 해석해야 하는지를 말해준다'는 것이다. 말하자면 분석가의 고정관념이 이들을 특정 방식대로 생각하도록 유도하고 새로운 정보를 통합하는 방식에 영향을 준다는 뜻이다.

이 책은 우리에게 있어 바이블 같은 존재다. 그리고 이 책은 내가 일하는 브루킹스연구소_{Brookings Institution}에서 내가 손을 뻗으면 닿을 서가에 올려져 있다. 일을 하다 우연히 이 책을 보면 정보를 분석할 때, 특히 북한과 같은 어려운 대상을 연구할 때 '겸손'이 얼마나 중요한 태도인지를 떠올리게 된다. 휴어의 책은 내가 모르는 것이 무엇인지를 상기시켜주고, 증거를 따져보게 하며, 내

평가의 신뢰도를 측정하면서, 이런 미지수들이 내 관점을 어떻게
바꿔줄지를 평가하게 한다.

미친 뚱뚱보 애송이인가,
겁 없는 거인인가?

그렇다면 '김정은'과 '그가 이끄는 북한 체제'를 정확히 평가하
기 위해 우리가 극복해야 할 '기대와 인식'은 무엇일까?

김정은의 외모 때문에 우리는 그를 우스꽝스러운 만화 주인공
으로 그리는 경향이 있다. 거기에 북한 관영 매체의 과장된 언사
와 김정은 자신이 종종 내뱉는 황당한 발언, 사회주의 예술과 건
축물로 인해 영구히 굳어버린 과장된 이미지 탓에 그동안 김정은
은 너무 쉽게 희화화되었다. 20살 남짓한 청년의 얼굴에 남아 있
던 통통한 젖살과 서구 언론에 크나큰 파장을 일으킨 헤어스타
일, 그의 허리둘레를 숨기기에는 역부족인 볼품없는 인민복 재킷
과 펄럭이고 짤막한 바지 등이 김정은을 '진지하게 볼 필요 없는
애송이'로 만들어버렸다.

당시 트럼프 전 대통령을 비롯한 미국의 선출직 관료들은 김정
은을 '리틀 로켓맨Little Rocket Man', '병든 강아지', '미친 뚱보', '평양

의 돼지 소년'이라는 말로 얕잡아봤다. 김정은이 죽은 아버지의 권좌를 물려받은 지 불과 며칠이 지나지 않은 2011년 12월 23일 자《워싱턴포스트》에는 '김정은의 뇌가 완전히 성숙하지 않았다'고 일침한 어느 신경과학자의 칼럼도 등장한다. 이 전문가에 따르면, 뇌에서 '충동 억제와 장기 계획 수립'에 중요한 영향을 끼치는 전두엽은 20대 중반이 되어도 성장과 발육이 완전히 끝나지 않는다고 한다. 즉, 덜 발달한 두뇌를 가진 사람이 자국의 핵무기를 통제한다는 의미로 볼 때 실로 소름 끼치는 뉴스였다.

사실 진정한 북한식 유머는 따로 있다. '무언가를 보는 김정은 Kim Jong Un Looking at Things'이라는 이름의 한 블로그는 김정은이 신발 공장과 어장, 윤활유 기계 공장 등 여러 곳에서 (지금은 우리 귀에 익숙한) '현장 지도'를 하며 무언가를 유심히 바라보는 사진들로 채워져 있다. 김정은이 산 정상에서 깊은 상념에 빠진 채 늠름하게 노을을 바라보는 사진도 있고, 종마 위에서 위엄 있게 포즈를 취하는 사진도 있다. 김정은이 수행한 두 번째 실험이자 그가 원자폭탄보다 더 파괴적인 수소폭탄이라고 주장한 북한의 4차 핵실험이 있던 직후인 2016년 1월 18일에는 미국 주간지《뉴요커 The New Yorker》표지에 '핵무기와 탄도 미사일 등을 장난감으로 가지고 노는' 통통한 아기로 김정은이 묘사되어 등장하기도 했다. 이 사진은 김정은이 어린아이처럼 성질을 부리거나 변덕스러운 행동을 하고, 이성적인 선택을 할 수 없으며, 자신과 다른 사람들을 곤경에 빠뜨리기 쉽다는 것을 암시했다.

한편으로는 김정은이 젊다는 사실 때문에 '실은 그가 마음속으로는 개혁가이며', '외부 세계에 대한 접근 통로를 열어둘 수 있으리라는' 필연적인 가정도 뒤따랐다. 사실 1980년대 초 김정일이 권좌에 올랐을 때도 외부 세계에서는 그가 조국 현대화에 관심이 있는 젊은 개혁가일 것이라는 추측이 나돌았다.『두 개의 한국』이라는 책을 쓴 돈 오버도퍼Don Oberdorfer《워싱턴포스트》기자는 1982년 동독 대사관의 평가를 인용해 '김정일이 더 많은 고급 의류에 대한 선택권과 주류 소비를 공식적으로 인정했다'라고 말했다. 하지만 이런 초기 징후들은 표면적인 변화였을 뿐, 북한 정권이 근본적인 개혁을 모색한다는 징후는 아니었다.

한편 김정은이 북한을 국제사회의 일원으로 편입하여 65년 동안 심화해온 고립에서 벗어나기를 갈망한다는 징후도 있었다. 김정은은 할아버지 김일성과 아버지 김정일과는 달리 스위스에서 몇 년간 교육을 받았기 때문이다. 언젠가 북한 매체들은 평양에서 열린 한 콘서트에서 김정은의 모습을 담은 동영상을 공개했다. 이 동영상에는 디즈니 캐릭터들이 무대 주위를 돌아다니고, 만화영화 「덤보Dumbo」와 「백설공주와 일곱 난쟁이들Snow White and the Seven Dwarfs」 동영상이 대형 스크린에 투사되었다. 그리고 그 옆에서는 노출이 심한 옷을 입은 여성들이 바이올린을 연주하는 모습이 담겨 있다. 그때 김정은은 북한 지도자로서는 처음으로 부인 리설주와 함께 공개석상에 모습을 드러냈다. 김일성과 김정일은 부인과 함께 공개석상에 모습을 드러내거나 사생활이 노출되는 것을 극도로 꺼려했다. 그래서 이런 행보 하나하나가 김정은이 북한을 새로운 방향으로 이끌고 싶어 한다는 희망적인 신호로 해석되었다. 북한 관찰자들은 기대되면서도 무척 당황스러운 김정은의 행동에서 인지 부조화Cognitive Dissonance(사람들이 자신의 태도와 행동 따위가 서로 모순되어 양립할 수 없다고 느끼는 불균형 상태-옮긴이)를 겪고 있었다.

하지만 이런 희망과는 반대로, 우리는 확실히 재앙을 향해 가고 있다는 느낌을 쉽게 지울 수 없다. 무섭게 발전하는 북한의 사이버 전력과 핵무기, 발 맞춰 행진하는 수많은 군인, 그리고 호전적인 위협 등을 고려해볼 때 김정은은 '미친 뚱보 애송이'가 아니라 '무한한 힘을 가진 거인', 즉 막을 수도 없고 예측할 수도 없는 전지전능한 존재로 다가온다. 북한의 대륙 간 탄도 미사일Intercontinental Ballistic Missile, ICBM은 미국 서부 로스앤젤레스까지 도달할 수 있다. 그는 청와대를 '불바다'로 만들겠다고 위협한 적도 있다. 그는 무력 통일을 위해 남진南進할 준비가 된 백만 대군을 거느리고 있으며, 마음대로 사용할 수 있는 수십 기의 핵무기를 보유하고 있다.

게다가 김정은은 트럼프 전 미국 대통령을 '정신 이상자'라고 부르며 핵전쟁 가능성도 시사했다.

수수께끼에 싸인 남자

북한의 대류 간 탄도 미사일 시험 발사와 사상 최대 규모의 핵실험, 트럼프 전 대통령과의 잇따른 설전으로 제2차 한국전쟁 발발 위험이 최고조에 다다랐을 무렵인 2018년 초, 김정은은 갑자기 외교적 제스처로 방향을 전환했다. 연례 신년사에서 핵무기 대량 생산을 다짐하는 동시에 한국에서 열릴 평창 동계올림픽 참가에도 관심을 내비쳤다. 그 뒤 김정은의 여동생 김여정이 1945년 분단 이후 김 씨 일가로는 처음으로 남한 땅에 발을 들여놓았다. 이런 돌파구로 인해 문재인 대통령과 시진핑 중국 국가주석, 트럼프 당시 미국 대통령과의 고위급 정상회담 추진이 급물살을 탔다. 특히 김정은과 트럼프 전 대통령의 정상회담은 북한 지도자와 현직 미국 대통령의 첫 만남이었다.

김정은이 외교적 제스처로 방향을 전환하고, 언론이 그의 일거수일투족을 주시하면서 그는 '우쭐한 애송이'에서 다른 사람들처럼 걷고 말하고 회담에도 참석하는 '진짜 살아 있는 인간'으로 변

모했다. 그 덕분에 우리는 북한 매체의 여과를 거치지 않고 직접 김정은을 관찰할 수 있게 되었고 그에 대한 새로운 통찰을 얻으면서 '김정은'이라는 퍼즐 조각을 추가로 손에 쥘 수 있었다. 그는 문재인 대통령과 차를 마시고 시진핑 주석의 말을 경청했으며 트럼프 옆에 앉아 기자들의 질문에 답했다. 게다가 마치 이 모든 것을 몇 년 동안 해왔던 사람처럼 무척이나 자연스럽게 수행했다. 그는 유머 감각도 있었다. 여느 남편처럼 아내와 함께 식사를 했고 싱가포르에서는 시내를 관광하며 '셀카'도 찍었다. 자기 민족과 한반도에 평화와 번영이 깃들기를 원한다고도 말했다.

2018년 열린 정상회담은 김정은의 의도에 대해 열띤 논쟁을 불러일으켰다. 우선 김정은의 국제무대 데뷔는 '북한이 핵무기로부터 서서히 멀어지도록 미국이 정책을 바꾸고, 북한에 체제 안전 보장과 경제적 이익을 제공해야 한다'고 주장해온 온건파를 흥분시켰다. 이들은 남북 관계 개선에 대한 노력에 박수를 보냈고, 남북한 지도자가 미국의 개입 없이 한반도 평화를 위한 주도자 역할을 한 것에 축하를 보냈다. 하지만 반대로 오랫동안 한반도를 관찰해온 사람들의 입장은 달랐다. 그들은 김정은의 포용 전술이 북한의 탄도 미사일 보유와 개발, 핵분열 물질 생산에 대한 세계의 관심을 다른 곳으로 돌리고 국제사회의 제재 이행 욕구를 약화시키기 위한 '교묘한 속임수'에 지나지 않는다고 주장했다. 전직 정부 관료들과 북한과의 협상 경험이 많은 전문가들 역시 '김정은이 핵무기를 포기할 가능성이 매우 낮다'는 데 동의했다.

그의 진짜 의도가 무엇이든, 김정은의 책략에서 우리가 분명히 알 수 있는 것은 '그가 어떤 퍼즐 조각이 서로 맞는지, 어떤 점이 나타났다가 사라지는지를 스스로 통제한다'는 사실이다. 김정은을 새롭게 바라볼 수 있게 되면서 나를 포함한 정보계의 많은 이가 우리의 주요한 가정을 재확인할 수밖에 없었다. 그간 실패한 협상과 북한의 기만전술에 대한 과도한 부담 때문에 우리는 지금 전개되고 있는 국면을 명확하게 바라볼 수 없는 것 아닐까? 김정은은 북한을 봉쇄하려 했던 이전 세대와는 근본적으로 다르지 않을까? 김정은을 '훌륭한 지도자'라고 말한 트럼프 전 대통령을 비롯해, 김정은의 의도를 선의로 해석하려는 이들은 리처즈 휴어가 말한 현저성 편향Vividness Bias(사물이나 사람을 볼 때 전체를 보지 않고 눈길을 끄는 부분을 먼저 본 다음 이때 받은 인상만으로 사물 전체 또는 사람의 속내까지 판단하는 현상-옮긴이)에 빠진 것일까?

어쨌든 지금 전 세계에는 큰 위험이 도사리고 있다. 김정은이 너무 커버린 망나니인지, 아니면 지역 평화를 갈망하는 국제적인 정치가인지에 따라 세계 안보는 엄청난 영향을 받는다. 우리는 김정은의 능력을 과소평가하면서 동시에 과대평가하기도 한다. 그의 의도와 능력을 하나로 보고 합리성에 의문을 제기하면서도 그에게 전략적 목적과 자신의 목표를 달성하기 위한 뚜렷한 수단이 있을 것이라고 가정한다. 우리가 '김정은 정권'이라는 수수께끼를 계속 연구하는 것은 바로 북한의 '모호성' 때문이다. 김정은은 이런 모호성을 능수능란하게 이용하고 있다. 김정은의 진정한 모습, 즉 그의 세계관을 형성한 북한 정권의 뿌리와 그의 성격, 그리고 야망을 이해하지 못한다면 우리는 '비핵화'라는 목표를 훼손할 수 있는 정책 결정을 내리게 될 것이다.

BECOMING
KIM JONG UN

2장
신이 된 빨치산

1994년 7월의 어느 무더운 여름날, 할아버지 김일성이 심장마비로 사망했을 때 김정은의 나이는 고작 10살이었다. 김일성은 82년 생애 중 거의 50년 동안 북한을 국부로서 통치했다. 북한 내에 김일성 개인에 대한 숭배는 뿌리 깊게 박혀 있었고, 아들 김정일은 유일한 혁명 후계자로서 그 정당성을 인정받았다. '북한 인민들에게 김일성은 단순한 지도자 그 이상이었다.' 김일성 전기 작가 중 한 명인 브래들리 마틴Bradley Martin은 이렇게 썼다. '그는 자기 인민들에게 아버지의 사랑을 아낌없이 주었다.' 김일성은 분명히 종교가 되어 있었고, 북한 주민들은 진정으로 그의 위대함을 믿었다. CIA 최고 북한 분석가 헬렌 루이즈 헌터Helen-Louise

Hunter가 1999년 『CIA 북한보고서』에 서술했듯이 '많은 종교 신자들과 마찬가지로, 어떠한 의구심에도 불구하고 북한 주민들의 신념은 계속 유지되었다.'

김일성 정신은 북한 주민들의 생활 곳곳에 스며들어 그들의 오감을 자극했다. 모든 가정과 사무실, 상점, 교실, 건물마다 그의 초상화가 걸렸다. 수천 개의 기념물과 박물관은 북한 주민들이 김일성 정신에 끊임없이 노출되어 있음을 말해준다. 심지어 김일성은 북한 주민들이 일용하는 음식과 숨 쉬는 공기에도 녹아 있었다. 구소련과 중국, 기타 사회주의 진영(특히 동독)에서 흘러온 넉넉한 양의 원조에도 불구하고, 그들은 김일성의 농경 실험으로 인해 자신들의 삶이 풍요로워졌다고 믿었다. 김일성은 최고 지도자인 '수령'이었고 북한의 '심장'이었으며, '유일한 중심'이었다. 그의 생일인 4월 15일은 1960년대에 국경일로 선포되었다. 이날마다 국가에서는 선물을 나눠주고 불꽃놀이 같은 행사나 축제를 열어 마치 크리스마스 같은 분위기를 자아냈다. 이 영원한 주석은 죽어서도 시간을 초월해 살아 숨 쉬었다. 북한 달력은 1997년에 그가 태어난 해인 1912년을 원년으로 수정했다. 하지만 이런 김일성 숭배는 '자연스러운' 현상이 아니라, 수십 년 동안 세심하게 이루어진 세뇌 작업의 결과였다.

김일성의 장례식에서 울려 퍼진 "아버지!"라는 애통한 외침은 김일성 개인에 대한 숭배와 가부장적인 국가 질서를 교묘히 강화해온 북한 정권을 전 세계에 드러냈다. 이런 '가족' 안에서 아버지의 권위는 그 무엇보다도 중요하다. 아버지의 사랑과 자비는 구성원들에게 의심받지 않는다. 그 대신 아이들은 충성심을 갖고 존경을 보여야 하고, 가족과 아버지를 위해서만 행동해야 하며, 개인은 더 고귀한 '집단 선Collective Good'에 포함되어야 한다. 김일성은 충성심이 부족한 아이들을 처벌할 수 있고, 아이들이 자신의 실수를 만회하도록 기회를 주는 '정당한 권한'을 가지고 있었다. 궁극적으로 그들은 김일성 없이는 국가로서나 민족으로서 존재할 수 없었다. '아버지'의 영웅적인 행동과 모험을 담은 교과서와 강의를 보며 학생들은 학교에서 열심히 학습했다.

10살짜리 김정은에게도 할아버지 김일성은 전설적인 존재였을 것이다. 아이들은 어른보다 '전설'을 더 쉽게 믿는 경향이 있기 때문이다. 하지만 다른 아이들과 달리 김정은은 자신의 혈관에 혁명의 피가 흐르는 것을 느꼈을 것이고, 자신의 출생과 생물학적인 유전 덕택에 위대한 자긍심도 경험했을 것이다.

열강에 둘러싸인 나라

오늘날 미국은 북한을 '국가 안보의 최우선 과제'로 생각한다. 하지만 50년 전에는 전혀 그렇지 않았다. 대부분의 미국인은 영국의 절반 정도밖에 되지 않는 이 '작은 나라'가 향후 지정학적 관심의 초점이 되고, 동북아의 주요 긴장 요소가 되리라는 생각을 전혀 하지 못했다.

1945년 이전 한반도에는 '선'이 없었다. 중국 동쪽에 툭 튀어나와 북쪽으로는 중국·러시아와 경계를 이루고, 동쪽으로는 바다를 사이에 두고 일본 열도와 떨어져 있는 '하나의 나라'만이 존재했을 뿐이다. 조선이 주권 국가였던 1885년에 한반도에 들어온 한 미국인 선교사는 이 나라가 강대국들에 둘러싸여 있으나 중세로 거슬러 온 것처럼 낙후되어 있다고 이야기했다. 또 다른 선교사는 '조선이 20세기에서 약 2000년은 뒤떨어진 것 같다'고 말했다. 영국의 탐험가 이사벨라 버드 비숍Isabella Bird Bishop은 조선의 엄청난 악취에 큰 충격을 받았다. 수도 서울의 열악함은 이루 말로 표현할 수 없었고, 그 때문에 당시 상황에 대한 비숍의 묘사는 야박할 수밖에 없었다.

"약 25만 명으로 추정되는 사람들이 미로 같은 골목의 '바닥에서' 생활하고 있다. 이런 골목은 짐을 실은 황소 두 마리가 지나가기도 힘들 만큼 비좁다. 게다가 군데군데 고약한 냄새가 풍기는 구덩이와 집집이 내놓은 각종 쓰레기로 인해 녹색 진창으로 변한 도랑까지 보인다. 더럽고 악취가 진동하는 골목 가장자리는 햇빛에 눈을 껌뻑이는 크고 지저분한 개들의 놀이터다. 그곳에서 아이들은 거의 벌거벗은 채 뒹굴고 있다."

역설적이게도 당시 한국에 대한 기록에는 부정적인 상황뿐만 아니라 낭만적인 면모도 포함되어 있었다. 자국 독자들에게 낙관론을 주입하고 싶었던 미국의 선교사들은 '조선 사람들이 친절하고, 잘못에 너그러우며, 그리스도를 받아들일 준비가 되어 있다'고 주장했다. 또 이들은 한반도 자체가 동식물이 풍부한 신의 창조물이라고 이야기했다. 조선에 온 최초의 미국인 선교사 호러스 언더우드Horace Underwood는 1908년 조선의 기독교 발전을 자랑스럽게 여기며, '조선은 「사도행전Acts of the Apostles」(예수가 죽은 후 사도들이 성령의 인도로 유대에서부터 이방의 땅에까지 널리 복음을 전한 행적과 초대 교회의 발달 과정을 기록한 신약성경의 한 권-옮긴이)의 한 장으로 보인다'라고 기록했다.

지정학적으로 마구 다루어지는 존재이자 '후진적이지만 순종적인 나라'라는 인식이 일본의 식민지 침략을 정당화하기도 했다. 서울 사대문 안 일본 공사관 구내에는 깔끔하고 북적거리는 상점들과 깨끗하고 앙증맞은 집들이 들어서서 당시 조선의 모습과는 여러모로 극명한 대조를 이루었다.

20세기 전반 조선은 중국과 러시아, 그리고 일본과 서구 열강이 경제적·정치적·군사적 수단을 이용해 패권을 다투는 전쟁터로 변했다. 일본은 조선의 지배권을 놓고 1894년 청일전쟁에서 중국과 충돌한 뒤, 1904년에 러시아와도 충돌(러일전쟁)했다. 역사를 통틀어 한반도는 외세의 침략을 물리치기 위해 부단히 노력해왔다. 서양인들을 몰아내고, 일본을 무시하고, 중국과는 미온적인 관계를 유지하려 애쓰면서 '은둔의 나라'라는 별명도 얻었다. 하지만 19세기에 열강들이 새로운 시장과 패권을 추구하면서, 이런 제국주의적 충동이 조선의 국내 문제와 맞물리고 말았다. 농민과 군인의 반란, 지식인의 동요, 개혁 실패 등으로 인해 한반도는 결국 1910년부터 1945년까지 일제강점기를 겪어야 했다.

미국은 러일전쟁 발발 2년 뒤, 일본이 조선을 강제 병합하는 토대를 마련하는 데 일조했다. 시어도어 루스벨트Theodore Roosevelt 대통령은 1905년 7월 가쓰라-태프트 밀약Taft-Katsura Agreement에서 일본의 조선 지배를 인정했다. 이는 부분적으로 러시아의 팽창주의를 견제하고, 미국의 필리핀 지배에 대한 일본의 인정을 얻어내기 위한 속셈이었다. 루스벨트가 일본의 조선 지배권을 인정한 것은 일본에 대한 그의 전반적인 호감을 반영한 조처였다. 미국 대통령이 보기에 일본은 뚜렷한 근대화 성과, 의회, 성문 헌법, 군사적 패기 측면에서 모든 아시아 국가들 가운데 가장 뛰어났다. 1906년 루스벨트는 포츠머스 조약Treaty of Portsmouth(러일전쟁을 종결시키기 위해 1905년 일본과 러시아가 맺은 강화조약)을 중재한 공로로 노벨평화상을 수상했다. 하지만 이 조약으로 인해 한반도에는 잔혹한 일본 식민통치의 막이 올랐다.

그리고 결과적으로 일본의 조선 지배와, 동아시아에 대한 군사적·정치적 지배를 목적으로 한 일본의 계속된 원정이 '김일성'이라는 인물을 탄생시키고 말았다.

빨치산의 탄생과 신격화

북한의 '영원한 주석' 김일성의 본명은 김성주다(김일성은 가명이다). 그는 조선이 일본에 강제 병합된 지 2년 후인 1912년에 평양에서 태어났다. 김일성의 아버지 김형직은 조선 왕조가 외세에 굴복하기 직전, 단말마의 고통을 겪던 1894년에 태어났다. 김형직은 강반석(김일성의 어머니)과 결혼했는데 당시 김형직은 15살,

강반석은 17살이었다.

일본의 식민주의에 항거해 투쟁했던 다른 많은 조선인과 마찬가지로 김형직 역시 독립운동에 가담하여 '행동주의자'라는 죄목으로 처벌받았다. 그의 아들 김일성은 아버지와 삼촌이 민족주의 활동으로 감옥에 가는 모습을 보며 자극을 받았다. 김일성은 아버지를 처음 면회하러 갔던 감옥을 '죽음의 장소, 치명적인 맹독'이라 회고했다. 그는 아버지를 단번에 알아보지 못했다. 드러난 몸 전체가 붓고 멍들어 있었기 때문이다. 이 광경을 보고 큰 충격을 받은 김일성은 자신의 회고록에 '감옥에 있는 아버지를 보았던 그 순간이 인생에서 가장 중요한 순간이었다'라고 적었다. '아버지의 몸에 난 흉터와 상처를 보며 육체적으로 고통을 느꼈다. 나는 일본의 악마들에게 복수를 맹세했다. 그들은 인간이 아니라 악마였다.' 김일성은 집안의 가장인 아버지의 뜻을 받들어 '어떤 대가를 치르더라도 조국 해방 투쟁에 온 힘을 다하겠다'고 다짐했다.

김일성의 부모는 짧고도 어려운 삶을 살았다. 그의 아버지는 31살에, 어머니는 40살에 세상을 떴다. 게다가 그들은 자식들이 먹고살 재산도 거의 남기지 않았다. 하지만 김일성은 (당시 김 씨 일가가 정통성을 가진 민족주의자들과 어떤 연결고리가 있었든지 간에) 자기 부모의 역할과 자신의 혈통을 대단히 과장했다. 예컨대 김일성은 자신의 증조부가 1866년에 대동강을 거슬러 올라와 조선에 통상을 요구하다 불에 타버린 미국 상선 제너럴셔먼호를 물리치는 싸움에 참전했으며 자신의 할아버지도 일제에 맞서 싸웠다고 주장했다.

비록 김일성의 이미지와 역사가 칭송 일색인 북한의 전기로 세련되게 다듬어지긴 했지만, 여러 객관적인 기술에 따르면 김일성은 진정한 조선의 민족주의 투사였다. 증오하는 일본인들을 무자비하게 살해했던 그는 한국 역사상 손꼽히는 고난의 시기에 명성과 추종자를 얻은 지도자 중 한 명이었다. 김일성은 1931년부터 일본이 점령했던 만주에서 일본 경찰과 군인들을 효율적으로 살해하는 킬러로 명성을 얻었다.

1930년대부터 1940년대까지 김일성은 덥고 습한 여름과 얼음처럼 차가운 겨울을 견디며 50~300명에 이르는 빨치산 부대를 이끌었다. 그는 중국인과 조선인으로 이루어진 부대를 지휘하며 만주에서 그를 추적하던 일본 특수경찰의 우두머리와 일본 장교 수십 명을 살해했다.

역사학자 브루스 커밍스Bruce Cumings는 김일성이 '부모 세대가 저지른 실패에 대한 경멸로 가득 차 있던, 외세 지배에 저항하는 조국을 건설하겠다고 결심한 젊은 혁명적 민족주의자였다'고 기술했다. 200쪽이 넘는 회고록에서 김일성은 이런 글을 남겼다.

"내 인생은 조국이 최악의 비극적 재난을 겪던 1910년대에 시작되었다. 내가 태어났을 때 조국은 이미 일본의 식민 지배를 받고 있었다. 우리 동포는 분노로 들끓었고, 나라 잃은 슬픔으로 피눈물을 흘렸다. 당시 조국은 사람이 살기에 적합하지 않은 생지옥이었다. 사람들은 혼이 나간 채 걸어 다니는 시체와 같았다."

김일성 사망 직전에 출판된 이 방대한 회고록은 거의 호메로스Homeros(유럽 문학 최고 최대의 서사시 『일리아스』와 『오디세이아』의 작가)의 서사시 같은 운율을 보여주고 있다. 이 회고록은 김일성의 무용담뿐만 아니라 만주 전장에서 담요도 없이 떨던 그의 깊은 절망감과, 마을 사람들의 친절을 맞닥뜨렸을 때 극에 달했던 그의 낙천주의를 노래한다. 생생한 그의 이야기는 사람의 마음을 사로잡는다. 전장의 냄새와 소리, 만신창이가 된 시체들, 날카로운 꼬챙이에 찔린 눈알, 혁명 활동의 대가로 잘려나간 손가락, 참수당해 저잣거리에 내걸려진 머리 등 조선인들에게 자행된 일본의 잔인성도 강조한다. 그는 '악마의 시대에 태어나 일본의 야만인들이 저지르는 최악의 행태를 보면서 자란 건 내가 감당해야 할 불행이다. 이것이 내 기억에 잊히지 않는 상처를 남겼고 그 후의 내 행동을 결정했다'라고 썼다. 어린 시절부터 잔혹한 현실을 목격한 김일성은 자연스럽게 조국을 망하게 만든 '조선의 엘리트'에게도 격노했다.

> "다른 나라들이 강력한 군함과 반짝거리는 기차를 타는 동안 우리의 봉건 지도자들은 말총 모자를 쓰고, 뼈만 앙상히 남은 더러운 당나귀를 타며 수백 년을 부패한 채, 숨 막히는 경기 침체 속에서 허송세월을 보냈다. 이들은 외국의 무력 외교에 굽실거리고 외세의 침략과 착취에 문을 열었다. 그 결과 조국은 제국주의자들에게 손쉬운 먹이가 되었다."

하지만 자신의 회고와 달리 김일성은 1940년에 대대적으로 조선 빨치산 토벌에 나선 일본군과 맞서지 않았다. 그는 자신의 소규모 빨치산 부대를 이끌고 소련으로 피신했다. 그가 소련에 가 있는 동안 많은 조선 빨치산이 전사했다. 소련에서 김일성은 소련군 장교 밑에서 공부한 뒤 소련 붉은 군대Red Army 80여단의 대위로 진급했다. 김일성이 용감하고 가차 없는 공격으로 일본군에 저항했다는 북한 정권의 선전과 달리, 그는 33살이던 제2차 세계대전 기간 전투로부터 멀리 떨어진 후방 부대에서 시간을 보냈다. 하지만 이 야심만만하고 잔인한 빨치산은 북한의 새로운 지도자가 되어 의기양양하게 금의환향했다.

1945년 한반도는 북위 38도선을 따라 잠정적으로 분할되었고, 김일성은 다른 민족주의자들과 치열한 공방을 벌인 끝에 소련을 등에 업은 한반도 북부의 지도자로 임명되었다. 한편 미국은 한반도의 남부를 장악했다. 미 육군이 기록한 한국전쟁사에 따르면 이때 75개의 개울과 12개의 강, 100여 개의 시골길, 8개의 고속도로, 6개의 철도가 임의로 분단되었다.

김일성은 20년 동안 한반도를 떠나 있었다. 평양 출신에다가 민족주의자와 공산주의자로서의 자격도 갖춘 김일성은 모스크바에 더 적합한 인물이었다. 하지만 그는 조국으로 돌아왔다. 그리고 잠재적 도전자들을 숙청하고, 강력한 감시·보안 기구를 조직해 반대 세력을 뿌리 뽑으며, 조직적인 폭력을 일삼고, 자신의 지배를 보장하기 위한 재교육 프로그램을 채택하는 등의 활동 끝에 1948년 9월 9일 김일성은 조선민주주의인민공화국의 건국을 선언했다. 그는 단순한 소련의 꼭두각시가 아니었다. 그는 살아남은 자였다. 정치 공작에 능수능란했으며, 베이징과 모스크바를 조종할 줄 아는 유능한 인물이었다.

전장에서 막 돌아온 뒤 도전자들을 물리친 김일성은 새로이 얻은 권력으로 한반도 통일의 길을 모색했다. 그의 이런 자신감은 젊음에서 기인했을 가능성이 높다. 아니면 분단 상황이 완전히 굳어지기 전에 도전할 기회를 엿보았거나, 오직 자신만이 한국을 다시 하나로 만들 수 있다는 '구세주' 역할에 이입한 것일지도 모른다. 어쩌면 이 모든 것이 그를 그렇게 만들었을 수도 있다. 실제로 그 당시 국제 환경은 '마음먹은 대로 행동해도 된다'는 그의 확신을 뒷받침하는 듯했다. 미국의 관심이 유럽의 재건과 소련의 확장 억제 등 서반구에 집중되어 있었기에 한국의 안보는 전략적 관심사가 아니었다. 전후 봉쇄정책Containment Policy(제2차 세계대전 후 냉전 시대에 미국이 구소련 등 공산권을 대상으로 취했던 외교정책-옮긴이)을 설계한 조지 케넌George Kennan은 1948년에 '미국이 가능한 우아하게, 하지만 신속하게 한국을 벗어나야 한다'고 주장했다. 한반도가 전략적 가치가 없다는 그의 주장에 딘 애치슨Dean Acheson 미국 국무부 장관과 합동참모본부도 동의했다.

김일성이 볼 때 서구는 황폐해져 있었다. 역사적 승리는 공산주의 쪽으로 기우는 듯했다. 1949년 중국에서는 마오쩌둥Mao Zedong과 중국 공산주의자들이 장제스Chiang Kai-shek가 이끄는 민족주의자들을 물리치고 내전에서 승리했다. 같은 해 소련은 원자폭탄 실험에 성공해 미국과 나란히 핵보유국으로 발돋움했다.

그리고 김일성은, 분단된 한반도를 공산주의 체제로 통일할 때가 다가왔음을 직감했다.

김일성의 교만

1950년 6월 25일 북한은 남한을 침공했다. 만주 유격대 출신의 베테랑 군인 수천 명과 훈련된 조선인민군 13만 5000명이 38선 이남으로 물밀 듯이 쳐내려와 사흘 만에 서울을 점령했다.

그해 여름까지 북한군은 한반도 남동쪽 해안의 부산 언저리를 제외한 남한 지역 대부분을 장악했다. 북한의 남침을 일주일 앞두고 CIA는 북한의 침략 의도에 대해 경고했다. 북한이 남한보다 압도적인 군사적 우위에 있다는 정보를 제공했으며, 이를 통해 북한이 '남한에 대한 통제력 증대'라는 외적 목표를 달성하려한다는 속내도 파악했다. 해리 트루먼_{Harry S. Truman} 대통령은 즉각 미군에 작전 명령을 내렸다. 이에 UN군이 3개월 만에 북한군의 허리를 치고 38선을 넘어 북진하기 시작했다. 그리고 미국의 이런 자세는 중국의 반발을 불러일으키기에 충분했다. 신생 공산주의 국가 중국은 한국전쟁에서 북한을 지원하기 위해 300만 명에 달하는 병력을 배치했다.

3년 넘게 진행된 한국전쟁의 휴전 협정이 1953년 7월 27일에 마침내 체결되자, 미국은 한국에 대한 방어 의지를 더욱 공고히 굳혔다.

한편 퓰리처상 수상 언론인이자 저술가였던 데이비드 핼버스

탬David Halberstam은 한국전쟁에 숨겨져 있던 역사를 재조명한 자신의 유작 『콜디스트 윈터』에서 '한반도에서 이루어진 양 진영의 거의 모든 주요한 의사결정은 오판에 의한 것이었다'라고 결론지었다. 옳지 않은 가정과 교만에 근거한 잘못된 결정은 한반도에 잔인한 동족상잔의 비극을 초래했고, 70년 전에 내려진 이런 결정들은 오늘날까지도 국제사회에 영향을 미치고 있다.

한국전쟁을 치르는 동안 김일성은 남한의 군중들이 북한 인민군을 환호하며 맞이하고, 함께 혁명의 대열에 참가하리라 생각했다. 또 김일성과 그의 소련 후원자들은 미국이 반격하지 않을 것이라는 그릇된 판단을 내렸다. 실제로 더글러스 맥아더Douglas MacArthur 장군이 이끄는 미군은 전장에 배치된 중국 전투기에 주의를 기울이지 않은 채 압록강을 향해 38선 이북으로 밀고 올라갔다. 결국 이것이 중국의 대규모 반격을 초래했고, 미군과 한국군은 남쪽으로 후퇴하게 되었다. 1950년 겨울 중국의 공세와 격화되는 전황으로 인해 트루먼 대통령은 핵폭탄을 사용해 단시간에 전쟁을 끝내라는 정치적 압력을 받았다. 심지어 맥아더 장군은 중국에도 핵폭탄을 사용할 것을 강력히 주장하며 트루먼의 권위에 공개적으로 도전했다. 거듭된 불복으로 맥아더 장군은 해임됐지만, 그 후에도 트루먼은 1951년까지 핵 옵션을 폐기하지 않았다.

한국전쟁의 사상자 수는 그 당시의 비극을 표면적으로만 보여 줄 뿐이다. 한국인 사망자와 실종자, 부상자는 남북한 전체 인구의 10퍼센트인 약 300만 명에 달했다. 그리고 약 90만 명의 중국군과 50만 명의 북한군, 40만 명의 UN군이 죽거나 다쳤다. 미군은 약 3만 4000명이 목숨을 잃었고, 약 11만 명이 다치거나 실종 또는 생포되었다.

그런가 하면 전쟁에 관련된 모든 자들이 정치범 처형과 민간인 학살 등의 만행을 저질렀다. 북한은 남한 주민들을 납치해 북한군에 징집했고, 집에 남아 있다가 북한 정권에 반공주의자로 지목된 사람들은 처형당했다. 미국은 태평양전쟁 때 퍼부었던 것보다 더 많은 양의 폭탄을 북한에 투하했다. 역사학자 찰스 암스트롱Charles Armstrong은 '태평양전쟁 당시 미국 공군은 50만 3000톤의 폭탄을 사용했다. 하지만 한국에는 그보다 많은 63만 5000톤의 폭탄을 사용했다'라고 기록했다. 심지어 숱한 전투로 단련된 맥아더 장군도 트루먼 대통령에게 직위가 해제된 직후 미국 상원에서 이렇게 증언했다.

"이런 참상은 본 적이 없다. 나는 그 누구보다 많은 피와 재난을 목격해왔지만, 내가 마지막으로 그곳에 갔을 때 보았던 참상은 내 온몸을 얼어붙게 만들었다. 전쟁의 잔해, 수천 명

의 여자와 어린아이까지… 그 모든 것을 보고 난 후 나는 그
자리에서 토하고 말았다."

전쟁은 북한의 모든 것을 파괴했다. 미국의 폭격으로 인해 공
장과 병원, 학교, 도로, 주택, 댐, 농장, 관공서 등이 무너졌고,
1952년까지 아무것도 남아 있지 않았다. 암스트롱의 주장대로,
3년 동안 이루어진 B-29(제2차 세계대전에서 사용된 미국의 전략폭격
기) 공습과 미국이 원자폭탄을 사용할지도 모른다는 두려움은 북
한 주민들의 집단의식에 깊게 새겨졌다. 이런 불안감과 공포는
전쟁이 끝난 후에도 수십 년간 계속되었다.

수백만 명이 집을 잃었다. 가족들은 필사적으로 사랑하는 사람
들을 찾아 헤맸다. 겨우 사춘기 청소년인 고아들은 어린 동생들
을 책임져야 한다는 사실을 깨달으며 싸늘하게 식어버린 부모의
시신을 부여잡고 오열했다. 김일성이 '미국이 불을 붙였다'고 주
장한 한국전쟁은 1953년 7월, 휴전으로 종지부를 찍었다. 하지만
엄밀히 말해 한국과 북한은 오늘날까지도 전쟁을 치르고 있다.
이산가족들이 처한 잔인한 상황 또한 여전히 이어지고 있다.

사람들이 공습을 피해 터널과 동굴에서 기거하는 동안, 김일성
은 '모든 것을 발아래 짓밟고, 무고한 양민들을 집단 학살하며, 아
이들과 임산부들을 불길 속으로 걸어차고, 노인들을 생매장한'

미 제국주의자와 남조선 사대주의자들을 축출하는 데 성공했다고 주장했다. 그는 이 엄청난 참화와 죽음을 '조국 해방전쟁'의 승리로 포장하는 데 여념이 없었다. 실패가 있었다면 그것은 자신의 잘못이 아니라 혁명정신이 투철하지 못한 사람들의 탓이라고 떠벌렸다. 애석하게도 북한 주민들은 그의 말을 철석같이 믿었다. 직접 전쟁을 목격하고 고통을 겪었으므로 김일성이 자신들의 유일한 구세주라 믿었다. 북한 주민들은 북한 정권의 설명을 받아들이고 나라를 재건하는 일을 도울 수밖에 없었다. 북한 정권의 선전에 따르면, 김일성은 마흔이 될 무렵 일본 제국주의자들을 한반도에서 몰아내는 과업에 집중했다. 그는 자신이 서울에 있는 '미국 이리떼'와 '남한 꼭두각시'들을 물리쳤다고 주장하면서 '구세주 신화'로 스스로를 포장했다.

김일성은 한국전쟁에서 몇 가지 귀중한 교훈을 얻었다. 한국전쟁 이후 미국은 한반도를 전략적 국가 안보 이익으로 간주하고, 필요하면 군사력으로 한국을 방어할 것이라 밝혔다. 중국이 미국의 침략에 맞서 싸울 것이라는 점도 분명해졌다.

김일성은 중국과 소련, 그리고 미국 '한가운데'에 있는 북한의 지정학적 위치를 통해 이런 강대국들을 서로 경쟁하게 만들어 전 세계 국면을 북한에 유리하게 이끌 수 있을 것이라 확신했다. 한편으로는 그간 북한 내에 군대를 주둔했던 중국에 더 이상 의존하지 않고 자신의 통제력을 강화해야겠다고 결심했다. 그리하여 1950년대 중후반에는 친중·친소 관료들을 추방하거나 처형했고 의심스러운 정적들을 '불충'이라는 명목으로 숙청했다. 또 중국 인민지원군Chinese People's Volunteer Army의 체제 수호 역할에 대한 언급을 모조리 지워버렸다. 그와 동시에 자신을 북한의 유일한 지도자로 만들기 위한 움직임을 강화했다.

김일성은 이오시프 스탈린Joseph Stalin의 후원을 받아 수월하게 개인화된 독재정치 체제를 구축할 수 있었다. 하지만 스탈린의 개인숭배와 공포 정치, 실패 정책 등을 비난하는 새 소련의 지도자 니키타 흐루쇼프Nikita Khrushchev가 등장하며 김일성은 불안한 상황에 놓이게 되었다. 러시아 출신 국민대 교수 안드레이 란코프Andrei Lankov가 기록한 바와 같이, 북한 체제 내에서 유일하게 김일성에게 도전하는 사건이 있었던 1956년대 북한 공산당 최고 당원들은 '개인적 이익을 위해 권력을 축적한 김일성에게 사회주의에서 벗어난 책임이 있다'고 비판했다. 김일성이 계속 반대 세력을 숙청하자, 소련과 중국은 대표단을 파견해 숙청을 번복하도록 그를 압박했다. 동시에 북한 정권 내 친중·친소 관료 집단을 복원하기 위해 더 깊이 개입했다. 하지만 이는 오히려 김일성이 자신의 정적들을 '파벌주의자'로 낙인찍고, '외세의 영향에 오염되었다'고 공격하게 하는 데 빌미를 제공했다.

김일성 우상화

김일성은 1955년 연설에서 북한식 사회주의 개념을 도입했다. 자신의 통치를 더욱 공고히 하고 그는 이 '자존'을 의미하는 주체사상으로 북한 주민들을 세뇌하기 시작했다. 주체사상을 이용해 자신을 반대하는 세력을 '불순하고 외국 열강에 복종하는 세력'으로 강조했고, (스스로 선포한) 북한 유일의 수령으로서 자신의 지위를 강화했다. 또한 그는 주체사상을 통해 역경을 정당화했으며, 전후 국가 재건을 위해 주민들이 더욱 열성적으로 일하기를 독려했다. 대외적으로는 북한의 자치권을 주장하면서도 사회주의 진영에서 벗어나지 않음으로써 중국과 소련을 더욱 경쟁하게 만들었다. 그 결과 북한은 더 강한 이웃에 아첨하고 따름으로써 더 많은 원조를 끌어낼 수 있었다.

세상을 적대적으로 보는 김일성의 시각은 그가 자라난 환경을 감안할 때 피할 수 없는 신념이었을 것이다. 그는 제국주의가 극성이던 시대에 태어났고, 부모의 이른 죽음으로 인해 주권 독립 국가나 안정된 가정생활을 경험하지 못했다. 그는 고난과 결핍, 공포와 불확실성에 익숙했던 반면 국가와 개인의 생존을 위한 투쟁에서 누구를 더 신뢰할 수 있는지는 알지 못했다. 김일성은 더 잘 교육된 민족주의자들을 이기기 위해 정치적·군사적 전쟁터에서 복종을 강요하고, 회유하고, 훔치고, 죽여야만 했다. 그는 자신의 작은 만주 빨치산 세력을 키우고, 그들에게 권력과 특권을 나눠주면서, 자신의 최고 지위를 보장하기 위해 그물처럼 촘촘한 정치적·군사적 충성 조직을 만들었다. 그러고 난 뒤 자신과의 유대감을 강화하기 위해 사회는 물론이고 그 사회를 구성하는 가족적·제도적 관계의 모든 측면을 재구성했다.

그 일환으로 1950년대 후반부터 북한 정권은 모든 주민을 '출신 성분'별로 분류하는 작업을 추진했다. 다시 말해 그들이 '충성스러운 혁명가' '지주나 자본가' '일본 제국주의 부역자'인지에 따라 '핵심' '동요' '적대'라는 세 가지 집단으로 분류한 것이다. 이런 분류는 세대를 걸쳐 대물림되었고, 출신 성분에 따라 특정한 특권을 부여받거나 거부당했으며, 계급에 따라 학교와 결혼 상대, 그리고 직장이 정해졌다. 예컨대 북한 사회에서 자기보다 하위 계층의 누군가와 결혼하는 것은 현명하지 못한 일이다. 집안에 오점을 남기는 데다가 자손들이 누릴 기회에까지 영향을 미치기 때문이다. 따라서 북한 주민들은 생존과 번영을 위해 개인의 욕망을 잠재우고 김일성에 대한 충성심만을 보여야 했다.

김일성은 교육에도 힘썼다. 교육이야말로 자신을 추종하는 사람들에게 안정된 국가를 누리게 하는 중요한 도구라고 믿었다. 처음 그는 교육을 이용해 대중들에게 사회주의 이념을 가르치면서 자신과 자신의 당파를 높이는 정권 서사를 만드는 데 주력했다. 하지만 시간이 흐르며 교육 제도의 초점은 점차 변화했다. 공산주의보다는 김일성과 그 일가, 그와 함께 싸운 빨치산들의 신격화가 주를 이루었다. 이런 변화는 김정일이 정치 무대에 진입하면서 더욱 두드러지기 시작했다. 아들 김정일은 칭송을 갈구하는 아버지의 욕구를 채워주며 김 씨 일가의 우상화를 더욱 강화했다.

김일성은 북한 주민들을 선하고 충성스러운 추종자로 기르기 위해서 어린이와 교육에 중점을 두었다. CIA 분석가 헬렌 루이즈 헌터는 김일성의 말을 빌려 '북한의 교육 제도는 기존의 사회 제도를 지키려는 의도'라고 말했다. 저명한 탈북민이자 북한 정치범 수용소의 참상을 전 세계에 폭로한 『수용소의 노래』의 저자 강철환 기자는 1960년대의 어린 시절을 '행복했다'고 기억했다. 김일성은 케이크와 사탕을 나눠주었고, 3년마다 교복과 모자, 구두를 보내주는 '산타클로스 할아버지'였다. 학교 교과과정에는 산수와 음악, 미술 등이 포함되어 있었지만 모든 아이들은 그보다 먼저 김일성 우상화 교육을 받아야 했다.

"김일성이 태어난 날과 시간은 언제인가? 그는 일본 제국주의자들을 상대로 어떤 영웅적인 위업을 수행했는가? 그는 언제, 어디서, 어떤 연설을 했는가? 우리는 이런 질문의 답을 기계적으로 외웠다. 급우들과 마찬가지로 나는 이런 중요한 사실들로 스스로를 꽉 채우는 것이 지극히 정상적인 일이라 생각했고, 그렇게 하는 것이 매우 기뻤다. 우리는 이런 종류의 교육으로 인해 우리의 정치 지도자들을 존경하게 되었다. 그들과 조국을 위해 모든 것을 기꺼이 희생하겠다는 마음이 샘솟았다."

헌터에 따르면, 버스와 지하철을 타고 전국을 누비며 농장과 학교 등을 방문해 최대한 많은 사람을 만난 김일성의 행보는 '사람들과 개인적인 친분을 쌓는 그의 특별한 천재성'을 보여주고 있다고 한다. 그는 실제보다 과장된 영웅적 인격으로 북한 주민들의 마음을 얻었다. 1983년 1월에 쓰인 CIA의 어느 문서에는 김일성이 북한 주민들의 마음을 얻기 위해 벌인 행보를 미국의 정치인과 비교했다. '북한이 펜실베이니아주 정도의 크기라고 생각해보라. 그런 국가의 카리스마 넘치는 통치자가 매년 150~200일을 길에서 보낸다면 어떠한가? 김일성이 40년이라는 세월 동안 북한 주민들과 형성한 관계를 쉽게 상상할 수 있을 것이다.' 이런 노력은 탈북민들조차 북한 정권 창시자에게 존경심을 가질 만큼 긍정적인 효과를 보였다.

김일성이 통치하는 북한에서는 아이들도 외부의 적과 싸울 태세를 갖춰야 했다. 강철환 기자는 다른 급우들과 함께 붉은청년근위대(1970년 9월 신설된 조직으로, 남한의 고등학생에 해당하는 중학교 4~6학년 남녀학생들이 대상인 조선인민군의 준군사조직-옮긴이)에 입대했다고 말했다. '아이들은 모조 소총을 들고 행진했다. 우리는 김일성의 작은 군대라고 느꼈다.' 고등학생들은 더 혹독한 훈련을 받았는데, '비상 공습 지침을 숙지하고, 적기의 공습을 피해 대피하는 법을 배웠으며, 주민들을 가장 가까운 방공호로 안내하는 일을 했다.' 조지 부시George W. Bush 행정부의 아시아 고문이었던 빅터 차Victor Cha는 북한 어린이들이 '미국 놈을 죽였다. 미국 놈을 죽인다. 미국 놈을 죽일 것이다'라는 문장을 외우며 영어 동사의 활용법을 배우고, 죽은 미군 수를 더하거나 빼면서 산수를 배운다고 지적했다.

이런 교육 방식은 대대로 이어졌다. 김일성 사망 1년 전인 1993년에 태어난 탈북민 박연미 씨는 쉬는 시간에 반 친구들과 줄을 서서 '미군 군복을 입힌 허수아비를 돌아가며 때리거나 찔렀다'고 증언했다. 박연미 씨는 "절대로 '미국인'이라고 말하면 안 됩니다. 그건 너무 공손한 말투니까요. '미국 놈', '양키 악마' 또는 '코쟁이 양키'라고 말해야 했습니다. 이렇게 말하지 않으면 적에게 너무 무르게 대한다는 비판을 받기 때문입니다"라고 회상했다.

서양 교육의 목적은 학생들이 비판적 사고력을 개발하고 시민 정신을 함양해 장차 사회의 생산적인 구성원이 되도록 준비시키는 것이다. 이와 달리 북한의 교육 목적은 '위대한 영도자 김일성'이 정의하는 현실에 바탕을 둔 불변의 진리, 즉 '김일성 교시'를 주입하는 것이다. 그때나 지금이나 김일성은 도덕적 행위의 유일한 권위자이자 계몽의 원천이다. 그의 아들과 손자는 북한을 건국한 김일성과의 혈연관계를 통해 그 정통성과 권위를 부여받는다.

북한 정권은 그들의 주민들에게 '무엇이든 할 수 있다는 주체 사상의 정신으로 완전 무장한 사회주의 낙원'을 제공했다고 의기양양했다. 하지만 북한 주민들은 북한 분석가 브라이언 마이어스 B. R. Myers가 묘사한 것처럼 '지도자의 보호 속에 있는 매우 취약한 어린아이 같은 종족'이었다. 이 어린아이 같은 순수성을 지키고 외세로부터 보호하기 위해 북한 정권은 끊임없이 위기의식을 전파하는 교육을 진행해야 했다. 북한 정권은 일제강점기 시절 빨치산 전투와 한국전쟁의 총체적 대미 항쟁을 재현하는 데 열을 올렸다. (그럼에도 불구하고 이들의 독립을 당연한 것으로 받아들여서는 안 된다. 남북한을 갈라놓은 비무장지대를 따라 불과 수 킬로미터 떨어진 곳에 미군이 주둔하고 있는 상황을 고려하면 지금까지도 외부 위협이 있기 때문이다.)

　젊은 김정은에게 할아버지 김일성은 오랫동안 기억에 남을 영웅이었다. 김일성 사망 당시 고작 10살이었던 손자는 그때부터 북한의 운명을 좌우할 자신의 사명을 어느 정도 알아챘음이 분명하다. 기근이 닥쳐와 수백만 명이 기아에 직면하고 있는데도, 북한 정권은 호화로운 장례식을 치르기 위해 비용을 아끼지 않았다. 러시아 전문가들이 맡은 시신 방부 처리에만 100만 달러가 넘게 들었으며, 유지비로 매년 80만 달러가 든다고 한다. 편집증 문화 속에서 자란 반일·반미 투쟁의 계승자이자, '북한 태양'의 직계 후손인 젊은 김정은에게 '폭력'이란 할아버지의 강력한 유산이었다. 김정은은 할아버지가 설계하고 아버지가 강화한 정치 세계 덕분에 사회적 피라미드의 정점에 앉았고, 그에 따르는 모든 자격을 얻었다. 북한의 생존과 김 씨 일가의 정통성 보전은 어린 손자 김정은이 할아버지로부터 물려받은 폭력과 특권을 얼마나 수용하는지에 달려 있다. 그래야 비로소 이 '젊은 빨치산'이 북한 정권의 창시자인 할아버지를 섬기는 '작은 신'이 될 수 있기 때문이다.

BECOMING
KIM JONG UN

3장
세습

•

1992년 여덟 번째 생일파티 자리에서 김정은은 여느 또래 미국 소년들처럼 배트맨이나 슈퍼맨 복장이 아닌, 별 한 개가 달린 군복을 차려입고 꼬마 장군으로 변신했다. 그의 옆에 있던 진짜 별 달린 제복을 입은 진짜 장군들이 김정은에게 경례했다. 보통 소년으로서는 상상도 못할 일이었다. "주변 사람들이 모두 이런 식으로 대했으니 그가 보통 사람으로 성장하기는 불가능했습니다." 김정은의 이모 고용숙은 가족과 함께 미국으로 망명한 뒤 몇 년이 지나 《워싱턴포스트》와의 인터뷰에서 이렇게 말했다.

누가 김정은에게 맞춤 군복을 주었는지는 알 수 없다. 우리가 아는 한 김정일에게는 적어도 세 명의 아들이 있다. 김정은과 그의 이복형인 김정남, 그리고 친형 김정철이다. 아마도 김정일은 세 아들 모두에게 같은 선물을 주었을 것이다. 그렇다면 왜 김정은만 경례를 받았을까? 아마도 김정은의 야심 찬 어머니 고용희의 의도적인 조처였는지도 모른다. 김정일의 애첩 중 한 명이었던 그녀는 자신이 낳은 두 아들이 후계자 경쟁에서 살아남기를 바랐을 것이다. 즉, 김정은과 김정철을 잠재적 후계자로 자리매김하는 동시에 이들의 지위가 장군들보다 위라는 사실을 확고히 하려 했을 가능성이 높다. 그리고 이즈음 김정일은 아버지 김일성으로부터 오랫동안 후계자로 지목되고 있었다.

김정은은 하인들과 각종 편의시설, 장난감으로 가득한 김 씨 일가의 저택에서 안락한 삶과 특권을 누렸다. 하지만 북한의 새 지도자로서 김정일의 성공은 보장할 수 없었다. 1990년대 초 북한은 경제와 인도주의, 안보 문제에 직면해 있었기 때문이다. 이런 상황에서 고령의 지도자는 불안정함을 감수한 채 장남에게 권력을 세습할 계획을 세우고 있었다. 지속적인 경제 원조가 절실한 상황이었지만, 소련과 공산권의 붕괴는 북한의 고립을 더욱더 심화시켰다. 심지어 전통적인 동맹국이자 주요 후원자였던 소련과 중국이 북한의 바람과는 달리 한국과 미국과의 관계를 강화하려 하고 있었다. 당시 한국은 1988년 서울올림픽을 개최하면서 경제 강국으로 부상했다. 반면 북한은 심각한 식량 사정으로 인해 국가 분위기가 재앙으로 치닫고 있었다. 불과 몇 년 안에 전체 인구 중 3~5퍼센트인 60~100만 명이 굶어 죽을 형편이었다. 수십 년간 잘못 관리해온 경제 정책에 기상 이변까지 겹친 결과였다. 설상가상으로 이 어려운 상황에 비밀 핵무기를 둘러싸고 미국과 대립까지 벌어졌다.

어린 김정은은 이런 골치 아픈 문제에 관여하지 않았을 것이다. 이 새로운 전략의 장기판 위에서 노는 법을 배우는 건 아버지 김정일의 몫이었다. 다행히도 김정일은 거의 50년 동안 북한을 통치하면서 세계 최초로 공산주의 왕조 세습의 기초를 닦은 '정치의 달인'인 아버지 김일성에게 그 노하우를 배울 수 있었다.

태양과 떠오르는 아들

김정일의 공식 전기에는 마치 구약 창세기처럼 첫 페이지부터 중요 인물들의 계보를 부각하는 '가계도'가 등장한다. 김일성이 사망하고 4년이나 지난 1998년에 출간된 이 전기에는 김일성의 빨치산 시절과 해방 후 의기양양한 세월의 행보는 빠져 있다.

김정일은 재임 기간 동안 여러 권의 공식 전기를 통해 자신의 초인적인 위업을 다듬고 꾸며왔다. 김정일은 아버지 같은 빨치산 경력이나 날카로운 카리스마가 없었고 잘생긴 외모도 아니었기에 공산주의 세계에서 유례없는 세습에 부담을 느꼈을지도 모른다. 그래서 그에게는 새 지도자로서 자신의 정통성을 높이기 위해 혈통과 신화, 진실과 거짓이 뒤섞인 이야기로 자신의 족보를 강조하는 공식적인 전기가 꼭 필요했다. 특히 자신의 출생을 '계보'로써 설명한 것은 김정일 탄생의 필연성, 즉 자신의 탄생이 초자연적 존재가 미리 점지한 일이라는 인식을 불어넣기 위함이었다. 이로써 김정일은 자신을 나라의 운명을 좌우하는 핵심 인물이자, 아버지의 유언을 이어나가는 유일한 수단으로 설정했다.

1998년에 출간된 전기에는 애국적인 김정일의 가족과 그 자신의 한민족다움을 강조했다. (전기에 따르면) 김정일은 1942년 2월 16일 백두산에서 태어났다. 아버지 김일성은 '북한의 국부'였고, 어머니 김정숙은 '국권 회복과 국민의 자유와 행복을 위해 평생을 투쟁해온 공산 혁명 투사'였다. 항일 민족해방운동을 주도했던 할아버지 김형직은 '일제강점기의 민족주의 운동을 공산주의 운동으로 바꾼 선구자'였다. 할아버지와 삼촌들 역시 '국권 회복을 위해 목숨 바친 혁명 전사들'이었다. 하늘에 나타난 쌍무지개와 샛별, 김정일의 탄생을 예언한 제비까지, 진실로 받아들여지거나 신념으로 여겨지는 신화들이 그의 출생 설화에 맛을 더했다. 김정일은 생후 3주부터 걸음마를 시작했고, 8주 만에 말문이

트였다. 그는 지도에 무언가를 표시하는 것만으로도 날씨를 바꿀
수 있었다. 공식 전기에 따르면 이미 김정일은 유치원생일 때부
터 전 세계에 대한 해박한 지식을 갖고 있었다. 한국전쟁 당시에
는 미군 비행기들이 몰려와 폭탄을 퍼부을 때도 아버지 곁을 지
키며 조언했다고 한다. 이에 관해 탈북민 박연미 씨는 '김정일이
대학생 때 1500권의 책을 썼고, 아주 어릴 때는 아버지를 위해 길
을 모래로 덮어 순탄하게 만드는 등 초능력을 지녔다'고 배웠음
을 회상했다. 또한 박연미 씨는 회고록에 '김정일은 어릴 적부터
놀라운 전술가였고, 군사 놀이를 할 때도 매번 새로운 전략을 내
놓아 그가 속한 팀이 늘 승리했다'고 썼다. 박연미 씨와 급우들도
훌륭한 어린 군사가 되어 놀이를 했다. '하지만 미 제국주의 팀에
는 아무도 들고 싶어 하지 않았다. 전투에서 항상 져야 했기 때문
이다.'

　사실 김정일은 1942년 백두산에서 태어나지 않았다. 김정일에
게는 '유라Yura'라는 러시아 이름이 있는데, 아마도 그는 1941년
김일성이 붉은 군대 88여단에 있을 때 시베리아 구소련 군영에서
태어났을 가능성이 크다. 1980년대 초 북한 정권은 김정일의 출
생 연도를 김일성이 태어난 해인 1912년과 조금이라도 더 닮게
하기 위해 1942년으로 바꿔치기했다.

김정일의 어머니 김정숙은 칭송 일색의 전기에서 묘사한 것처럼 초자연적인 인물은 아니었지만, 일본군과 맞서 싸운 여성 빨치산 부대의 일원이었다. 김정숙은 1940년 김일성과 결혼한 첫 정실부인이다. 그녀는 1935년 김일성 부대에 합류할 당시 10대 소녀였고, 주방 도우미로 일하다가 음식과 물자를 훔친 혐의로 일본군에 체포되었다. 김정숙은 남편 김일성의 바람기로 수모를 겪었지만, 김일성은 자신의 회고록에 '아내가 여러 차례 죽음의 문턱에서 나를 구했다'고 쓰면서 아내의 성실함과 헌신을 극찬하며 서로에 대한 연민도 드러냈다.

김정숙은 김일성의 옷을 자신의 체온으로 따뜻하게 말리고, 머리카락을 잘라 남편의 군화 끈을 만들었다. 혁명적 열성으로 가득했던 김정숙은 김일성과 동등한 지위를 차지하려 하지 않고 그를 '사령관'이나 '수상'이라고 불렀다. 그녀와 동년배인 이민 씨는 1999년 인터뷰에서 김정숙의 외모를 '상당한 미인이었다. 얼굴은 공주의 얼굴이었지만 여러 해 야전에서 생활했기 때문에 안색은 어두웠다. 눈썹이 검고 속눈썹이 길어서 매력적이었다'라고 묘사했다. 이민 씨는 김정숙이 빠르고 관대하며 다재다능했고 요리와 바느질에 능했으며, 김일성이 시베리아에 있을 때 만든 쇼에서는 연기와 노래 등으로 사기를 북돋는 데 이바지했다고 덧붙였다. 아첨을 뺀 그녀의 솔직한 증언에 따르면, 김정숙은 '끈질긴 성격의 문맹자'였다.

김정일의 어린 시절은 두 가지 비극으로 정리할 수 있다. 1947년 별명이 '슈라Shura'였던 3살짜리 동생이 죽고, 불과 2년 후 그의 어머니도 31살에 출산 후유증으로 사망했다. 겨우 8살이던 김정일은 망연자실했다. 그때 여동생 김경희는 갓난아기였다. 1년여 뒤 한국전쟁의 전황이 김 씨 일가에 매우 좋지 않은 방식으로 흘러가자 김정일과 김경희는 평양 자택을 떠나 중국에 정착해야 했다. 아버지는 어머니 김정숙이 살아 있을 때도 바람을 피워 10살 연하의 여성 김성애와 재혼했다. 가정을 잃은 이 두 어린 아이에게 그런 환경은 전혀 도움이 되지 않았다. 김일성과 김성애 사이에는 두 아들이 있었는데, 김정일은 아버지의 관심을 끌기 위해 이복형제들과 늘 경쟁해야 했다.

그럼에도 김정일은 국가 최고 지도자의 장남이라는 지위에 걸맞게 모든 특권을 누리고 존중을 한 몸에 받았다. 어쨌든 여러모로 김 씨 일가는 호화롭게 살았다. 그들이 '인민을 위해 희생하고 모든 고통을 감내했다'고 말하는 북한 정권의 선전과 달리, 김일성은 절대 권력을 쥔 채 모든 국가 자원을 마음대로 사용할 수 있는 권위주의자의 안락한 생활에 빠르게 젖어들었다. 1960년대까지 북한은 10년간 소련과 중국, 그리고 동유럽 국가들로부터 후한 경제 원조 혜택을 받았다. 김 씨 일가는 (의심할 여지없이) 여기서 비롯된 거액을 자신들의 탐욕을 채우는 데 사용했다. 1990년대에 망명한 인물이자 북한 권력의 핵심층 인사 가운데 가장 유명한 황장엽 씨는 '김일성과 그 일가에게는 특별한 호화 별장이 있으며, 그중 100개 정도는 김일성과 그의 아들 김정일이 가지고 있을 가능성이 있다'고 전했다. 그는 '경관이 조금이라도 자랑할 만한 장소라면 모조리 그들의 호화 별장을 위한 후보지로 지정되었다'고 말했다. '소규모 경호 부대와 보초병, 하인들이 지키는 이 별장에는 수영장과 테니스코트, 크리스털 샹들리에, 무도장이 있고, 해자와 인공호수로 둘러싸여 궁전과 같았다.' 아버지 외에 훈육할 어머니도 없이, 마음껏 가지고 놀 수 있는 장난감과 하인이 가득한 이 호화로운 저택에서 김정일은 작은 폭군으로 성장했다. 황장엽 씨는 김정일이 '최고 통치자의 아들이라는 자신의 지위를 친구들에게 과시하길 좋아하는 자만심 강한 아이였다. 좋아하는 건 무엇이든 하려는 이런 성향은 성장하면서 더욱 악화되었고, 아버지의 힘을 자기 것으로 만들려는 야망으로 변해갔다'라고 회고했다.

1950년대 청소년 시절, 김정일은 교사들에게 말대꾸를 일삼았지만 또래들에게는 매력적인 친구였다. 그는 친구들을 위해 파티를 열었고 오토바이를 타고 평양 시내를 활주했으며 또래 중 그 누구도 살 수 없는 멋진 옷을 입었다. 김정일의 학우들은 '그가 예술 감각이 뛰어나고 열정적이며 사교적'이라고 말했고, 황장엽 씨는 김정일의 첫인상이 '똑똑하고 호기심 많고 야심 찬 젊은이'라고 말했다. (실제 2000년 1차 남북정상회담에서 김정일을 만난 남측 고위 당국자는 김정일이 '합리적이거나 논리적이라기보다는 감성적이고 직관적'이라는 결론을 내렸다.) 헬렌 루이즈 헌터 분석가에 따르면, 김정일과 그의 친구들은 늦은 밤 텅 빈 도로를 빠르게 달리는 폭주족이었다. '과속으로 걸릴 염려도 없이 밤에 인적 드문 고속도로를 폭주하는 버릇없는 젊은이들을 상상하면 된다.' 젊은 독재자 김정일은 무모함과 잔인함, 바람둥이로 악명 높았지만 그 나름의 정치적 수완과 관료적인 통찰력으로 명성을 얻었다. 그는 아버지 김일성의 애정을 쟁취하기 위해, 특히 계모인 김성애와 자신의 가족(김성애의 장남 김평일)을 드높이려는 그녀의 야심에 대항하기 위해 이런 기술을 연마했다. 김정일은 자신이 느끼는 외로움과 계모와의 힘든 관계에서 오는 고달픔을 토로했지만, 아버지 김일성은 장남 김정일의 교육에 투자를 아끼지 않았고 선생들에게 보충수업을 시키고 특별히 관심을 기울이라고 지시했다.

김정일은 여러모로 아버지와 달랐다. 아버지처럼 근엄하지도 않았고, 인정 많은 아저씨처럼 붙임성 있지도 않았다. 위대한 지도자로서 갖춰야 할 신체적 위상도 부족했다. 김정일의 키는 155~160센티미터로, 김일성보다 15센티미터나 작았다. 하지만 김정일은 자신의 단점을 채우고도 남을 기술을 연마했다. 바로 '칭찬을 갈망하는 아버지의 욕구를 채워주는 능력'이었다. 김일성의 엄청난 욕구와 자아를 만족시켜주는 일은 김정일에게 부여된 무척 힘들고 끝없는 업무였다. 하지만 김정일은 10대 때부터 헌신과 충성심을 발휘하려고 노력했다. 황장엽 씨는 1950년대 말 소련을 방문한 김일성을 아들 김정일이 수행했는데, 거기서 김정일은 위대한 지도자의 모든 여정을 챙겼고 그날의 행사를 메모하며, 아버지의 구두도 직접 닦았다고 한다. 이에 감동한 김일성이 '내 아들은 정말 최고다. 그 말고는 아무도 믿을 수 없다'라고 말할 정도였다고 했다.

김일성은 언젠가 죽어야 할 자신의 운명을 직면하고, 누가 자신을 대신할 수 있을지 고려했다. 하지만 1980년까지는 공개적으로 후계자를 지명하지 않고 침묵을 지켰다. 속내도 과연 그러했을까? 1978년 기밀 해제된 CIA 문서에 따르면, 그는 일찍이 1970년대부터 장남 김정일을 키우기 시작했다. 당시 김정일은 조선노동당 중앙위원회에서 영향력 있는 조직지도부 부장을 맡고 있었다. 이는 곧 그가 '전국과 지역 차원에서 당 간부들의 승진과 전보, 좌천 등 민감한 인사 문제를 조율하는' 권한을 갖고 있었다는 것을 의미한다. CIA 평가에 의하면, 그 당시 젊은 김정일은 아버지의 생각을 통역하고 보호하고 선전하는 수석 보좌관으로서 역할을 다하는 일이 자신이 누릴 수 있는 가장 강력한 정치적 무기라고 생각했다.

김정일은 권력 승계 투쟁에서 최고의 자리에 오르기 위해 모든 억압 수단을 동원했다. 1978년 CIA는 김정일의 이런 노력을 다음과 같이 강조했다. '김정일은 사회 전체를 아버지의 생각으로 세뇌함으로써 당 간부들의 이념적 청렴도를 평가했으며, 청렴도가 부족하다고 판단되는 사람들을 비난하거나 좌천할 수 있는 위치에 있다.' 신념의 관리인이자 조직 업무를 담당하는 비서로서 김정일은 '장남'이라는 독특한 지위와 점점 커지는 자신의 관료적 힘을 발휘해 정권의 기반을 닦았다. 또한 이복동생 김평일을 저 멀리 한직으로 추방하고, 숙부와 계모 김성애 일가의 평판을 떨어뜨렸다.

이런 일이 끝없이 계속되었다. 황장엽 씨는 그때를 회상하며 '김정일은 아버지에게 자신이 가장 충성스러운 사람이라는 걸 보여주기 위해 아버지 측근들을 한 사람씩 지목했다'라고 말했다. '김정일은 이들이 충성스럽지 못하다고 주장했고, 이들의 이념이나 역량이 의심스럽다는 이유로 가차 없이 공격하고 제거했다.' 김정일은 충성심을 확보하기 위해 특권과 지위를 조금씩 나누어 주는 아버지의 모습을 본보기로 삼았다. 자기 가족을 거리낌 없이 정권 최고위직에 앉히고, 김 씨 일가가 지배하는 시대의 영속을 위해 족벌주의를 사용했다. 이는 김정일 자신을 '의심할 여지 없는' 지도자로 만드는 결과를 낳았다. 하지만 CIA는 1982년에 발간한 「북한 왕조가 형태를 갖춰간다The Dynasty Takes Shape」라는 제목의 보고서에서 '김정일은 이미지나 역할, 카리스마적인 측면에서 아버지 김일성을 대신할 수 없을 것'이라고 평가했다.

김정일 스스로도 자신에게는 아버지가 가진 스타성이 부족하다는 걸 잘 알고 있었다. 그 때문에 김정일은 눈에 보이는 재능을 발휘해 이를 벌충했다. '태양'이자 '위대한 지도자'이며 '어버이'인 김일성에 대한 주민들의 충성심을 일깨우기 위해, 김정일은 수만 점의 예술품과 사진, 동상, 전시물, 기념물 등으로 북한 전역을 뒤덮으며 우상화 작업에 열을 올렸다. 아버지 김일성이 70번째 생일을 맞은 1982년에는 '위대한 지도자가 살아온 나날'을 상징하는 2만 5550개의 화강암 블록으로 주체사상탑(1982년 4월 15일 주체사상과 김일성의 위대함을 선전하기 위해 세워진 북한의 혁명사적 기념비-옮긴이)을 만들어 이를 공개했다. 이 탑은 약 169미터인 워싱턴기념탑보다 60센티미터 더 높다. 규모뿐만 아니라 역사적·정치적 상징성 때문에 이 탑은 단숨에 평양의 랜드마크가 되었다. 탑 꼭대기에는 타오르는 태양 모양의 구체가 얹혀 있어 마치 하늘을 향해 의기양양하게 솟구치는 거대한 횃불처럼 보인다. 같은 해 제작된 평양개선문은 1945년 김일성의 평양 복귀를 기념하기 위해 만들어졌는데, 소련군이 김일성을 북한 주민들에게 소개한 장소를 기념하기 위함이었다(파리개선문을 본떠 만들었으며 그것보다 9미터 더 높다). 이 기념물들은 북한 정권을 수립한 김일성을 기념할 뿐 아니라 아들 김정일의 미래 위상을 더욱 공고히 하는 역할을 했다.

화려한 빨치산

또한 김정일은 영화와 문학의 힘을 빌려 아버지의 자만심을 채우는 동시에 그의 아들로서 자신의 입지를 단단히 다졌다. 김일성종합대학을 졸업한 직후인 25살에 김정일은 조선노동당 선전선동부 문화예술감독을 자청했다. 그는 이 자리를 이용해 자신의 영화 애호를 정치적 야망과 결합하고, 영화의 힘을 이용해 끊임없이 우상화 작업을 했으며, 북한의 과거와 현재, 그리고 미래를 이끌어갈 김일성의 중요성을 다룬 체제 설화를 강화했다.

김정일은 영화 「007」 시리즈의 주인공인 제임스 본드James Bond 와 「람보」를 좋아했고, 엘리자베스 테일러Elizabeth Taylor의 팬이었다. 보도에 따르면 그는 2만여 편의 DVD와 비디오를 소유하고 있었고 아카데미 수상작도 빠짐없이 봤으며, 영화 「007 어나더데

이(2002)」에서 주인공 제임스 본드가 북한 사람들에게 붙잡혀 고문당했을 때 무척 화를 냈다고 한다. (실제로 북한 정권은 이 영화를 '북한에 대한 모욕'이라고 비난하는 성명을 발표했다.)

아버지의 그늘에서 보호를 받으며 살아온 수줍은 청년 김정일에게 영화는 바깥세상과 통하는 관문이었고 그가 지배하는 소우주에서 '신'을 연기하는 수단이었다. 1960~1970년대 격변 속에서 북한 외부의 많은 또래가 기득권층에 저항하고 시민의 권리와 민족 독립을 위해 싸우는 동안, 김정일은 아버지의 비위를 맞추고 북한의 현상 유지를 강화하느라 바빴다. 그는 영화 관람이라는 공동의 경험을 통해 사람들의 인식을 형성하고, 감정을 이용하며, 사고의 통일성을 창조할 수 있다고 믿었다. 그의 영화는 김일성 공산주의에 대한 변함없는 믿음을 바탕으로 일본 제국주의에 맞서 싸운 숭고한 북한 주민들의 가슴 찢어지는 이야기를 담았다.

하지만 김정일은 여기서 만족하지 않았다. 더 현대적인 영화를 만들고 싶었던 그는 1978년 1월 홍콩에서 한국의 여배우 최은희를 납치하라는 지시를 내렸다. 북한 요원들은 최은희는 물론이고 6개월 후 홍콩으로 최은희를 찾으러 온 그녀의 전 남편이자 유명한 한국 영화감독인 신상옥도 납치했다. 이 부부는 '남한은 더 나은 기술을 보유하고 있다. 그들이 대학생이라면 우리는 유치원생에 불과하다'라고 불평을 늘어놓는 김정일의 모습을 비밀리에 녹화했다. 그는 꽥꽥거리는 목소리로 '우리는 영화제에 출품되는 영화가 하나도 없어!'라고 한탄하기도 했다. 결국 최은희와 신상옥 부부는 김정일의 꿈을 이루어주었다. 이들은 북한에 억류된 8년 동안 약 20여 편의 영화를 제작해 북한 영화 산업을 발전시키려는 김정일의 열망을 채워주었다. 김정일은 명성을 얻기 위해 이들 부부가 영화제에 가는 것도 허락했는데, 이들은 이 틈을 타서 1986년 3월 오스트리아 빈을 방문하던 중 미국 대사관으로 탈출해 망명에 성공했다.

김정일은 자신의 아버지, 더 나아가 자신을 숭배하도록 이끌기 위해 영화를 만들었다. 김정일이 북한 내에서 자신의 역할을 어떻게 그렸는지에 대한 단서는 그가 좋아하는 서양 영화에서 찾을 수 있다. 영화제작자 폴 피셔Paul Fischer의 저서 『김정일 프로덕션』에서 신상옥 감독은 '김정일이 평범한 젊은이들과 마찬가지로 액션 영화, 섹스 영화, 공포 영화를 좋아했다'고 이야기했다.

김정일이 제임스 본드와 「람보」를 선호하는 것은 꽤 특별한 의미를 지닌다. 신상옥 감독은 '김정일이 제임스 본드와 영화 「람보」를 허구로 보지 않았고, 오히려 이를 사회적 사실주의 다큐드라마Social Realist Docudrama로 보았다'라고 회고했다. 똑똑하고 섹시한 제임스 본드는 대부분의 남자들이 좋아할 만한 인물이다. 영화 속에서 제임스 본드는 제트기를 타고 파리, 이스탄불, 카리브 해와 북한을 누비며 여행하고, 세계에서 가장 아름다운 여성 수십 명과 잠자리를 하며, 캐비아를 먹고 샴페인을 마시며 최신 기술로 제작한 가장 빠른 자동차를 운전한다. 소비주의 문화의 화신인 그는 이런 생활방식에 대한 욕구를 창출했다.

숀 코너리Sean Connery가 연기한 190센티미터 키에 근육질 사나이인 제임스 본드는 원작 소설의 저자인 이언 플레밍Ian Fleming이 제2차 세계대전 중 첩보 활동을 하며 만난 여러 특수공작원을 합성해 만든 인물이다. 북한 체제하에서 살아온 김정일의 머릿속에는 제임스 본드가 '화려한 빨치산'으로 인식되었을 것이다. 온갖 유형의 악당보다 한 수 앞서고, 더 매력적이며 재미있다고 생각했을 것이다. 반대로 람보는 누더기를 입고서 적을 물리치고, 종종 임시변통의 무기나 순전한 투지로 싸우는 남자 중의 남자였을 것이다.

예상컨대 영화의 주인공인 제임스 본드와 람보의 이미지는 김정일에게 큰 울림을 주었음에 틀림없다. 아버지 김일성과 북한 정권이 만든 칭송 가득한 전기처럼, 이들도 김정일에게 '빨치산 전투가 얼마나 매혹적일 수 있는지'를 가르쳤기 때문이다. 승리는 이 영웅들의 변함없는 숙명이다.

1960년대부터 벌어진 북한의 전후 게릴라 전술 또한 응석받이로 자란 김정일이 그 공격 행위의 반사 효과를 누리도록 계산된 것이었다. 1960년대 말에서 1970년대 초 북한은 약 40만 명 규모의 상비군을 보유하고 있었다(공산권 내 4위). 1970년대에는 부자세습 과정에 박차를 가하면서 북한군 규모를 약 60만 명으로 증강했고, 이에 상응해 재래식 무기체계 향상을 통한 북한군의 능력과 기동성도 증가시켰다. 1979년에 기밀 해제된 CIA 평가에 따르면, 북한은 고도로 훈련된 10만 명의 특공대 양성에 추가로 투자하여 수천 명의 공작원을 남한 깊숙이 침투시켰다.

1960년대부터 1980년대까지 북한은 치명적인 테러 행위를 자행했다. 1968년 1월 21일에는 청와대를 습격하기 위해 특수부대인 124군 부대 소속 무장공비 31명을 침투시켰고(1·21 사태), 1969년 4월 15일에는 미국 전략 정찰기 EC-121를 격추했으며, 1974년 8월 15일 광복절 기념식장에서 박정희 전 대통령을 저격하려다 영부인 육영수 여사를 암살하기도 했다. 또 남한 침투를 위해 비무장지대에 땅굴을 팠고, 1983년 10월 9일 미얀마 수도 양곤의 아웅산묘소에서 폭파를 시도했다. 그 결과 내각 각료 등 한국 외교사절단 다수가 큰 부상을 입었고 그중 몇몇은 사망했다(아웅산묘소 폭탄 테러 사건). CIA 정보 분석가들은 북한의 이런 군사력 증강이 그간 김일성이 국가적 핵심 목표로 삼았던 '무력 적화 통일 전략'과 일치한다고 결론지었다. 1979년 정보에 따르면 북한의 군사력 증강은 '북한을 통일을 위한 혁명기지로 강화하고, 남한 내 혁명 세력의 성장을 촉진하며, 전 세계 다른 혁명 세력의 지지를 얻기 위해 노력하는 세 갈래 접근법'을 의미했다. 과거 빨치산 운동을 끊임없이 들먹이는 군사적 주안점이 '북한의 모든 대내외 정책을 북한 주도의 한반도 통일이라는 최우선 목표에 효과적으로 종속시켰다.'

미국의 정치학자 새뮤얼 헌팅턴Samuel Huntington 교수가 지적한 바와 같이, 이런 모든 공격적인 움직임 가운데 특히 '게릴라 전투'는 '전략적으로 약한 쪽이 정밀하게 잘 선별된 시간과 장소에서 전술적인 공세를 펼치는 전투 형태'다. 제2차 세계대전 이후 핵무기는 '약소국이 재래식 무기 체계의 열세를 보상할 수 있는 수단'이 되었다.

1980년에 김일성이 자신의 아들을 후계자로 발표할 때까지, 북한의 미래는 폭력적인 탄압과 고립의 결과로 끝없이 내리막길을 걷고 있었다. 김일성 부자는 북한이 쇠퇴할 것임을 인정했다. 하지만 그들은 문제를 받아들이고 경제 개혁을 단행하기보다는 우선 정권의 생존에 중심을 두고, 주체사상과 수령, '선군先軍' 또는 '군사 우선주의'의 틀에 자신을 가두었다. 이들의 도구는 강압과 폭력, 그리고 억압과 공포 문화를 조성하는 '선전'이었다. 이들 부자는 이를 통해 반미주의와 일제 식민주의, 조국 해방전쟁의 기억을 부추기면서 북한 주민들을 고분고분하게 만들었다.

핵무장의 꿈

1994년 김일성이 사망한 이후 김정일이 정권을 이어받자 아버지 김일성이 창조한 세계는 무너졌다. 전쟁 경험이 없고 특권을 누리며 과보호를 받아온 응석받이 청년은 북한의 전통적인 보호자이자 동맹국인 중국과 러시아가 서방과 남한과의 관계 개선을 위해 북한을 버린, 굉장히 복잡하고도 전략적인 환경을 헤쳐 나가야 했다. 1990년대 초 냉전이 종식된 상황에서 북한은 외부 세계와 거래를 할 때 이전보다 훨씬 더 민첩하고 현명하게 움직여야 했다. 한편 1948년 정부 수립 이래 일련의 권위주의 지도자들이 지배했던 남한은 마침내 민주주의를 포용했다. 여기에 인상적인 수출 지향 정책과 미국과의 동맹까지 더해져 한국은 경제 발전에서 북한을 크게 앞질렀다.

1980년대 후반 구소련이 무너지기 시작하면서 김일성의 옛 친구들인 공산권 지도자들은 국민들에게 살해당하거나 서구에 문호를 개방했다. 남한에서는 독재자 박정희가 자신의 정보부장에 의해 살해되었고, 마지막 독재자 전두환도 결국 물러났다. 비록 간헐적이긴 하지만 민주주의가 승리한 것이다. 한국은 재래식 군사력에서도 북한을 뛰어넘었다. 소련과 중국은 북한이 의존해온 경제적 자원과 물자의 중요한 원천이었다. 하지만 이 원천이 사라지기 시작하면서 김 씨 일가는 군대를 현대화하거나 주민들을 먹여살리기가 힘들어졌다. 1991년 12월 미국 국가정보위원회 비망록에서는 '소련과 동유럽과의 양허 무역 협정 결렬과 흉년으로 인해 북한의 식량 사정과 연료 부족난이 심각했다'라며 당시 북한의 위기 상황을 강조했다. 중국 역시 1983년 아웅산묘소에서 벌어진 폭파 사건 등으로 북한의 속임수에 싫증을 느낀 나머지 대북 원조를 줄이기 시작했다.

북한은 혼자였다. 다른 나라에 생존을 의지할 수 없었다. 김정일은 이런 상황을 고려할 때 외부 세계와 엮이는 것이 오히려 손해라는 것을 거의 확실히 깨달았다. 대신 김 씨 부자는 북한을 더 고립시키고 지역 및 국가 차원에서 반대파를 근절하기 위해 보안 체계를 강화함으로써 내부 안정을 유지하고자 했다. 그들은 충성을 확보하기 위해 공포 문화를 조성했고, 엘리트층의 생계를 김 씨 왕조의 존속과 결부시켜 그들의 지지를 유지했다.

하지만 당연히 테러와 억압, 고립만으로는 북한 체제를 유지할 수 없었다. 동북아 전문가인 조너선 폴락Jonathan Pollack의 주장대로, '김일성은 핵을 선진 과학 공업 강국으로서 북한의 지위를 확인시켜주는 행운의 부적으로 여겼다.' 동시에 북한은 1960년대부터 동독과 소련, 중국에 정보와 지원을 끈질기게 요청하면서 자신의 '핵 야망'을 세상에 내보였다. '다른 나라는 되는데, 왜 북한은 핵 능력을 보유해서는 안 되는가?' 아마도 김일성과 그의 아들은 계속 자문했을 것이다. 1960년대 후반까지 미국, 소련, 영국, 프랑스, 이스라엘, 중국이 핵무기를 보유했고, 1974년과 1998년에 각각 인도와 파키스탄이 그 뒤를 이었다. 한국 역시 핵 분야에서 진전을 이루었다. 남아공은 1970년대부터 핵무기 프로그램을 운영해왔으나 1990년 이를 폐기했다.

1990년대 내내 한국과 미국의 정보계는 북한이 지닌 비밀 핵무기 프로그램과 탄도 미사일 능력 개발로 인해 경보를 울렸다. 1993년 2월 CIA 국장은 '북한이 최소 1개 이상의 핵무기를 만들기에 충분한 핵분열 물질을 생산했을 가능성이 있다'고 밝혔고, 1999년 미국 국가정보위원회 보고서는 '러시아와 중국에 이어 북한이 2015년까지 미국을 위협할 수 있는 대륙 간 탄도 미사일을 개발할 가능성이 매우 크다'고 발표했다. 엘리트 탈북민 황장엽 씨는 '1997년 북한이 핵무기와 화학무기, 로켓으로 한국을 초토화할 수 있다'고 경고했다.

또한 1999년 미국 국가정보위원회는 '북한이 탄도 미사일과 재래식 무기, 노동자를 아프리카와 중동, 그리고 남아시아 국가에 수출해 미군과 미국의 이익, 그리고 동맹국에까지 즉각적이고 심각한 위협을 고조시키고 있으며, 이로 인해 그들 지역에서의 전략적 균형을 크게 변화시키고 있다'고 분석했다. 사실 북한은 이들 국가에 미사일을 판매한 사실을 숨기지 않았다. 오히려 1998년에 '미사일 개발과 시험 발사 및 배치를 계속 진행하겠다'라고 대담하게 선언하면서, '미사일 수출 중단으로 인한 손실은 미국이 보상해야 한다'고 요구했다.

부자 세습과 냉전 종식에 따른 도전적인 전략 환경에 비추어 볼 때, 핵 미사일 프로그램은 '북한의 체제 생존을 위한 추가 보험'이었다. 초기 핵무기 능력으로 인해 북한은 국제무대에서 전략적 관련성Strategic Relevance을 갖게 되었다. 이는 북한에게는 아주 좋은 일이었지만 미국과 그 동맹국들, 그리고 북한 정권하에서 고통받는 대부분의 북한 주민에게는 좋지 않은 소식이었다. 북한은 핵무기와 탄도 미사일 실험을 통해 자신들의 능력을 과시한 뒤, 핵무기 프로그램을 더욱 완벽하게 완성하기 위한 시간을 벌고자 유화적 공세를 펼치는 등 도발과 외교 전술을 번갈아 사용하며 기습적 요소를 유지하려고 했다.

김정일은 수십 년간 아버지 김일성 밑에서 대내외 환경을 다루는 기술과 핵 협상의 우여곡절을 배웠다. 그리고 대체현실Alternate

Reality(현실 세계에 대한 불만이나 절망에서 비롯되어 문학 작품 속에 드러나는 허구와 상상의 세계-옮긴이)을 만들어 아버지와 자신의 이미지를 신화와 영웅주의로 정성스럽게 포장하는 데 성공했다. 이로써 그는 북한 주민들을 설득할 수 있었고, 조국의 쓰러져가는 운명과 날로 심각해지는 가난을 가릴 수 있었다. 사대주의와 족벌주의, 거기에 아버지를 대신하겠다는 김정일의 끈질긴 의지와 우상화라는 강력한 조합이 '김 씨 왕조'의 번영과 정통성을 확보하는 데 큰 도움이 되었다.

김정일 자신은 북한의 새로운 환경을 형성하고 적응할 수 있는 최고의 특권을 누렸다. 하지만 애석하게도 다음 세대, 즉 그의 후계자는 북한이 안고 있는 문제를 충분히 학습할 수 있는 사치를 누리지 못했다.

4장
떠오르는 아들

•

김정일은 영화와 영화 제작만 좋아한 게 아니라, 영화에 출연한 여성들도 좋아했다. 김정일은 아버지 김일성처럼 대단한 바람둥이로 알려져 있는데, 평생 수백 명의 젊은 여성들과 호화로운 파티를 즐겼다고 한다. 베이지색 점퍼와 커다란 안경, 키가 더 커 보이기 위해 머리털을 한껏 부풀린 헤어스타일 등을 보면 김정일의 이런 모습은 쉽게 상상이 되지 않는다. 하지만 김 씨 일가의 측근이었던 탈북민들은 늘 새벽까지 이어지던 이 악명 높은 파티의 충격적인 전모를 상세히 전했다. 식탁에는 샴페인과 코냑, 캐비아가 넘쳐나고 벌거벗은 무희들이 참석자들을 접대했다.

이 꼭두각시놀음의 최고 진행자인 김정일은 파티 손님들에게

춤을 추고 노래를 부르거나 술을 마시도록 명령했다. 각지에서 선발된 젊고 아름다운 어린 소녀들은 노래와 춤, 마사지로 손님들의 흥을 돋우었다. 김일성과 김정일 부자는 '10대 소녀들과 성관계를 맺으면 불멸의 존재가 될 수 있다'고 믿는 것처럼 어린 소녀들을 선호했다. 소녀들의 부모는 기꺼이, 순진하게, 또는 어쩔 수 없이 자신의 딸을 김 씨 부자에게 바쳤다. 이들은 딸을 평양에 보내는 것이 나라를 위해 봉사하는 것이며 자신들의 생계와 딸의 장래를 밝게 하는 일이라 믿었다. 실제로 많은 탈북민들이 '북한 정권이 10대 소녀들을 훈련한 뒤 김정일의 별장이나 사냥터에 파견하는 이른바 기쁨조를 운영하고 있다'고 증언했다. 물론 이들은 내키지 않아도 '위대한 지도자'의 명을 거역할 수는 없었다.

김정일은 아버지 김일성처럼 부인을 여러 명 거느렸으며 이들을 평양 전역에 있는 저택과 별장에 기거하게 했다. 김일성과 마찬가지로 김정일은 가정생활과 공적인 일을 분리하고 그들을 은밀한 안가에 은신하게 함으로써 대중과 거리를 두게 했다. 김 씨 부자는 자신들에게 모든 이목을 집중시키면서도 다른 잠재적 힘의 원천에 대한 소문을 억누르는 한편, 그들에게 유일한 '가족'은 나라뿐이라는 가부장적 지도자의 이데올로기를 강조하기 위해 그렇게 행동했을 것이다.

세 아들

북한 정권의 연속성은 김 씨 계보에 바탕을 두고 있다. 그러므로 '경애하는 지도자'의 중요한 임무는 자신이 총애하는 부인들의 세 아들 중 후계자를 지명하고 북한을 통치할 준비를 시키는 일이었다.

김정일의 장남 김정남의 어머니는 성혜림이다. 아름답고 매혹적인 성혜림은 국제영화제에도 나간 적이 있는 북한의 유명한 여배우로, 이미 저명한 소설가와 혼인한 상태였다. 그녀는 남한에서 태어났으나 한국전쟁 때 공산주의자인 부모를 따라 월북했다.

성혜림의 배경과 김정일과의 관계는 자세한 기록이 남아 있지 않다. 다만, 영화를 사랑하는 20대의 김정일이 4~5살 연상의 주연 여배우에게 푹 빠졌을 것이라 추측할 수 있다. 절대 권력을 가진 독재자의 아들로서 김정일은 관습이나 규칙 따위를 신경 쓰지 않았다. 김정일은 성혜림이 자신에게 온전히 헌신할 수 있도록 남편과 이혼하고 가족을 떠날 것을 요구했다.

두 사람은 함께 살았지만 실제로 혼인했는지는 불분명하다. 김정일이 그녀에게 선물 세례를 퍼부었을 것이라 상상할 순 있지만, 정작 성혜림이 김정일을 어떻게 느꼈는지도 기록이 남아 있지 않다. 두 사람이 관계를 맺었던 초기에 함께 살았던 성혜림의 여동생은 자신의 회고록에 '김정일과 언니가 예술적 취향이 비슷했고 자주 함께 영화를 보았다'라고 썼다. 그녀는 성혜림이 김정일을 '세심하고 유머러스한 코미디언'이라고 묘사한 것도 기억해냈다. 1982년 탈북한 성혜림의 조카 리일남은 두 사람의 집에 자주 드나들었으며, '내가 들은 바로는 고모가 첫 결혼에 실망해서 그런지 김정일에게 상당히 매력을 느꼈다'라고 회고했다. 1971년 성혜림은 김정일의 소중한 장남 김정남을 낳았다.

김정일은 성혜림이 남한 태생이고 이혼 경력도 있었기 때문에 아버지 김일성이 그녀를 반대할까 봐 두려워했다. 그래서 미묘한 후계 과정에서 자신의 위치가 위태로워질 것을 염려해 한동안 성혜림과 어린 아들의 존재를 숨겼다. 하지만 그럼에도 김정일은 30살 즈음에 본 첫째 김정남을 무척 귀여워했다. 또래 아이들이 대부분 영양실조에 걸리는 나라에서, 김정남은 볼이 빵빵하고 다리가 굵었으며 허리춤에 똥배가 살짝 나온 통통한 소년이었다. 이들은 수많은 하인과 경호원, 요리사가 딸린 저택에서 살았다. 이 어린 소년은 온갖 사치를 다 누렸다. 다이아몬드가 박힌 시계를 찬 채 장난감 총 더미와 현대식 기기, 비디오 게임에 둘러싸여 자랐다. 약 1000제곱미터 넓이의 놀이방에는 유럽과 동아시아 주재 북한 외교관들이 보내온 최신 장난감 상자가 가득했다. 김정일은 성혜림과 자신의 아들이 세상에 알려질 경우 엄청난 보복을 당하게 될 것이라고 당 간부들에게 경고했고, 그 결과 이들의 도움으로 자신의 소중한 비밀을 빈틈없이 지킬 수 있었다. 김정일은 비밀 유지를 위해 김정남을 학교에 보내지 않고 집에서 가르치기도 했다. 이런 상황 때문에 김정일과 성혜림 사이에는 부부싸움이 잦았다. 1992년 북한을 탈출한 성혜림의 또 다른 조카 리남옥에 따르면, 성혜림이 자신들의 존재를 김일성에게 폭로하겠다고 위협하자 김정일이 그녀에게 권총을 들이대며 경고했다.

1960년대 후반 김정일의 첫 번째 결혼은 (소문에 의하면) 이혼으로 끝났다. 김정일은 1973년 또는 1974년에 아버지가 허락한 여자와 공식적으로 재혼했다. 하지만 그는 거의 대부분의 시간을 아들 김정남과 함께 보냈다. 성혜림의 조카 리일남은 김정일이 김정남과 함께 잠을 잤고, 이 고립된 소년을 행복하게 해주기 위해서 모든 노력을 아끼지 않았다고 말했다. 또한 그는 김정남이 한국 소설을 읽고, 한국과 일본의 TV 프로그램을 볼 수 있었다고 이야기했다. 만일 다른 북한 주민이 그와 같은 취미를 즐겼다면 강제 노동 수용소에 갇혔을 것이다.

김정남은 한때 하인들에게 자기가 좋아하는 한국 코미디언을 납치해 별장으로 데려와 접대하라고 명령했다. 실제로 납치 사건이 벌어지지는 않았지만, 이 일화는 김정남의 특권이 어느 정도였는지, 또 아버지 김정일이 얼마나 큰 권력을 휘둘렀는지를 단적으로 보여준다. 여담으로 성혜림의 조카 리일남은 이 코미디언을 닮은 농부를 발견해 수개월 동안 그를 흉내 내도록 훈련시켰다고 말했다. 김정남의 사촌 중 한 명은 자신의 회고록에 '김정남은 가장 강력한 영향력을 행사하는 집안의 왕이자 사령관이었다'라고 썼다.

어린 김정남이 갖지 못한 것은 '자유'뿐이었다. 유일한 또래 친구는 김정남 가족과 함께 지내려고 온 이모의 딸 리남옥뿐이었다. 나중에 리남옥은 '김정남이 이런 상황을 그냥 받아들였다'라고 말했다. 한 번도 아버지 김정일에게 자신의 처지를 캐묻는 법이 없었기 때문이다. 한때 유명한 여배우였던 그의 어머니는 자유가 없는 환경에서 비롯된 고립감으로 평생 고통받았다. 그녀는 오랜 기간 모스크바에서 우울증과 육체적 질병 치료를 받았다. 이후 김정남은 1978년과 1988년 사이에 모스크바와 제네바에 있는 학교로 보내지면서 북한의 숨 막히는 분위기에서 벗어나 잠시 숨을 돌릴 수 있었다. 그는 18살에 다시 평양으로 돌아왔다.

갈망하던 가족의 상봉이었지만 이미 김정일의 호색적인 관심은 다른 곳을 향하고 있었다. 그는 일본 태생의 여배우 고용희를 새로운 애인으로 차지했다. 고용희는 김정철(1981년생)과 김정은(1984년생), 김여정(1988년생)을 빠르게 김정일의 품에 안겨주었다. 1952년 오사카에서 태어난 고용희는 20세기 전반 일제강점기에 가족과 함께 조국을 떠난 재일동포였다. 제2차 세계대전이 끝날 무렵에는 약 200만 명의 한국인이 일본에 살고 있었다. 이들은 부족한 노동력을 메우기 위해 일본 정부가 징집했거나, 경제적 기회를 얻기 위해 자발적으로 일본행을 택한 사람들이었다. 고용희의 가족은 1961년 북한 정권의 재일동포 본국 송환 프로그램을 통해 평양으로 이주했다.

고용희는 눈이 크고, 나이가 들수록 더욱더 활짝 피어나는 계란형 얼굴의 우아한 미인이었다. 김정일은 1970년대 초부터 고용희를 마음에 두고 있었는데, 그 당시 그녀는 만수대예술단(1969년에 설립된 북한의 대표적인 공연예술단체-옮긴이) 소속 무용수였다. 바로 그 무렵 김정남이 태어났다. 고용희는 경쟁자인 성혜림을 모스크바로 유배하도록 김정일을 설득한 것으로 알려졌는데, 이는 후계자로 자신의 자녀들을 앞세우겠다는 그녀의 의지를 나타낸다. 유럽에서 김정남을 돌보았던 성혜림의 여동생과 조카의 탈북은 김정일이 자신의 첫사랑을 마음속에서 지우고, 고용희의 말을 더욱더 잘 받아들이는 계기가 되었을지도 모른다.

1988년 김정남이 평양에 돌아왔을 때 아버지 김정일은 김일성의 후계자로 지명되어 새로운 가족과 국정 문제로 분주했다. 김정남 역시 여러 관직을 맡아 일하기 시작했다.

장남 김정남이 평양에 있다는 사실만으로 김정일의 후계 구도를 둘러싸고 많은 추측이 일었다. 당연히 장남 김정남이 가장 유력했지만, 그는 여러모로 결격 사유가 많았다. 한 예로 김정일은 아들을 감시하기 위해 붙인 후견인과 참모들의 보고를 바탕으로 '김정남이 외세에 물들었다'고 판단했다. 실제로 김정일은 수년간 아들의 행동에 격노하고 실망했다고 한다. 제네바에 있는 동안 김정남은 나이트클럽에 자주 드나들며 서양 여성들과 어울렸는데, 급기야 아버지 김정일은 김정남을 무서운 북한 탄광으로 추방해 강제 노동을 시키겠다고 위협하기에 이르렀다. 1990년대 초에는 밤중에 만취한 김정남이 평양 고려호텔 클럽 내 외국인 손님들을 향해 무차별 총질을 하는 사건도 벌어졌다. 그런가 하면 2001년 국제 언론은 김정남이 위조 여권을 소지한 채 도쿄 디즈니랜드에 가려다가 실패하여 일본에 억류되었다고 보도했다. 이는 가족 문제를 극도로 숨기던 아버지 김정일은 물론 공개적으로 굴욕 당하는 일에 민감한 북한 정권으로서도 상당히 당혹스러운 일이었다. 여러 소식통에 따르면 김정남은 정기적으로 파티와 여행, 쇼핑, 바람둥이 짓을 즐겼다. 그리고 이런 충동이 고립된 국가인 북한을 통치하려는 욕구보다 더 큰 것처럼 보였다. 하지만 이런 플레이보이 행각은 김정일 본인도 평생 탐닉해왔기에 결정적인 결격 사유는 아니었다.

　아버지 김정일을 걱정하게 만든 건 따로 있었다. 김정남이 북한의 정책을 개혁하고 서방 세계에 대한 문호 개방에 나서야 한다고 제안한 것이었다. 이는 오랜 해외 유학 경험과, 감옥 같은 저택에서 혼자 자라야 했던 그의 어린 시절 불행을 반영한 의견이었으나 이 제안에 김정일은 크게 화를 냈다. 2012년 일본 기자와의 인터뷰에서 김정남은 이렇게 말했다. "그 덕분에 아버지와 사이가 더 멀어졌다. 나는 개혁과 시장 개방을 해야 한다고 주장했지만, 이는 결국 의혹으로 비쳐졌다." 또한 그는 어머니 성혜림과 자신이 느낀 소외감을 설명하려 했다. "아버지는 나를 유학 보내고 나서 무척 외로움을 느꼈다. 그러던 중 내 이복동생인 정철, 정은, 여정이 태어났고 아버지의 사랑은 그들에게로 옮겨갔다. 아버지는 내가 자본주의자로 변할 것 같다는 생각이 들자, 내 형제자매의 해외 교육을 축소했다."

김정철과 김정은의 삶과 교육은 더 미스터리인데, 김정일의 일본인 초밥 요리사 후지모토 겐지Kenji Fujimoto(가명)는 매우 중요한 논평을 내놓았다. 그는 김정일이 속한 엘리트 계층에 들어간 후 이 소년들의 놀이 친구가 되었다. 후지모토는 김정철과 김정은을 왕자로, 김여정을 공주로 불렀다고 회상했다. 두 소년 모두 김정남처럼 집에서 교육을 받다가 1990년대 스위스 베른의 어느 고급 사립학교로 유학을 갔다. 이 학교에 등록한 학생은 유치원부터 12학년까지 30만 달러(약 3억 6000만 원)에 가까운 등록금을 내야 했다. 이는 김정은 형제의 급우들 역시 권력가나 부유층 자제임을 뜻한다.

한때 김정은의 어머니 고용희는 두 아들 중 나이가 더 많은 김정철이 후계자가 되어야 한다고 김정일에게 제안했지만, 그는 아버지의 뒤를 이을 만큼 강인하지 않았다. 후지모토는 김정철의 성격이 온화하고 음악에 관심이 많다고 묘사했으며 김정철의 친구 중 한 명은 '그는 다른 사람에게 해를 끼칠 사람이 아니다. 그는 결코 악당이 될 수 없는 착한 사람이다'라고 회상했다.

김정철의 친구 중에는 한국인과 미국인도 있었다. 그는 농구, 그중에서도 특히 데니스 로드먼Dennis Rodman의 경기를 즐겨 시청했으며 친구들과 농구 시합을 할 때 로드먼의 유니폼을 입기도 했다. 그리고 김정철은 액션 영화를 좋아했는데, 마른 소년이었던 그는 배우 장클로드 반담Jean-Claude Van Damme의 우람한 체격에 반해 그가 주연한 영화를 즐겨 보았다. 김정철과 그의 남동생 김정은은 어느 한 구석이 뛰어난 학생은 아니었다. 그들은 다른 10대 소년들처럼 공부보다는 노는 데 더 관심이 많았다. 2016년에 한국으로 망명한 런던 주재 북한 고위 외교관 태영호 씨에 따르면, 김정철은 런던 등지에서 에릭 클랩턴Eric Clapton 콘서트에 가거나 파티와 쇼핑 등을 하는 데 재미를 붙였다고 한다. 김정철을 호위하는 업무를 맡았던 태영호 씨는 '김정철이 매우 공손하고 꽤 재능 있는 기타 연주자'라고 말했다.

성격이 온화하고 음악을 좋아하는 김정철과 달리, 김정은은 경쟁을 좋아하고 강인했다. 12살이었던 1996년에 김정은은 그의 형과 함께 스위스 베른의 국제학교에 입학했다. 그곳에서 만난 한 학급 친구는 '처음에 김정은은 영어가 서툴렀다. 억양이 강해서 따로 과외를 받았다'라고 회상했다. 김정은은 독일어와 영어를 공부했고, 수학을 잘했다고 한다. 하지만 한 한국인 학자에 따르면 김정은은 사립학교 과정을 도무지 따라갈 수 없어서 1998년에 베른 근처의 독일 공립학교인 슐레 리베펠트 슈타인횔츨리Schule Liebefeld Steinhölzli로 전학해, 2001년 초 17살에 평양으로 돌아올 때까지 그곳에서 공부했다고 한다. 후지모토는 김정은의 어머니가 아들 교육에 그다지 엄격하지 않았으며 두 아들에게 공부를 강요한 적이 없다고 말했다.

김정은을 북한 외교관의 아들 '박은'으로 알았던(스위스 유학 시절 김정은은 신분을 숨기려 가명을 썼다) 학급 친구 주앙 미카엘로João Micaelo는 김정은이 귀국하고 수년이 지나 이렇게 말했다. "우리는 반에서 제일 둔한 아이들은 아니었지만, 그렇다고 해서 제일 똑똑한 아이들도 아니었다. 우리는 늘 중간이었다. 김정은은 자신을 표현하려고 열심히 노력했지만 독일어가 서툴렀고, 문제에 답하라는 질문에 당황해했다. 선생님은 그가 부끄러워하는 모습을 보고 그냥 지나쳤다." 김정은은 뛰어난 점수를 받지 못해도 개의치 않는 것 같았다. 미카엘로는 "그는 아무런 시험 성적도 얻지 못하고 떠났다. 대체로 그는 수업보다 축구나 농구에 훨씬 더 관심이 많았다"라고 말했다. 아마도 그는 1291년 이후의 스위스 역사나 스위스 민주주의의 발전, 민권 지도자 마틴 루서 킹Martin Luther King과 넬슨 만델라Nelson Mandela, 그리고 인권에 관한 수업이 포함된 학교 교육과정에 큰 뜻을 두지 않았을 것이다. 하지만 교실에서 부족했던 그의 경쟁심은 농구코트에서는 크게 드러났다. 한 친구는 김정은에 대해 "매우 폭발적이었다"라고 말했다. "김정은은 농구에 소질이 있었다. 그는 플레이메이커였다." 또 다른 친구는 김정은이 강인하고 날쌨다고 말했다. "그는 지는 것을 몹시 싫어했다. 그에게는 승리가 매우 중요했다." 김정은은 특히 마이클 조던Michael Jordan을 좋아했다. 조던 그림을 계속 그렸고, 농구를 하면 키가 더 커지리라는 희망도 품었다.

한 전직 교사는 김정은이 '친절하고 상냥한 아시아 소년'이었고, 언어 장벽 때문에 또래들과 친밀한 관계를 맺기 위해 애썼다고 말했다. 공립학교 동창들과 함께 찍은 몇 안 되는 김정은의 학창 시절 사진 중 한 장을 보면 그는 뒷줄 가운데에 서 있다. 다른 학생들이 즐겁게 서로 어깨동무한 채 카메라 쪽으로 몸을 기울여 활짝 웃고 있는데, 김정은은 팔을 옆구리에 붙이고 똑바로 서서 카메라를 조심스럽게 응시하고 있다. 스위스에서 가명으로 생활하는 동안 그는 북한의 '왕자'가 아니라 다른 아이들과 마찬가지로 대사관 직원의 아들일 뿐이었다. 평양의 호화로운 저택에서 자라 칭찬과 존경을 받는 데 '이미 익숙해진' 이 10대 소년에게 스위스에서의 삶은 분명 어색하고 힘들었을 것이다.

스위스에서 두 소년을 돌본 김정은의 이모 고용숙은 '우리는 평범한 집에서 살며 평범한 가정처럼 행동했다'라고 전했다. "나는 정은이에게 친구들을 집으로 데려오라고 했다. 아이들이 평범한 삶을 살길 원했기 때문이다. 나는 아이들을 위해 간식을 만들었다. 그들은 내가 만든 케이크를 먹고 레고 놀이를 하며 놀았다." 학교에서 화를 자제해야 했던 김정은은 가족의 부가 적나라하게 드러나는 집에서는 황제의 본색을 마음껏 드러냈다. 미카엘로는 김정은이 다른 대사관 직원 아이들과 달리 '학교 근처 고급 주택가의 아파트에서 살았고 TV와 비디오 레코더, 소니의 플레이스테이션 등 우리가 가질 수 없는 최고급 기기들에 둘러싸여 있었다. 요리사와 운전사, 개인 교사도 있었다'라고 회고했다. 방학이 되면 김정은과 그의 가족은 코트다쥐르French Riviera(프랑스 남동부 프로방스알프코트다쥐르 주의 해안 지역-옮긴이) 휴양지에서 수영을 즐기고, 알프스에서 스키를 타고, 파리 디즈니랜드와 도쿄 디즈니랜드에서 스릴을 만끽했다. 김정은에게 고향 방문이란 말과 수영장, 볼링장, 심지어 어린 아이도 운전할 수 있게 개조된 고급 자동차가 있는 가족의 사유지에서 풍족한 삶을 누리기 위해 잠시 돌아가는 것을 의미했다. 여름에는 원산의 아름다운 해변에 위치한 가족 별장에서 휴가를 보냈다.

당연히 김정은은 평범한 가정에서 자란 평범한 소년이 아니었다. 새로운 김정일 체제에서 지낼 일이 걱정된 김정은의 이모 고용숙은 1998년 미국으로 망명했다. 그리고 실제로, 새로운 지도자 치하에서 북한은 한국전쟁 이후 가장 위험한 시기로 접어들고 있었다.

대기근

1990년대 중후반 김 씨 왕조의 왕자들이 평양과 해변 휴양지, 그리고 서유럽에 있는 가족 별장에서 특권과 사치를 누리고 있을 때 북한 주민들은 역사상 가장 파괴적인 인재人災, 즉 1995년부터 1998년까지 최고조에 달한 기근의 고통 속에서 살아가고 있었다. 김 씨 일가가 사치품과 군비에 아낌없이 돈을 써대는 동안 (정확한 숫자는 확인하기 어렵지만) 대략 60~100만 명이 혹독한 기근으로 죽어갔다. 인류학자 샌드라 파히_{Sandra Fahy} 교수를 비롯한 많은 학자가 주장했듯이, 북한 정권이 혁명적인 느낌을 주기 위해 '고난의 행군'이라 이름 붙인 이 대기근은 충분히 예방할 수 있는 재앙이었다. 파히 교수는 북한이 기근을 피하기 위해서는 국제적 고립을 버리고 권력 장악을 느슨하게 풀어야 한다고 주장했다. 하지만 북한 정권은 그 반대를 택했다. 그들은 주민의 삶이 아닌 체제 생존에 우선순위를 부여했고, 주체사상(자존)과 선군주의(군사 우선주의) 이데올로기를 이용해 북한 주민들을 방치하는 것이 스스로 살 길을 찾도록 돕는 일이라며 정당화했다. 파히 교수가 기근에서 살아남은 북한 주민들과 진행한 인터뷰에 따르면, 식량은 정치적 무기와 보상의 수단으로 사용되었다. 즉, 김정일에 대한 충성 확보와 김일성 우상화를 위해 만든 북한의 정교한 카스트제도인 '성분'에 따라, 충성심, 성별, 나이, 출신 지역을 기준으로 식량이 분배되었다. 그 결과 정부 고위 관리들과 평양 시민들은 정부 배급을 더 많이 받았다. (참고로 엘리트 계층만이 수도 평양에서 살 수 있는 특권을 부여받았다.) 반면 북동부에 위치한 외딴 시골 마을 사람들과 노약자, 장애인들에게는 식량이 가장 적게 돌아갔다.

1992~1994년 핵 프로그램을 둘러싼 미국과의 대립과 후계 과정을 둘러싼 국내의 불확실성이 기근에 대처하지 않기로 한 북한 정권의 결정에 영향을 미쳤을 것이다. 게다가 김정일은 소련의

원조와 중국의 차관 제공이 끝난 뒤 새롭게 펼쳐진 지정학적 지형에 적응하기 어려워했다. 예컨대 북한 전체 무역의 50퍼센트를 차지하던 소련과의 교역은 1990년 32억 5000만 달러에서 1994년 1억 달러 내외로 급격히 줄어들었다. 대기근의 본질적인 원인은 외국 원조에 대한 높은 의존, 지속할 수 없는 농업 관행, 노후화된 장비, 부실한 농업 정책, 그리고 늘어나는 부채로 인한 것이었다. 북한 전문가인 스테펀 해거드Stephan Haggard와 마커스 놀런드Marcus Noland는 '매월 또는 격주로 식량을 배급하는 이 정권의 공공 배급 체계로는 주민들의 요구를 충족할 수 없었고' 심지어는 '하루에 두 끼만 먹자'는 캠페인을 벌일 정도로 꾸준히 배급량을 줄여나갔다고 밝혔다. 1995년에 일어난 홍수가 고통을 더욱 악화시킨 것은 사실이지만, 그것은 원인 중 하나였을 뿐이다. 그러나 북한 정권은 기근의 원인을 (때마침 일어난) 홍수 탓으로만 돌리기에 급급했다.

이후 10년 동안 국제사회는 북한의 기근을 해결하기 위해 20억 달러에 달하는 식량을 원조했지만, 김정일은 북한의 과거 방식에 고집스럽게 집착하면서 잘못된 정책을 인정하지 않았다. 원조 물자가 가장 취약한 주민들에게 제공되는지 감시하겠다는 국제 감시자들의 요청도 무시했다. 해거드와 놀런드에 따르면, 지역 간부들과 당·군 간부들이 개인적으로 물품을 착복하거나 시장에 내다 팔아 이익을 챙겼기 때문에 국제 기부의 10~30퍼센트가 주민들에게 도달하지 못했다고 한다. 이런 와중에도 김정일은 자신과 충성파들을 위해 사치품을 수입하고, 탄도 미사일 개발과 기타 고가 군용 장비에 자금을 투입했다. 이는 김정일의 우선순위가 자신의 생존과 군국주의 국가 북한의 영구화에 있음을 역설적으로 보여준다.

내부적으로도 북한 정권은 주민들의 고통을 남 탓으로 돌렸다. 한 탈북민은 파히 교수에게 이렇게 말했다. "북한 정권은 주민들에게 '미국과 국제사회, 그리고 남조선 꼭두각시들이 끊임없이 전쟁을 준비하고 있다. 그러니 국방을 튼튼히 하고 경제를 재건하기 위해서는 허리띠를 졸라매야 한다'고 가르칩니다. 이 때문에 주민들은 폭풍우가 몰려와서 농장이 파괴되는 걸 예상하지 못하고 지옥을 겪게 되었습니다. '허리띠를 졸라매고 전진하자!' 이것이 그들이 선전하는 방식입니다."

최악의 기근이 덮쳐 사람들이 밭에서 곡식이나 옥수수를 훔치는 등의 범죄가 일어나자, 북한 정권은 주민들을 돕기는커녕 처벌을 강화했다. 파히 교수가 인터뷰한 사람들은 이런 필사적인 생존 행위에 대한 북한 정권의 공개 처형을 이야기했다. 수십 명의 목격자들은 범죄자들의 머리가 완전히 잘려나가면서 차가운 겨울 공기 속으로 떠올랐고 '뜨거운 피'가 안개처럼 자욱했다고 증언했다. 왜 머리가 표적이 되었느냐는 질문에 탈북민들은 '범인들의 생각이 잘못되었기 때문이다. 자본가처럼 생각했기 때문이다'라고 답했다.

탈북민들이 1990년대 내내 기근이 불러온 끔찍한 피해에 대해 털어놓으면서 북한 주민들이 고통받은 실상이 외부 세계로 계속 새어나갔다. 기차역 근처에는 시체가 수북이 쌓이고, 굶주린 고아들은 떼 지어 다니며 훔칠 수 있는 것들은 다 훔치다가 아무것도 찾지 못하면 그냥 쓰러졌다. 여자들은 가족을 먹여 살리기 위해 매춘에 의지했다. 어린이를 포함한 모든 연령의 사람들은 풀뿌리와 버섯, 다른 야생 식물 등 먹을 것을 찾아 숲속을 헤맸고 종종 독이 있는 식물을 먹고 죽기도 했다. 어떤 이는 '저녁이 되면 먹을 것을 달라고 외치는 아이들의 소리가 마치 개구리 울음소리와 같았다'라고 말했다. 탈북한 한 여성은 1997년 기차를 타고 가다가 같이 탄 승객이 죽은 걸 알게 되었다고 이야기했다. 이 여성은 자신과 다른 사람들이 시체를 보면서도 '심드렁했다'고 말했다. 이는 기근으로 인한 죽음이 '일상'이 되었음을 보여준다. 사람들은 쓰레기와 쥐, 개구리를 먹었다.

북한 정권을 물려받은 김정일에게, 기근의 시대는 최악의 타이밍이었다. 이 재앙은 김일성의 통치에서 벗어나 김정일의 통치로 시대가 변했음을 분명히 알리는 사건이 되었다. 동시에 리더로서 자격을 빛내야 하는 빨치산 전력도 없는 새 지도자 김정일이 헤쳐 나가야 할 난관이었다. 파히 교수는 대기근이 많은 북한 주민에게 '김일성 사망 전후'를 분명하게 각인시키는 분기점이 되어 1994년 이전을 '그리 나쁘지 않았다'고 기억하게 되었으며, 김정일 시대를 경제와 식량 안보의 침체기가 시작되는 시점으로 여기게 되었다고 이야기했다.

정보 당국은 새 지도자에 대한 대내외적 긴장을 알아차리고 북한 정권의 붕괴 가능성을 경고했다. 미국 고위 관리들은 김정일 정권의 실패를 공공연히 예측하고 있었다. 1996년 존 도이치John Deutch CIA 국장은 미국상원특별정보위원회Senate Select Committee on Intelligence, SSCI 증언에서 '북한이 믿기 힘든 경제 문제에 직면해 있어' 그로 인해 붕괴할 가능성이 있다고 우려를 표명했다. 그리고 같은 해 초 합참의장 존 샬리캐슈빌리John Shalikashvili 장군은《워싱턴포스트》와의 인터뷰에서 '현재 우리는 북한을 지켜보고 있는 대부분의 사람이 앞으로 이곳이 붕괴하거나 폭발을 일으킬 거라고 예측할 수 있는 시기에 와 있다. 다만 그런 일이 언제 일어날지 확신할 수는 없다'고 말했다. 1998년 CIA에서 소집한 분석가들과 외부 전문가들은 김정일 체제가 '장기적으로 존속할 수 없다'고 평가했으며 이들 중 다수가 '현재 상황이 악화일로에 있기에 5년 이상 지속되기는 힘들 것'이라고 내다봤다.

김정은의 귀향

　그 당시 김정은은 나이가 어렸고 해외에 오래 있었으므로 아버지 김정일이 직면한 도전이나 빈약한 조국의 사정을 몰랐을 가능성이 크다. 그는 2001년에 평양으로 돌아왔다. 스위스의 작은 다국적 마을에 살면서 제트기로 알프스에서 리비에라까지 여행을 다니다가 평양으로 되돌아가는 것이 분명 탐탁지는 않았을 것이다. 유럽에 살던 김정은이 커다란 연못에서 자신의 신분을 숨겨야 했던 조용한 물고기였다면, 북한으로 돌아온 김정은은 작은 연못에 사는 거대한 물고기였다. 가정교사와 요리사, 놀이 친구, 경호원, 친척들, 운전기사들이 그의 특권 의식을 일깨우고, (어린 시절이 지났음에도) 북한과 세계의 현실로부터 그를 보호하려 했다. 하지만 10대인 김정은이 유럽에서 보고 배운 것을 '보지 않은 것'으로 여기고 살 수는 없었을 것이다.

　1990년대 중후반 서구는 축제 분위기였다. 미국과 소련이 이념적으로 대립했던 냉전 50년 만에 소련이 붕괴했다. 서방은 이를 반기며 '자유민주주의와 자본주의의 승리'로 여겼다. 미국 정치학자 프랜시스 후쿠야마Francis Fukuyama는 자신의 저서 제목이기도 한 '역사의 종말'을 선언했다. 열전熱戰으로 냉전적 평화 시대에 종지부를 찍었던 미국과 베트남은 1995년에 국교를 정상화했다.

이는 세계가 미국이 주도하는 평화 공존의 시대로 접어드는 것을 보여주는 듯했다. 실제로 1992년부터 2003년까지 전 세계의 무력 충돌은 극적으로 줄어들었다. 세계화를 옹호하는 사람들은 인류가 서구의 통치 방식과 국제사회를 밀접하게 통합하는 경제 모델을 따라서 꾸준히 진보의 길을 가고 있다고 믿었다. 시간과 역사는 공산주의와 고립주의, 그리고 김일성 개인숭배를 바탕으로 한 '북한 민족주의'의 편이 아닌 것 같았다.

김정은이 초밥 요리사 후지모토와 대화를 나눈 건 그가 평양에서 새로운 생활을 시작하기 직전인 2000년 8월 여름방학 때였다. 이는 그가 고국의 현실과 해외 생활 간의 차이를 분명히 간파한 계기가 되었다. 후지모토에 따르면 김정은은 '서구 국가들과 다르게 왜 우리나라 백화점과 상점에는 상품이 이렇게 부족하지?'라며 의아해했다고 한다. 그는 또 '우리 인민들은 어떻게 생활을 꾸려나가지?'라며 북한 주민들의 형편도 물었다. 그런가 하면 김정은은 후지모토에게 중국과 일본의 경제적 성공에 감탄했다며 자신의 소회를 털어놓기도 했다. 그는 '아버지로부터 중국이 산업과 상업, 호텔업, 농업 등 여러 분야에서 매우 잘하고 있다는 말을 들었다'라고 말했으며, 제2차 세계대전 패전 후 일본이 이룬 번영에 대해서도 경탄했다고 했다.

후지모토에게 했다고 전해지는 김정은의 발언 중 '북한 모델에 대한 본질적인 의문'이나 '개인숭배와 체제 이데올로기에 대한 비판'을 나타내는 말은 하나도 없다. 김정은은 이미 자신이 북한을 이끌 운명이라고 철저히 세뇌된 상태여서 김 씨 일가가 통치하지 않는 북한의 모습은 상상하지 못했을 것이다. 또한 '혁신과 시장 활동을 억누르는 중앙집권제 명령 경제Command Economy 와 신분제도, 피의자뿐 아니라 그 가족까지 처벌하는 강제 노동 수용소, 그리고 핵무기 프로그램에 자금을 대기 위해 주민들의 목숨을 대가로 이용하고 있는 희소 자원'에 관한 언급에서는 이 젊은 왕자가 북한 문제의 근원에 대한 이해가 부족했음을 엿볼 수 있다.

후지모토는 김정일이 1992년에 막내아들인 김정은을 후계자로 정했다고 주장한다. 그리고 그 근거로 김정은의 여덟 번째 생일 잔치에서 김정일이 '우리 김일성 장군님의 발자취를 따라 2월 정신을 전파하는(2월에 태어난 김정일을 지칭) 우리 인민은 밝은 미래를 향해 전진한다'라는 가사의 노래 「발자취」를 악단에게 연주하라고 지시한 뒤 아들에게 이 곡을 바치는 장면을 들었다. 이 노래를 계획적으로 선물한 것은 바로 그 '경애하는 지도자'가 참석자들에게 '김정은이 자신의 정신과 유산에 따라 북한을 미래로 이끌 것'임을 알리는 신호였다. 사실 김정일은 후계자에 대해서는 모호함을 유지하면서 꽤 신중한 태도를 보였다. 이는 내부의 권력 암투를 막고 특정 아들이나 족벌을 중심으로 하는 연합체의 출현을 억제하는 동시에 자신의 권력을 공고히 하고 강화하는 동안 다른 도전자들로부터 자신을 보호하기 위해서였다.

장남부터 결격자를 배제해나갔든, 젊은 김정은이 지도력에서 긍정적인 신호를 보여주었든 간에, 2009년에 셋째 아들이 김정은의 후계자로 낙점된 것은 분명해졌다.

5장
교육

•

2010년 10월 10일은 숫자 점占을 좋아하는 북한에서 숫자 10이 세 번 겹치는 행운의 날이다. 이날은 조선노동당 창건 65주년이 자 김정은이 처음으로 김일성광장 위 전망대에 마련된 아버지 김 정일의 옆자리에서 대규모 열병식을 참관하는 날이었다. 김정일 은 난간을 잡고 조심스럽게 발걸음을 옮겼다. 2008년 8월 이후 몇 달 동안 공개석상에 모습을 드러내지 못했던 뇌졸중의 후유 증이 아직도 남아 있음이 분명했다. 2009년 4월 최고인민회의에 출석했을 때는 주름이 쭈글쭈글하고 허약해 보였는데, 그때보다 는 상황이 나아진 듯했지만 짙은 색의 인민복을 자랑스럽게 입은 26살 아들 옆에서는 더 늙고 허약해 보였다.

두 사람은 나란히 앉아 북한 역사상 최대 규모의 군사 퍼레이드를 지켜보았다. 다리를 높이 치켜들며 브라스밴드의 음악에 맞춰 행진하는 남녀 병사들과 장거리 미사일과 로켓 추진 폭탄을 실은 전차의 물결이 경애하는 지도자 김정일과 그의 후계자 김정은에게 경의를 표했다. 무수한 훈장을 단 군 간부들이 행진하거나 차를 타고 지나가며 경례했다. 미국을 쳐부수자는 깃발이 퍼레이드를 장식했다. 거리에는 마치 예정되어 있었던 것처럼 늘어선 군중이 목청껏 소리치며 열렬히 환호했다. "경애하는 김정일 지도자 동지를 죽음으로 사수하자!" "우리 모두 뭉쳐서 경애하는 지도자 동지를 돕자!" 북한 인민군 차수 리영호는 이 행사에서 큰 소리로 전투태세를 외치며 이렇게 말했다. "미 제국주의자들과 그 추종자들이 조금이라도 우리의 주권과 존엄을 침해한다면, 우리는 자위적 핵 억제력을 포함한 모든 물리적 수단을 동원하여 무자비하고 정의로운 보복 타격으로 그들의 침략 거점을 날려버리고 통일의 역사적 과제를 달성할 것이다!"

북한은 이 구경거리를 홍보하기 위해 외신 기자 수십 명을 초청했다. 심지어 김정은의 데뷔 소식이 물리적인 장소를 넘어 가상세계에도 퍼지도록 취재진에 인터넷 접속까지 허용했다. 이는 무엇을 의미할까? 김정은이 당과 북한 군부에게 받고 있는 전폭적인 지지와 김 씨 일가의 또 다른 세습을 보장하기 위한 핵무기를 전 세계에 과시하고자 하는 의도가 아니었을까? 퍼레이드가 끝난 뒤 당 고위 간부는 AP통신과 인터뷰를 진행했다. 그는 "우리 인민은 위대한 김일성 주석과 위대한 김정일 지도자 동지를 모시게 되어 영광이다. 이제 우리는 젊은 장군 김정은 동지를 섬기는 영예도 갖게 되었다"라고 말했다.

김정은에게 군사 퍼레이드는 자신의 새로운 위상을 강화하는 수단이었다. 몇 주 전, 30년 만에 처음 열린 당 대회에서 김정은은 중앙군사위원회와 당 중앙위원회 부위원장에 임명되며 권력의 중심에 섰다. 그때까지 김정은은 단 한 번도 군 계급을 가져본 적 없었지만 일약 4성 장군에 임명되었다. 이는 북한 체제의 불합리성을 보여주고, 기존의 위계질서에서 관료적 직함이 후계자의 지위를 강화하는 데 얼마나 중요한지를 나타낸다.

이 후계자는 손뼉을 치고 예의 바르게 경례했으며, 자신보다 나이가 서너 배나 되는 간부들과 나란히 연단에 섰다. 하지만 그의 움직임에서 불안감과 초조함이 역력히 드러났다. 경례를 하거나 손뼉을 칠 때 가끔 아버지나 다른 사람들보다 한 박자씩 늦게 시작했다. 그리고 자신의 뒤에서 일어나는 예상치 못한 움직임에 다소 놀란 듯 힐끗 돌아보며 어느 지점을 응시하기도 했다. 그럼에도 김정은은 흥분했을 것이다. 혁명에 대한 엄청난 열정의 과시, (대부분 구소련 때 들여와서 비록 낡기는 했지만) 인상 깊은 무기들, 그리고 자기 발아래에서 들려오는 우레와 같은 군중의 함성이 그의 심장을 두근거리게 했을 것이다. 10년 전 스위스에서 농구를 하고 놀던 김정은으로서는 꽤 눈부신 부상이었다.

김정은은 이 순간을 위해 만들어졌고, 자신의 엘리트 지위에 걸맞게 길러졌다. 장군들은 김정은이 어린 소년이었을 때부터 그에게 절을 했다. 이제 그들은 전 세계가 볼 수 있도록 그 일을 공개적으로 하고 있을 뿐이다. 『블랙호크다운』의 저자 마크 보우든 Mark Bowden 기자는 2015년 프로필에서 다음과 같이 썼다. '5살 때 우리는 모든 우주의 중심이다. 우리 부모와 가족, 집, 이웃, 학교, 국가 등이 우리를 중심으로 돌기 때문이다. 그 후 사람들은 오랜 기간 그 왕좌에서 내려오는 과정을 겪는다. 더 확실하고 겸손한 진실과 마주하기 때문이다. 하지만 김정은은 그렇지 않다. 5살 때 경험한 자신의 세계가 30살이 되어도 그대로이다. 모든 사람이 그를 섬기기 위해 존재하기 때문이다.'

하지만 특유의 자신감만으로는 부족한 경험을 메울 수 없다. 김정일도 아들이 앞으로 어떻게 잘해나갈 수 있을지 우려했다. 김정일은 거의 30년 동안 체제 기반 구축에 공을 들이며 억압의 기술을 숙달했고, 해외여행에 아버지 김일성을 수행하며 다른 나라 지도자들과 유대를 증진했고, 지지를 호소하면서 회유도 해본 경험이 있었다. 그에 비해 김정은은 한 줌도 되지 않는, 극도로 압축된 준비 기간을 보냈다. 2008년에 뇌졸중으로 쓰러졌던 김정일은 아들 후계 구도에 박차를 가해야 한다는 사실을 깨달았을 것이다. 얼마 지나지 않아 군부대 시찰에 김정은이 아버지 김정일을 수행하기 시작했다. 김정은의 생가는 사적지로 지정되었고, 군과 당과 보안기관에서 대부분의 지도자 직책과 역할을 김정은이 맡았다.

김정은이 후계자로 지명된 뒤 아버지로부터 배울 수 있었던 기간은 3년 정도였지만, 김정은의 성격 형성에 가장 큰 영향을 미친 경험은 2000년대 초에 이루어졌다. 당시 그는 스위스에서 북한으로 돌아와 김일성군사종합대학에 입학했고 거기서 아버지가 활약하는 모습을 보았다. 김정일이 후계자를 확정적으로 선택하기 시작한 시기, 또는 막내아들을 후계자로 내정한 시기는 정확히 알 수 없다. 김정일이 환갑을 맞은 2002년 즈음으로 짐작할 뿐이지만, 장남이 태어나던 1971년부터 후계 구도를 생각하기 시작했을 수도 있다. 그도 아니면 자기가 낳은 아들 중 한 명을 권좌에 앉히려는 고용희의 야심을 알아차린 시점부터였는지도 모른다. 아무튼 21세기가 시작되고 나서 첫 10년은 김정일이 스테이트 크래프트Statecraft(전통적인 외교수단에 새로운 네트워크와 기술을 접목해서 상호 연결된 세계에서 외교 목표를 달성하는 새로운 국정 운영 기술-옮긴이)와 핵 외교라는 방법을 통해 아들들을 효과적으로 교육할 수 있는 실험의 장이었다.

핵보유국으로 가는 길

존경받는 아버지 김일성의 후계자로 살아남기 위해 김정일은 서둘러야 했다. 구소련의 원조 단절에 대처하면서 급격하게 쇠퇴하는 경제를 관리하고, 흔들리지 않고 경제 대국으로 급부상하는 남한을 유심히 지켜보면서 남한의 민주주의를 옹호하는 서구에 대항해 나라를 굳건히 해야 했다. 김 씨 왕조의 개인숭배 의식 또한 더욱 세심하게 구축하고 강화해야 했다. 늘어나는 남한의 부富도 북한식 적화통일의 꿈을 요원하게 했다. 기근에 시달리는 북한의 쇠퇴한 인프라와 인권침해, 그리고 자신들과 반대로 움직이는 냉전 이후의 세계, 날로 늘어나는 국제적 감시 속에 놓인 핵 프로그램은 남한의 활기찬 모습과 극명한 대조를 이루었다.

이런 위협적인 상황에 맞서는 김정일도 한편으로는 가족의 장래를 걱정하는 아버지였다. 그리고 그가 보기에 핵무기 보유야말로 '북한의 상대적 열세에도 불구하고 남한에 흡수통일 되지 않음'을 보장하는 와일드카드인 것 같았다. 김일성이 적대적인 이웃 국가들 속에서 체제 생존의 보장책으로 핵 프로그램을 시작했다면, 김정일은 달랐다. 그는 북한의 핵 능력이라는 유산을 자신의 아들 김정은에게 물려주기 위해 개선하고 확장하고 과시했다.

김정은이 본격적으로 핵무기 프로그램 관련 교육을 받기 시작한 것은 2002년부터다. 그때 김정은은 18살로, 김일성군사종합대학에 다니고 있었다. 그해 1월 핵무기 문제로 북미관계는 세상을 걱정 속에 빠뜨렸는데, 이때의 상황은 조지 부시 전 대통령의 국정연설에 잘 요약되어 있다. 이 연설에서 부시 대통령은 북한과 이란, 이라크를 '악의 축Axis of Evil'으로 규정했다. 2001년 9월 11일 미국을 겨냥한 테러의 여파로 이어진 아프가니스탄 침공과 이라크 침공이 전쟁 위기를 고조시켰다. 미국은 북한의 핵무장 추진을 못마땅하게 여겼다. 부시 대통령은 북한을 '자국민을 굶기면서 미사일과 대량 살상 무기로 무장한 정권'이라 표현하면서, '미국은 우리 국민의 안전을 위해 필요한 일을 할 것'이라고 경고했다.

2001년 부시 행정부가 북한을 압박하기 위한 방법을 모색함에 따라 북미관계는 긴박하게 돌아갔다. 당시 양국은 1994년에 이루어진 제네바합의Agreed Framework 당사국이었다. 제네바합의는 핵무기와 관련한 기술 확산을 막는 세계적인 노력을 촉진하기 위해 고안된 '핵확산금지조약Nuclear Nonproliferation Treaty, NPT'을 북한이 탈퇴하겠다고 위협하면서 시작되었다. 부시 대통령이 당선되기 이

전까지 20년 동안 미국은 북한의 비밀 핵무기 개발 가능성에 대해 경계해왔고, 전문가들은 1980년대 내내 북한의 핵무기 진전 상황에 대해 경고했다. 1990년대 클린턴 행정부는 북한이 핵시설에 대한 사찰을 거부하고 국제원자력기구International Atomic Energy Agency, IAEA 사찰단을 추방한 것에 대해 군사적 옵션을 심각하게 고려했다.

전쟁 위협이 감지되자 윌리엄 페리William Perry 미국 국방부 장관은 '파국적인 전쟁을 일으키는 방식으로 그들을 상대해야 하더라도' 미국은 핵무기 개발을 단호하게 저지하겠다고 북한에 경고했다. 실제로 미국 국방부는 한반도 주변의 군사력을 강화했고, 당시 북한에서 유일하게 무기급 플루토늄을 생산할 수 있는 원자로가 있는 영변으로 순항 미사일과 F-117 스텔스 전투기를 보낼 계획을 세우기도 했다. 북한 또한 비무장지대Demilitarized zone, DMZ에서 불과 100킬로미터 떨어진 곳에 8400여 문의 대포와 2400여 문의 방사포는 물론 북한군 약 65퍼센트를 배치했다는 소식이 전해지면서, 《워싱턴포스트》의 돈 오버도퍼 기자가 지적했듯이 군사적 충돌 위험이 상존했다. 북미관계는 진정한 두려움 속에 놓여 있었다.

전쟁을 향해 거침없이 치닫는 듯 보이던 이 행진은 북한이 지미 카터Jimmy Carter 전 미국 대통령을 김일성 주석 면담에 초청하

고, 1994년 6월 카터 대통령이 클린턴 행정부의 불안감을 뒤로
한 채 평양으로 떠나면서 멈추었다. 김일성은 핵무기 개발 계획
을 잠정적으로 동결하는 데 동의하고 사찰단의 잔류를 허용했다.
이후 북한과 미국은 1차 북핵 위기를 해소하기 위한 협상을 시작
하기로 합의했다. 제네바합의에 따라 북한은 분열 증식 저항 경
수로Light-water Reactors, LWR 2기 제공과 북한의 난방 및 전기 수요
를 맞추기 위한 연간 50만 톤의 연료유(연간 5000만 달러 상당) 공
급 등 경제적 지원을 대가로 플루토늄 생산 프로그램을 동결하기
로 했다. 아울러 경수로 건설은 미국이 주도하는 국제 컨소시엄
에 맡기기로 했다. 이 합의문에는 북핵 폐기와 궁극적인 북미 관
계 정상화, 북한 체제 안보 보장 등도 포함되었다.

북한에게 이 거래는 40억 달러 이상의 가치가 있었다. 북한 분
석 전문가 브라이언 마이어스는 이 결의안을 '김정일의 결단과
투지의 결과'라고 특징짓고, '후계자 김정일에게 구국 신화를 부
여한 것'으로 보았다. 한편 미국은 이번 협정으로 북한이 수십 개
의 핵무기를 생산하는 것을 막는 데 성공했다.

하지만 제네바합의의 이행은 관료들 간의 논쟁, 예산 문제, 경
수로 건설과 중유 인도 지연 등으로 순탄치 않았다. 이에 실망한
북한은 다른 무기 전략에 계속 공을 들이면서 핵 프로그램을 재
개하겠다고 위협했다. 북한은 클린턴 행정부로부터 추가 양보를

얻어내기 위해 1998년 일본 상공을 지나가는 장거리 탄도 미사일을 처음으로 시험 발사했고 지하에 대규모 비밀 핵실험장을 건설했다.

제네바합의는 북한의 핵 프로그램을 늦췄지만 완전히 제거하지는 못했다. 2002년 10월 북한을 방문한 제임스 켈리James Kelly 미국무부 동아시아·태평양 담당 차관보가 비밀 우라늄 농축 프로그램과 관련해 북한 지도자들과 정면으로 부딪치면서 이 협정의 막판 진통과 함께 2차 핵 위기가 시작되었다. 북한의 우라늄 농축 프로그램과 핵무기용 핵분열 물질 생산 능력이 백일하에 드러난 이후 상황은 점점 악화되었고, 북한에 대한 미국의 공격 위협은 더욱더 거세졌다. 결국 2003년 북한은 핵 프로그램에 더욱 전념하기 위해 NPT를 탈퇴한 첫 번째 국가가 되었다. 몇 주 후 북한 전투기가 동해상에서 임무를 수행하던 미 공군 정찰기를 요격했다. 2003년 3월에는 미국이(핵무기를 생산하고 있다는 잘못된 전제하에) 이라크를 침공하면서 전 세계에 다시 긴장이 고조되었다. 미국의 이라크 공격은 미국이 '악의 축'이라 규정한 나라들을 처벌하는 데 꽤 진지하게 임하고 있다는 공포를 불러일으켰다.

하지만 동시에 미국은 외교적 대안을 모색하기도 했다. 한국과 북한, 중국, 러시아, 일본을 포함한 6자회담을 주도해 긴장을 완화하고, 핵 협상의 장을 마련하려 했다. 이 그룹은 2003년 8월에 처음 만났으며 이후 다섯 차례 더 회담했다. 2005년 2월 북한이 '자위용' 핵무기를 보유하고 있다고 발표했을 때, 전문가들은 북한이 플루토늄 폭탄 6개 정도를 보유하고 있을 것이라 추정했다. 2005년 9월에는 아주 찰나였지만 희망의 순간도 있었다. 당시 6개국은 한반도의 검증 가능한 비핵화를 위해 노력하고 지역 안보에 협력하며, 경제 협력을 증진하기로 약속하는 역사적인 공동성명을 마련했다. 또한 미국과 북한은 관계 정상화를 위한 조처에 합의했다. 가장 중요한 것은 북한이 '모든 핵무기와 기존 핵 프로그램을 포기하겠다'고 약속했다는 점이다.

하지만 공동성명으로 인한 낙관론은 빠르게 약화되었다. 핵 협상과 거의 동시에 부시 행정부는 마카오 은행 방코델타아시아 Banco Delta Asia, BDA가 북한 정권을 위해 돈세탁과 여타 금융 범죄를 저질렀다고 비난하면서 BDA에 미국 금융거래 제한을 가했다. BDA는 총 2500만 달러에 달하는 50개 이상의 북한 관련 계좌를 압수하는 것으로 대응했고, 예금 인출 사태를 막은 뒤 명성을 회복하기 위해 광범위한 감사를 시작했다. 이에 화가 난 북한은 핵 협상을 중단하고 2006년 7월 4일 대포동 2호 장거리 탄도 미사일 시험 발사를 단행했다. 이 미사일은 발사 40초 만에 실패로 끝났지만 이론적으로는 미국 서부까지 핵탄두를 날려 보낼 수 있었다. 몇 달 후 10월에 북한은 첫 번째 핵무기를 시험했다. 이런 북한의 행동은 곧바로 국제사회의 비난과 UN 제재를 끌어냈지만, 부시 대통령은 궁극적으로 비핵화를 진전시키기 위해 BDA의 압수 자금 반환을 승인할 수밖에 없었다.

미국의 압도적인 군사력에 의한 제재, 그리고 국제적 압력과 고립에도 불구하고 김정일은 미국을 위협하며 끈질기게 핵무기 계획을 추진했다. 시간을 벌고 정치적·경제적 양보를 이끌어내기 위해 '대화'를 사용했다. 그 사이에 그는 무기를 시험 및 개량하고, 북한의 대내외 관계를 견인하는 선군 전략을 강화하는 실험을 했다.

김정은이 이토록 우여곡절 많은 협상의 배경을 알고 있었는지, 북한과 미국의 군사 충돌 가능성은 제대로 인식했는지, 또한 아버지 김정일의 방책에 어떤 요인이 개입되었는지를 알고 있었는지는 명확하지 않다. 하지만 김정은은 아버지의 선군 정책 시대를 살아가면서 김일성군사종합대학에서 「GPS를 이용한 작전지도 정확도 개선 모의실험」이라는 논문을 쓴 학생이었다. 그도 틀림없이 북한의 핵 개발에 깊은 관심이 있었을 것이다. 훗날 김정일은 '김일성과 김정일의 위대한 군사 전략 이론'을 집대성한 아들의 논문을 칭찬하고, 김정은의 교육과 자주성에 바탕을 둔 혁명적 이상에 대한 의지를 공개적으로 강조했다.

김정은의 졸업이 두 달 앞으로 다가온 2006년 10월 9일, 북한은 모든 역경을 딛고 첫 핵실험을 감행했다. 북한 외무성은 '우리는 강력한 혁명 에너지로 미국의 선제공격 가능성에 대응하기 위해 모든 수단을 마련했다. 선제공격은 미국만 하는 게 아니다. 우리는 미국의 핵 위협 때문에 핵무기를 만들었다'라고 선언했다. 이 핵실험 이후, 북한 정권 매체는 이 중대한 이정표를 '우리 군부 관계자들에게 행복을 가져다준 역사적 사건'이라 자랑스럽게 선포하고 '번영하는 사회주의 강성 대국을 건설하는 위대한 도약'이라 자평했다.

　어쩌면 조지 부시 1기 행정부의 공격적인 언사가 핵무기를 보유하고 자발적 고립 상태를 지속하면서 서방을 자기 방식대로 끌고 가려는 북한 정권을 더 자극했을지도 모른다. 10년 내내 저항과 선택적 포용 전략을 반복적으로 펼쳐온 김정일의 스타일은 주로 '기본적인 방어 욕구'에서 나온 것이었다. 미국 의회조사국 Congressional Research Service, CRS은 2006년에 이루어진 북한 핵실험의 다양한 동기를 제시했다. 여기에는 북한이 미국과의 양자 협상에서 자신들의 영향력을 키우고, 미국의 공격에 맞서 체제 안전을 보장하며, 자국의 기술적 능력을 시험하고자 하는 등의 내용이 포함되어 있는데 이는 핵무기 계획에 대한 김정일의 의지를 확대 해석할 여지를 줄 수도 있다. 결국 조지 부시 행정부도 클린턴 행정부와 같은 처지에 놓이게 되었다. 2007년 2월 미국은 또 다른 핵 협정을 체결하고, 식량 지원을 재개하면서 제재를 완화했으며 북한을 테러지원국 명단에서 제외했다. 김정일의 입장에서는 북한이 핵무기 개발에 대한 의지를 확고히 견지한다면 미국을 잘 다룰 수 있을 것만 같았다.

한편 김정은에게 핵무기 보유는 단순한 국가 전략 이상의 것이었다. 이 뻔뻔한 핵실험은 주체사상과 수령 개념으로 포장된 이념적·실존적 정당성과 함께 두꺼운 보호막이 되어주었다. 하지만 한편으로 2006년 10월의 핵실험은 김정은이 집권했을 때 선택의 폭을 좁혔고, 북한과 2500만 북한 인민의 운명이 이 핵 유산의 보존에 달려 있다는 확신에 그를 가두었다. 김정은과 미래의 군사 엘리트인 김일성군사종합대학 급우들은 의심할 여지없이 핵실험을 찬양했다. 이는 나라의 미래에 대한 이들의 낙관을 고취하고, 조국 수호자와 영웅으로서 자신들의 사명에 대한 믿음을 강화했을 것이다.

21세기 빨치산 훈련

김정일이 뇌졸중으로 쓰러진 이후 2년 동안 북한은 '국내외적으로 강인하게 보이려는 열망'과 '김정은에게 북한의 강압 외교 전술을 배우게 하려는 의도'를 결합한 일련의 행동을 감행했다. 또 북한 정권은 차기 버락 오바마Barack Obama 행정부에 대해 자신들의 입지를 확고히 해서 미국과의 관계를 개선하거나 자신들이 더 유리한 조건을 제시할 수 있기를 바랐다. 북한 외무성은 오바마 대통령 취임 직전에 발표한 성명에서 '북한의 핵보유국 지위에는 변함이 없을 것'이라고 선언하며 핵무기 협상 거부 의사를 내비쳤다. 2009년 4월 북한은 우주에 대한 평화적 이용권을 주장하며 위성 발사를 감행했지만, 실제로는 대륙 간 탄도 미사일 시스템 기술을 시험했을 가능성이 크다. 북한은 미사일 시험 발사에 따른 제재와 국제사회의 비난을 명분으로 삼아 6자회담에서 탈퇴하면서 그 틀에서 도달한 합의에 따른 의무를 이행하지 않을 것이라고 밝혔다. 그 후 2009년 5월에 핵실험을 실시한 뒤 '실험 결과는 핵무기의 위력을 더욱 높이고, 핵 기술을 꾸준히 발전시키는 과정에서 발생하는 과학적 문제를 만족스럽게 해결하는 데 도움이 되었다'라고 주장했다.

이렇듯 북한은 계속해서 위기를 조성하고, 여러 방법으로 기회주의적인 이익을 취했다. 그리고 이런 사건들은 김정은에게 중요한 훈련 기회가 되었다. 북한은 오바마 대통령이 취임한 지 불과 두 달 만인 2009년 3월에 중국 국경 인근에서 탈북민 관련 이야기를 취재하던 미국인 기자 로라 링Laura Ling과 유나 리Euna Lee를 체포했다. 3개월 후 북한은 이들이 북한을 '비방'하기 위한 다큐멘터리를 제작하려 했다는 이유로 12년의 중노동형을 선고했다. 이들이 국경경비대원들에 의해 북한으로 끌려갔다는 보도가 나오면서 긴장감은 고조되었다. 두 기자는 빌 클린턴 전 대통령이 평양에 가고 나서야 비로소 풀려났고, 클린턴 전 대통령과 마주 앉은 김정일의 모습이 언론에 대서특필되었다. 북한 정권은 이 절호의 선전 기회를 놓치지 않고 '클린턴 전 대통령이 두 미국 기자의 적대행위에 대해 김정일 동지께 진심으로 사과하고, 이들을 관대하게 용서해달라는 미국 정부의 진심 어린 요청을 정중히 전달했다'라고 선전했다.

한편 한국에서는 2008년 대선에서 보수 성향의 이명박 대통령이 당선되었다. 이로써 10년 동안 북한에 약 30억 달러를 지원한 것으로 추산되는 이전 정부의 햇볕정책이 막을 내렸다. 새로운 강경 노선을 취하는 이명박 대통령에게 북한은 격렬한 반응을 보이며 욕설을 퍼부었다. 2010년 3월 북한의 천안함 폭침 사건과 그해 말 한국군 군사 훈련에 대한 대응을 명분으로 내세운 서해 해상분계선 부근의 연평도 포격 사건 등으로 남북관계에는 긴장이 계속되었다. 한 주민은 연평도 포격 당시 '집과 산에 불이 나고 사람들이 대피하고 있다'라며 긴박한 상황을 전했다. 한국 공군은 F-16 전투기를 긴급 출격시키고 K-9 자주포로 응사했다. 한반도에서의 군사 충돌은 불가피해 보였다. UN과 미국, 중국 지도자들이 양측에 자제를 촉구할 정도였다. 한편 북한은 이런 와중에도 북한을 방문한 미국 전직 관리들과 학자들에게 대규모 우라늄 농축 공장을 공개하며 현대적이고 발전된 시설을 자랑했다. 이는 북한 정권이 고농축 우라늄 폭탄 원료를 만들려는 게 아니냐는 의혹을 불러일으킬 수밖에 없었다.

김정일은 한국이나 미국의 보복행위에 대한 보험으로, 더 나은 위치를 차지하는 동시에 정치적·경제적 양보를 끌어낼 목적으로 북한의 최대 후원자인 중국과 활발한 외교 활동을 펼쳤다. 뇌졸중이 발병한 이후에도 여러 차례 중국을 방문했고, 고위급 대표단을 주고받으며 영원한 우의와 협력을 다졌다. 이런 그의 노력이 결실을 맺어 중국 지도자들은 젊은 김정은으로 권력이 이양되는 것을 공개적으로 환영했다.

그동안 오바마 행정부는 '전략적 인내'라 비꼬아 부르는 대북 정책을 채택하고 유지해왔다. 이는 비핵화에 대한 김정일의 진지한 노력 없이는 관계 개선을 거부한다는 것을 의미했다. 이런 전략적 인내는 오바마 대통령이 북한의 도발에 너무 단순하게 대응한 나머지, 북한이 핵무기 프로그램을 지속적으로 발전시킬 여지를 제공한다는 비판을 초래했다. 하지만 객관적으로 보아도 북한의 의지와 협상이 불가하다는 태도, 결과에 상관없이 전략 무기 프로그램을 완성하려는 명백한 열망으로 인해 한국과 미국은 선택의 여지가 별로 없었다. 동시에 김정일의 호전성은 오바마 행정부가 동맹 간 조율을 심화하는 한편 북한의 무모함을 억제하기 위해 중국이 더 강경한 입장을 취하게 하는 계기가 되었다.

바로 이런 것들이 김정일이 아들에게 전하려 했던 '교훈'이었다. 김정은은 핵무기 프로그램을 진전시키고, 긴장을 조성하고, 공포심을 심고, 한국·미국·중국과의 관계를 동결했다가 다시 개선하는 강압 외교의 진가를 확실히 깨닫기 시작했다.

한국전쟁의 참화에서 두 세대나 떨어져 있고 육체적으로나 심리적으로나 기근의 공포를 경험해보지 못했으며 북한을 지정학의 중심으로 자리하게 한 핵무기 프로그램을 물려받은 김정은이 북한의 미래를 낙관하는 데에는 다 그럴 만한 이유가 있었다. 그는 아직 배울 게 많았다. 하지만 그 누구도, 어쩌면 김정일조차도 자신의 아들이 이렇게 유능한 학생이 되리라고는 예상하지 못했을 것이다.

BECOMING
KIM JONG UN

6장
더 원대하게, 더 악랄하게, 더 대담하게

•

아마도 이것은 영화광이었던 아버지 김정일이 아들 김정은에게 남긴 마지막 선물이었을지도 모른다. 북한은 김정일이 사망한 지 불과 몇 주 뒤인 2012년 1월 8일, 김정은의 28번째 생일에 이 후계자의 무훈을 고증하는 다큐멘터리를 공개했다. 이는 보잘것없는 김정은의 이력을 부풀려 지도자 자격과 군사적 탁월성을 만들어내기 위한 북한 정권의 광적인 노력의 결과였다.

다큐멘터리의 첫 장면에서 김정은은 얼룩말을 타고 질주하며 나라를 미래로 이끄는 영웅의 모습을 보여준다. 이어 탱크를 운전하고 사격 훈련을 참관하며 조종사와 대화를 나누고 병사와 지휘관들과 악수를 하며 미소 짓는다. 또한 그는 2009년 4월 미사일 발사 이후 위성관제센터에 나타나 "적들이 로켓을 격추한다면 나는 진짜 전쟁을 치르기로 했다"라고 담대하게 선언하는 단호한 지도자의 모습을 보인다. 이는 북한이 김정은의 진실성을 급성장하는 탄도 미사일 프로그램과 결부시키려 한다는 것을 보여준다. 이 다큐멘터리는 김정일이 아들을 바라보며 "우리 장군, 나를 닮았네"라고 한 말을 인용하면서, '김정은이 군사 전략에 뛰어나고 전술에도 정통하다. 그는 다양한 능력을 갖춘 인물이고 천재 중에 천재다'라고 칭송한다.

다큐멘터리가 공개되기 일주일 전인 2012년 1월 1일, 북한의 3대 관영 매체는 신년 공동사설에서 '우리 당과 인민의 최고 지도자이신 김정은 동지는 선군의 승리와 영광의 깃발이며, 통일 조선의 영원한 중심'이라는 말로 김정은의 정통성을 주장했다. 그리고 당과 군과 인민에게 '죽음으로 김정은을 사수하는 인간 울타리와 방패가 되어달라'고 촉구했다.

이 생일 다큐멘터리는 확실히 낙관적인 분위기였다. 젊은 주인공이 자신감과 남성적인 박력으로 북한을 사회주의와 핵의 천국으로 인도하리라는 느낌을 주었다. 그의 혈관에 김일성의 피가 흐르고 있음을 고려하면 이런 자신감은 그가 가진 천부적인 권리였다. 북한 정권의 이념적·제도적 구조에 뿌리를 두고 있는 김정은의 자신감은 그를 영웅으로 만들었다. 또한 그의 일거수일투족을 찬양하는 선전 기관은 김정은의 그런 면모를 홍보했다. 일본의 식민지화와 전쟁, 기근 등의 역사적 경험도 없고 (할아버지와 아버지의 의식에서 무척 두드러졌던) 중국과 구소련과의 친밀감도 전혀 없는 김정은은 이로써 자신이 스스로 역사를 창조할 수 있다고 믿게 되었다.

으스대는 태도

김정은의 형이자 한때 후계자였던 김정남은 아버지 김정일이 사망한 직후 한 일본 기자에게 '왕위 계승은 우스개'일 뿐이라며 이복동생은 '명목상의 인물이고 핵심 권력자들이 실세가 될 것'이라고 말했다. 또한 그는 북한이 개혁하지 않는다면 붕괴할 것이라고 예언했다. 여기에 '김정은 정권은 오래가지 못할 것'이라는 불길한 예언을 덧붙이며, 중국은 사실상 세습을 환영하지 않지만 지역 정세의 안정을 유지하기 위해 이를 인정했을 뿐이라고 주장했다. 김정남은 대부분의 외부 관찰자들뿐 아니라 일부 내부자들도 의심하고 있는 이 사실을 공개적으로 입에 올렸다. 나라를 통치해본 경험이 전혀 없는 20대 젊은이가, 하물며 제재의 올가미에 눌려 경제가 빈사 상태인 핵무장 국가를 어떻게 보존할 수 있단 말인가?

하지만 김정은은 소심하기보다는 으스대는 태도를 보였다. 통치를 시작하자마자 북한에 가해진 모든 제재를 견뎌낼 수 있다는 계산으로 국제사회 여기저기를 찔러대며 인내심의 한계를 시험하고 또 밀고 나가기 시작했다. 아마도 그는 밀어붙일 수밖에 없다고 느꼈을 것이다. 동아시아 전문가인 오공단Kongdan Oh 브루킹스 연구소 선임 연구원은 다음과 같은 말로 김정은의 '열등감'을 지적한다. '그는 자신이 전략적으로 사고하고 있다는 것과 군부가 자신을 지지하고 아무도 반대하지 않는다는 것을 보여주려 하고 있다.' 김정은은 재정적 궁핍과 국제적 고립에도 불구하고 핵무기 프로그램을 끝까지 추진하기로 선택했다. 집권 초기 6년 동안 김정은은 핵과 미사일 능력 시연에 박차를 가하면서 호전적인 언사로 세계를 긴장시켰다. 그리하여 김정은은 미국과 주변 국가들의 예상과 달리 매우 성공적으로 주도권을 유지했다. 이로 인해 당시 내가 선임 정치 분석가로 있던 CIA에서는 국가안전보장회의 정책 회의에 분석 자료를 제공하고 대통령과 내각, 기타 고위 관리들을 지원하기 위해 수없이 밤을 새우며 「대통령 일일 보고서President's Daily Briefs」를 작성해야 했다.

북한은 2년간의 양자 협상 끝에 2012년 2월 29일, 24만 톤의 식량 지원을 대가로 우라늄 농축 중단, 국제 사찰, 핵과 미사일 실험 유예 등을 요구하는 미국과의 협상에 합의했다. 하지만 이로부터 불과 2주 뒤 새로운 김정은 정권은 UN 제재로 금지된 우주 발사 계획을 발표하며 미국을 농락했다. 북한은 오래전부터 우주의 평화적 이용권을 주장하면서, 날씨와 농작물 수확고를 더 잘 예측하기 위해 인공위성을 궤도에 올려 보내고 싶다고 주장했다. 하지만 국제사회는 이런 북한의 주장이 단순한 은폐에 불과하며 실상은 탄도 미사일 기술을 시험하려는 의도라고 반박했다. 결국 4월 13일에 이루어진 북한의 인공위성(광명성 3호) 발사는 실패로 돌아갔다. UN은 새로운 제재를 결의했다. 미국은 이번 실험을 '2·29합의 위반'이라 규정하고 24만 톤의 식량 지원 계획을 중단했다.

4월 13일 광명성 3호 발사 이후, 놀랍게도 북한은 2009년 발사 실패 때처럼 자신들이 성공했다고 선전하기보다는 오히려 실패를 자인했다. 이는 랭글리에 있는 우리들에게 김정은이 '더 투명하고' '기꺼이 위험을 감수하며' '실패를 개선해 배울 수 있는 기회로 보는' 지금까지와는 전혀 다른 유형의 지도자일 수 있다는 힌트를 주었다. 발사 몇 시간 만에 북한 매체들은 '지금 과학자와 기술자, 전문가들이 실패의 원인을 조사하고 있다'고 보도했다.

북한에서 가장 중요한 날인 2012년 4월 15일, 즉 김일성 탄생 100주년이 불과 이틀 앞으로 다가왔다는 점을 고려하면 김정은의 이런 실패 인정은 더욱더 두드러지는 대목이었다. 새로운 지도자는 이 기회를 이용해 자신의 성공을 강조하고 싶었을 것이다. 이날 김정은은 첫 열병식을 주재했고, 집권 17년 내내 대중 연설을 피했던 아버지 김정일과는 달리 20분간 연설을 했으며 (일부 또는 전부가 모형일 수도 있는) 도로 이동식 대륙 간 탄도 미사일(ICBM) 6기를 탑재한 차량이 지나가자 경례하고 손뼉을 치며 손을 흔들었다. (이 ICBM은 점차 증가하는 북한의 역량과 그 의도에 대한 우려를 불러일으키고 있다.)

열병식 행사는 매력적이었지만 그의 연설 자체는 그다지 특별하지 않았다. 김정은은 숨을 깊이 들이쉬고 첫마디를 내뱉었다. 말을 할 때 발을 이리저리 움직이고 노트에서 눈을 떼지 않는 등 상당히 초조한 모습을 드러냈다. 그는 첫 공개 연설에서 할아버지와 아버지의 유산을 긍정적으로 평가하고, 아버지의 선군 정책을 옹호했다. 또 2006년 1차 핵실험과 도로 이동식 ICBM과 같이 개량된 탄도 미사일 개발에 성공해 '우리의 적들이 핵폭탄으로 우리를 위협할 수 있는 시대는 영원히 사라졌다'고 선언했다.

대중 연설을 기피하던 아버지 김정일과 달리 1년 중 가장 중요한 날 거대한 광장에서 대중 연설을 한 것도 리더십에 대한 김정은의 다른 접근 방식을 나타냈다. 오랜 북한 전문가인 정성창 한국 세종연구소 수석 연구원의 말대로 '김정일은 비밀스러운 커튼 뒤에서 대중 연설을 자제하고 당을 통해 지시를 내렸다.' 따라서 '대중은 김정일을 두려워했으며 김정일은 결코 대중의 사랑을 받지 못했다.' 반면 김정은은 주민들과 직접적인 유대관계를 형성하고, 정권의 강력한 레토릭Rhetoric(화려한 문체나 다소 과장되게 꾸민 미사여구)을 자신과 연결하고자 하는 것 같았다. 이 젊은 장군은 자신이 북한 안보의 주인임을 명확히 주장했고 그를 얕잡아보며 얼마나 오래 버틸지 내기하고 있을 외부 세계에 군부에 대한 전권을 과시했다. 그리고 북한 주민들에게는 자기 자리를 굳건히 지킬 것이라는 확신과 함께 경고의 메시지를 보냈다.

8개월 뒤인 2012년 12월, 북한은 미사일 발사를 '고도의 도발 행위'로 보겠다는 미국의 경고에도 아랑곳하지 않고 또 다른 '위성' 발사 의사를 밝혔다. 그리고 숫자 12가 세 번 겹치는 2012년 12월 12일에 발사를 감행한 뒤 또다시 UN 제재를 받았다. 북한은 텔레비전 보도를 통해 위성 지휘소에서 직접 발사를 지시하고 담배를 피워 문 채 자료와 결과를 살펴보는 김정은을 '실천적 지도자'로 묘사했다. 이는 김정은을 '광범위한 국제적 비난도 무릅쓰는 대담하고 행동 지향적인 젊은 지도자'로 부각하려는 시도였다. 두 달 뒤, 김정은의 통치 기간이 1년을 조금 넘었을 무렵인 2013년 2월에 북한은 3차 핵실험을 진행했다. (김정은으로서는 첫 번째 핵실험이었다.) 제임스 클래퍼James Clapper 미국 국가정보국장은 미 상원 군사위원회에 보고한 연례 위협평가에서 2012년 12월 위성 발사와 북한 열병식에서 선보인 탄도 미사일, 그리고 2013년 2월 핵실험 등은 '장거리 미사일 기술 개발에 대한 북한의 의지를 나타내는 것이며, 이는 미국에 직접적인 위협이 되고 있으며 탄도 미사일을 생산하고 판매하려는 북한의 노력은 세계 안보에 우려를 끼치고 있다'라고 증언했다. 그의 이런 발언은 미국 내에서 커지고 있는 북한의 위협에 대한 불안감을 반영했다.

김정은 정권하의 북한은 2012년 개정 헌법에서 핵보유국의 지위를 성문화했는데, 이는 도리어 갈수록 늘어나는 제재 리스트와 미국의 경고로부터 힘을 얻는 것처럼 보였다. 북한 정권 웹사이트에 게재된 이 개정 헌법 서문에는 김정일을 '우리 조국을 무적의 정치 이념 국가, 핵무장 국가, 그리고 불굴의 군사 강국으로 바꾸고, 강성 대국 건설의 기반을 닦았다'라고 평가했다. 또한 핵능력을 고도화시킨 김정은의 역할을 강화하는 한편 핵무기 사용에 대한 김정은의 권한을 더욱 공고히 했다. 북한은 2013년 법률에서 북한을 '완전한 핵무기 보유국'이라고 선언하는 동시에 북한의 핵무기 프로그램은 억지력을 위한 것이라고 주장하며 책임 있는 핵보유국이 될 것을 강조했다.

북한의 체제 선전은 점점 증가하는 핵무기 프로그램의 규모 및 정교함과 새로운 지도자 김정은의 이미지를 연계시켰다. 북한이 잠수함에서 탄도 미사일 발사를 실험할 때, 사진 속 김정은은 푸른 바다를 배경으로 서서 손에는 무심하게 담배를 쥔 채 머리칼을 휘날리며 활짝 웃고 있다. 또 (탄도 미사일 장착에 성공하면 미국과 주변 국가들에 심각한 위협이 될) 소형 핵탄두 옆에서도 과학자들과 함께 관찰하고 있으며, 산악 지형을 배경으로 불기둥이 웅장하게 솟아오르는 장거리 로켓 발사 장면을 카메라를 등진 채 참관하고 있다. 북한은 이 사진들을 모아 북한의 최신 핵 능력을 확인하기에 급급한 전 세계 전문가들에게 전송했다. 집권 초기 6년 동안 김정은은 여러 위치에서 발사할 수 있는 다양한 사거리의 신형 탄도 미사일과 잠수함 발사 미사일 등 아버지와 할아버지가 발사했던 것을 모두 합친 것보다 세 배 많은 미사일을 실험 발사했으며 북한의 6차 핵실험 중 네 차례를 모두 35살이 되기 전에 감행했다.

선군 정책을 다시 위대하게

김정은은 전략 무기 프로그램 개발에만 만족하지 않았다. 100만 명이 넘는 세계 4위 규모의 재래식 군대도 선택적으로 현대화했다. 남북한을 가르는 비무장지대에서 불과 60킬로미터 떨어진 곳에 전체 병력의 4분의 3이 포진하고 있는 한반도는 세계에서 가장 위험한 곳 중 하나다. 60킬로미터는 대략 워싱턴 D.C.와 볼티모어Baltimore, 또는 뉴욕시와 코네티컷Connecticut 사이의 거리로 수백만 미국인이 매일 출퇴근할 수 있는 거리다. 북한은 남한을 겨냥해 요새화한 수천 문의 포를 전진 배치시켰고, 1300여 대의 항공기와 70여 대의 잠수함, 그리고 수륙양용 작전과 특수 작전군 투입을 지원하는 해군 함정을 보유하고 있다. 북한의 군사력에 관해서는 2017년 미국 국방부 의회 보고서 「북한 관련 군사 안보 전개 상황Military and Security Developments Involving the Democratic People's Republic of Korea」에서 자세히 설명하고 있다.

문서상으로도 북한군은 가공할 만한 존재다. 북한의 지정학적 위치와 북한 정권이 자행해온 위협, 그리고 군사적 충돌을 일으킬 만한 사소한 가능성 등을 고려할 때 북한의 군사력은 쉽게 무시할 수 없다. 하지만 미국 국방부 의회 보고서에서 지적했듯이, 북한군은 여전히 1950~1970년대 구소련과 중국에서 받거나 그 설계를 바탕으로 생산된 노후 장비를 운영하고 있다. 이는 동맹국인 중국과 구소련으로부터 원조를 받던 북한의 전성기 시절을 떠올리게 한다. 게다가 많은 군인은 식사와 영양 면에서 민간인과 비슷한 형편이며, 그마저도 1990년대 기근으로 인해 주민들의 성장이 저해되어 징집에 필요한 최소 신장 요건까지 낮췄다. 김정은이 권좌에 올랐을 무렵 북한군의 최소 신장 요건은 145센티미터였다. 그럼에도 북한 정권은 건설 사업과 농사 등 비군사 활동에도 정기적으로 징집자들을 이용하고 있다.

후계 과정에서 군에 관한 교육을 받았고, 개인적으로도 이 분야에 관심이 있었던 김정은은 '북한군의 한계'를 거의 확실히 이해하고 있다. 또한 미국과 남한을 상대로 재래식 전쟁을 벌였을 때 승산이 없다는 것도 잘 알고 있다. 하지만 그는 아버지 김정일의 이념적 유산인 선군 정책을 포기하지 않았다. 김정은은 북한의 재래식 전력과 선택적 현대화, 포병 화력 훈련, 전투기 조종사 대회, 남한의 군사 목표물을 타격하는 포병 시험 훈련 등을 주재하는 데 우선순위를 두었다. 김정은은 야간전투 비행 훈련을 지켜보며 실전처럼 훈련하라고 지시했다. 또한 북한은 새로운 지대공 미사일 발사대와 레이더를 시연하고, 남한까지 사거리를 개선한 미사일 능력을 선보이며 해군 함정들을 개량하고, 미사일로 무장한 경비정과 소형 호위함들도 생산했다. 2013년 북한은 실탄 사격 훈련에 드론을 사용하면서 자신들이 새로운 기술을 접목하고 있음을 드러낸 바 있다. 게다가 북한에는 18만 명의 특공대, 즉 엘리트 특수 작전 부대도 있다. 미국 국방부가 2017년 의회에 제출한 보고서에 따르면 이들은 영양 상태가 좋고 사기가 넘치며, '기동 타격 작전, 외국의 공격으로부터 내부 방어 또는 남한의 취약한 목표물에 대한 제한된 타격'을 위해 창설된 부대다. 2016년 북한은 헬리콥터 침투와 한국 대통령 모의 납치 등 청와대를 대상으로 한 특수 작전군 대대 모의 공격 계획을 발표했다.

북한은 이런 무력시위와 함께 '특유의 화법'을 선보였다. 김정은 집권 1년 6개월 만에 북한은 '유례없는 독특한 수단과 방법'으로 남한을 공격하겠다고 위협했다. 이 발언을 필두로 많은 위협적인 발언이 이어졌다. 북한은 미국을 선제 핵 공격으로 위협하고, 평양 주재 외국 외교관들에게 안전을 보장할 수 없다고 경고했다. 그리고 남한에 있는 외국인들에게 출국을 촉구하고, 한국 전쟁 휴전 무효를 선언했으며 2007년 폐쇄했던 영변 플루토늄 원자로를 재가동했다. 그 무렵 한 장의 사진도 공개했는데, 사진 속 김정은은 군 간부 세 명에게 둘러싸여 거대한 테이블에 앉아 전쟁 계획을 검토하는 듯한 모습을 보이고 있다. 이 사진에서 가장 중요한 단서는 「미국 본토 타격 계획」이라는 제목의 대형 세계지도였는데, 여기에는 아시아에서 출발해 워싱턴 D.C.를 포함한 미국의 네 개 목표물을 타격하는 대륙 간 탄도 미사일의 궤적이 그려져 있었다. 이 선전의 목적은 김정은 집권 초기에 세계를 향한 김정은의 반항을 보여주기 위한 것이었다.

북한 정권은 자신들의 행동과 엄포로 인해 외화 획득 능력이 약해져도 문제를 크게 개의치 않는 것 같았다. 한미 연례 군사 훈련과 북한의 핵실험, 미사일 발사 실험으로 쌓여가는 UN 제재에 항의하기 위해 북한은 매년 1억 달러가량을 벌어들이고 있는 수익성 좋은 개성공단에서 5만 명의 근로자들을 철수시켰다. 이 같은 긴장감은 북한의 또 다른 외화벌이의 원천인 북한 관광산업에도 영향을 미쳤다. 집권 초기 몇 달 동안 자행된 김정은의 이런 행동은 그가 국내외 관계자들, 특히 워싱턴과 베이징, 서울, 도쿄에 있는 자기보다 훨씬 경험 많은 지도자들에게 보내는 '나를 결코 가볍게 봐서는 안 된다'는 경고로 해석된다. 실제로 그는 의도적으로 북한의 고립을 심화시켰다. 한국, 미국, 중국의 협상 재개 시도를 묵살하는 대신 엄포와 협박을 이용했다. 집권 초기 6년 동안 그 어떤 외국 정상과도 만나기를 거부했다. 김정은은 오직 2012년 평양으로 다시 초대한 초밥 요리사 후지모토 겐지와 2003년 이후 네 차례나 북한을 방문한 미국 농구선수 데니스 로드먼하고만 접촉했다. 그때 김정은은 자기 방식대로 일을 처리하기에 여념이 없었다.

뉴노멀

이 긴장감 넘치는 세월 동안 정보계에서는 '뉴노멀'에 대해 이야기하기 시작했다. 그동안 우리는 거의 2주에 한 번씩 탄도 미사일 실험을 봤고 그에 관한 걱정스러운 언사를 들어야 했다. 베테랑 북한 관측 전문가 대부분은 '20년 만에 처음 보는 최악의 상황'이라고 입을 모았다. 미국과 지역 동맹국들은 한반도 지역에 전투기와 군함, 폭격기를 보내고 미사일 요격기를 배치하는 등 강력한 제재와 무력시위로 대응했다. 미국 지도자들은 지역 방위에 대한 자신들의 약속을 재확인하면서 동맹국들을 안심시키고자 노력했다. 그와 동시에 북한에는 국제적 의무를 준수할 것을 촉구하면서 중대한 비핵화 진전을 보이지 않는 한 북한의 위협에 굴복해 조건을 들어주거나 양보하는 일은 결코 없을 것이라고 선언했다. 반대로 중국의 지도자들은 북한의 행동에 대해 계속 변명했고(예컨대 2010년 천안함 공격에 대한 책임을 북한에 전가하길 거부한 것처럼), 비핵화보다는 지역 안정을 우선시했다. 하지만 2012년 11월 권좌에 오른 중국의 새 지도자 시진핑은 김정은의 성급한 행동을 달가워하지 않았다. 이는 과거와 달리 중국 지도자들이 대북 관계의 중요성에 의문을 갖고 있다는 암시를 주었다. 한국의 이명박 전 대통령과 박근혜 전 대통령 역시 북한의 비위를 맞추려 하지 않았다. 그들은 대북 고삐를 죄기 위해 중국의 협조를 얻어내려 노력하면서 미국과의 동맹 강화를 선택했다.

북한의 노골적인 시위와 공개적인 선언이 세계 언론의 헤드라인을 장식하고 자신들이 의도한 반응을 이끌어내는 동안 김정은은 '행동'을 조절하기 시작했다. 김정은은 집권 1년 반 만에 미국과 동아시아 지역에서 북한에 감당할 수 없는 반응이 일어나는 것을 막기 위해 자신의 행동을 교정하는 모습을 보였다. 예컨대 2013년 4월 한국군과 미군은 북한이 도로 이동형 중거리 탄도 미사일 '무수단'의 1차 시험 발사를 계획하고 있다는 징후를 포착하고 즉각 경계수위를 높였다. 사정거리 2500~4000킬로미터인 이 미사일이 가동되면 북한은 한국과 미국은 물론 괌 내 미군기지를 모두 위협할 수 있게 된다. 한국과 미국, 일본 정부는 북한의 미사일 발사 시험 가능성이 높으며, 이로 인해 지역의 긴장을 새로운 수준으로 끌어올릴 것이라 예측했다. 중국은 예정된 군사훈련임을 주장하며 북한과의 국경에서 실탄 사격 훈련을 하는 한편 중국 기업과 거래하는 북한 은행들을 압박하기 시작했다.

중국의 압박 때문이었는지, 혹은 기술적 어려움 때문이었는지, 그도 아니면 이 검증되지 않은 미사일의 위치를 알아내는 미국과 남한 정보기관의 능력에 겁을 먹었기 때문이었는지 간에, 북한은 무수단을 발사대에서 제거했다. 그리고 1년간 8번이나 발사 시험을 했던 2016년까지 이 미사일을 다시 시험하려 하지 않았다. 2014년 북한은 열핵폭발(수소폭탄)일 것이라 추정되는 '새로운 형태의 핵실험'을 빌미로 세계를 위협했지만, 이내 김정은은 이 위협마저도 그만두었다. 아마도 점점 죄어오는 제재의 올가미나 그가 민감하게 살피던 중국의 인내심, 또는 북한 전역을 타격할 수 있는 한국의 탄도 미사일 시험 때문이었을 것으로 추정된다. 어쩌면 김정은의 계산에는 이 모든 요소가 고려되었을 것이다. 이는 김정은이 미국과 동맹국들을 위협할 수 있는 능력에서 빠른 진전을 보이고 있으며 전쟁 발발 시 생존 가능한 반격용 무기를 개발하고 있다는 모든 징후를 보여주는 한편, 그가 자신의 환경을 정확히 읽고 자기 행동의 위험과 이익을 평가하는 방법을 알고 있다는 것 또한 보여준다.

한편 김정은의 행보로 인해 정보계에 있는 우리도 새로운 현실에 적응하고 조정하는 법을 배웠다. 우리는 이전에도 호전적인 북한의 행동을 봐왔다. 하지만 불확실한 김정은의 의도와 뚜렷한 출구전략 없이 고조되는 북한 정권의 책략, 그리고 김정은 특유의 강한 화법이 합쳐지면서 전 세계는 긴장의 도가니에 빠졌다. 지금껏 전 세계는 도발 이후 정치적·경제적 이익을 끌어내기 위한 유화정책에 나서는 김정일의 (비교적) 예측 가능한 패턴에 익숙해져 있었다. 2013년 4월 새뮤얼 로클리어Samuel Locklear 미국 태평양군 사령관은 의회에서 "그의 아버지와 할아버지는 주기적인 도발에서 항상 출구전략을 마련했다. 하지만 김정은이 선대가 그랬던 것처럼 출구전략을 곰곰이 생각했는지는 알 수 없다"라고 밝혔다. 이런 위협 속에서도 국가 안보 기관에 있는 우리는 북한이 전쟁을 준비하고 있다는 징후를 포착하지 못했다. 그 시각 평양 주민들은 자신의 일상을 정상적으로 영위하고 있었다.

하지만 CIA는 최악의 사태를 경고하고 대비해야 할 의무가 있었으므로, 우리는 역량을 총동원해서 초창기 김정은의 의도를 예측했으며 경계를 늦추지 않았다. 우리는 맹렬히 이루어지는 북한의 미사일 실험과 군사 현대화 노력이 장차 무력 대결로 급속히 비화할 가능성이 있다는 걸 잘 알고 있었다. 당시 우리가 가진 가장 큰 의문점은 '누가 또는 무엇이 김정은의 행동을 제어하는 역할을 했는가?' 하는 점이었다. 김정은이 심각하게 오판할 가능성은 얼마나 있었는가? 누가 또는 무엇이 그의 행동을 제지하거나 부추겼는가?

이 안갯속을 헤매는 것 같은 상황에서도 다만 한 가지 확실한 것은, 김정은의 위험 감수성과 자신감이 동시에 자라고 있다는 사실이었다.

교훈

각종 호언장담과 부적절한 태도에도 불구하고, 김정은은 미국과의 군사적 대결을 바라지 않는다. 그는 꽤 이성적이고 자멸을 초래할 만큼 어리석지 않다. 김정은이 자국의 군사적 문제에 관여하고 있으며 북한 군사력의 결점을 거의 확실하게 알고 있다는 점을 고려할 때, 그는 북한이 한국이나 미국과 장기간 전쟁을 지속할 수 없다는 점도 잘 알고 있을 것이 분명하다. 김정은은 공격적이긴 하나 무모하지도 않고, 미치지도 않았다.

사실 그는 어떻게, 그리고 언제 전략을 보정해야 하는지 배워왔다. 적절할 때 방향을 전환하고 전술을 바꾸는 것이 김정은의 탁월한 능력이다. 우리는 '인간의 사고 과정에 내재하는 약점과 편견을 경계하라'는 전직 CIA 분석 전문가 리처즈 휴어의 경고에 귀를 기울이고, 북한을 분석할 때 '기대 양상'에 대한 우리의 가정과 인식에 지속적으로 의문을 제기해야 한다. 정보계는 '김정은을 움직이는 것이 무엇인지', '이 심오하고 진화하는 국가 안보 위협에 어떻게 대응해야 할 것인지'에 대한 새로운 정보를 통합하고 발전시켜야 한다. 김정은은 또다시 '군사적 공격 위협이나 포용 전략과 관계없이 북한은 핵을 포기하지 않겠다'는 뜻을 전했고, 핵 프로그램이 체제 안보와 북한 지도자로서의 자신의 정통성 확보에 필수적임을 분명히 밝혔다.

북한 정권은 지배 계급이 전복된 이라크와 리비아의 운명을 예로 들며 핵무기를 포기하는 국가에 무슨 일이 일어나는지를 자주 언급해왔다. 댄 코츠Dan Coats 미국 국가정보국장은 2017년 아스펜 안보 포럼Aspen Security Forum에서 '김정은은 핵 능력을 보유한 국가들과 그들이 가진 영향력과 관련해 전 세계에서 어떤 일이 벌어지는지를 지켜봤다'라고 말했다. 그는 또 북한이 리비아의 사례에서 '핵이 있다면 절대로 포기하지 마라. 그리고 없으면 구하라'는 교훈을 얻었다고 덧붙였다.

이 말을 분석해보면, 김정은이 무아마르 알 카다피Muammar al-Qaddafi의 사망에 얼마나 큰 충격을 받았는지 짐작할 수 있다. 40년 동안 리비아를 통치했고, 한때 '아프리카의 왕 중의 왕'이라 불린 카다피는 김정일 사망 두 달 전인 2011년 10월 반군에 포로로 붙잡혔다. 이때 피투성이가 된 카다피의 사진이 전 세계에 퍼졌다. 새로이 공적 지위에 오른 김정은의 뇌리에 이 사진들이 얼마나 강렬하게 박혔을지 짐작할 수 있다. 한 기록은 당시 상황을 다음과 같이 묘사했다.

"붙잡힌 카다피가 망연자실해 하며 하수구에서 끌려 나온다. 보아 하니 왼쪽 머리에 난 깊은 상처 말고도 팔과 목, 그리고 몸통에 난 다른 상처에서도 출혈이 심하다. 입고 있는 튜닉Tunic(고대 그리스나 로마인들이 입던 소매가 없고 무릎까지 내려오는 헐렁한 웃옷-옮긴이)은 피로 빨갛게 물들었다. 이후 그는 '신은 위대하다!'라고 외치며 허공에 총질해대는 무장 남성들 사이 에서 땅바닥에 내팽개쳐졌다."

분노한 폭도들이 카다피의 몸을 계속 내리치자 한때 권력을 누리던 그는 자비를 구걸하다 의식을 잃고 만다. 소름 끼치고 굴욕적인 최후에 어울리게 '한때 리비아의 정적들이 그토록 두려워하던 독재자의 시신은 리비아 북서부 미스라타Misrata에서, 주로 식당이나 상점에서 부패하기 쉬운 식품을 보관하는 데 사용하는 냉동실 바닥에 들어가 최후의 수모를 당하고 있었다.'

비핵화를 할 경우 더 나은 미래를 보장해주겠다는 미국의 약속은 아마도 북한 정권에 공허하게 들릴 것이다. 당시 북한 외무성은 '카다피의 전복은 리비아를 구슬려 대량 살상 무기를 포기하도록 하던 미국의 노력이 리비아를 무장 해제하기 위한 침략 전술이었음을 보여준다'라고 말했다.

그리고 핵을 가진 북한에서 성년을 맞은 김정은과 그 또래 세대가 느끼기에 비핵화는 '전근대적인 유물' 혹은 '이질적인 개념'일 가능성이 크다. 게다가 카다피의 죽음은 중동과 북아프리카에서 권위주의 정권에 반대하는 민중 시위가 한창일 무렵, 이른바 '아랍의 봄' 한가운데서 일어났다. 이는 대중을 어정쩡하게 억압한 결과가 어떤 것인지 김정은에게 강하게 각인시켜주었을 것이다. 따라서 김정은은 핵무기 프로그램을 육성하면서 스스로가 정의한 사회주의 유토피아의 꿈을 이루고자 했다.

7장
21세기 독재자

•

2012년은 김정은이 북한의 새로운 지도자로 부상하기에 더할 나위 없이 좋은 해였다. 때마침 2012년 4월 15일은 할아버지 김일성의 탄생 100주년이 되는 날이기도 했다. 이날 김정은은 첫 번째 대중 연설을 하기로 마음먹었다. 아버지인 김정일 시절부터 북한 정권은 오랫동안 이날을 준비해왔다. 북한 사람들에게 이날은 크리스마스와 독립기념일을 하나로 합친 것과 같은 의미였다. 김정일이 사망한 지 불과 5개월 만에 찾아온 슬픈 자리였지만, 오히려 김정은으로서는 동정과 효도와 민족주의를 유리하게 활용할 수 있는 이상적인 기회이기도 했다.

이날 북한 주민들은 김일성 시대 이후 처음으로 자신들의 지도자의 목소리를 들었다. 할아버지와 아버지가 생전에 맡았고 사후에도 계속 유지했던 '신화 속의 신'과 같은 지도자 임무를 물려받은 김정은은 할아버지와 꼭 닮은 외모와 품행으로 자신의 연속성과 혈통을 강조하고, 마치 할아버지의 정책이 자신의 유전자에 각인되어 환생한 것처럼 스스로를 내세웠다. 그에게선 필연적이고 숙명적인 분위기마저 느껴졌다.

하지만 김정은은 전임자들의 영예에 안주하지 않았다. 할아버지와 아버지의 유산을 내세우면서도 동시에 자기만의 독자적인 길을 개척하겠다는 결심이 확고해 보였다.

빨치산의 손자

북한 정권이 김정은을 김일성과 같은 모습으로 꾸민 것은 다소 불편한 그의 배경과 부족한 경험이라는 단점을 털어버리려는 의도였을 가능성이 크다. 김정일 역시 취임 당시에는 내세울 만한 장점이 별로 없었는데, 김정은은 김정일보다 더 문제가 많았다. 일단 김정은의 어머니는 일본 태생 무용수였다. 또한 그 자신은 군대 경험도 없었고, 수십만 인민이 쥐와 나무껍질로 연명했던 몇 년간 유럽에서 비디오게임이나 하며 시간을 보냈다. 더구나 김정은의 삶은 시간상으로 전쟁과 멀어 북한 설화의 중심에 자리 잡을 수도 없었다.

그렇기에 김정은은 4월 15일 연설에서 역사, 특히 조선인민 군의 역사에 무게를 두었고 이 주제에 숙달된 모습을 보여주기 위해 애썼다. 나중에 북한 정권은 '새삼스럽게 서둘러' 한국전 쟁 기념사업을 시작했다. 수지 킴Suzy Kim 한국사 교수는 김정은 이 2013년 정전 60주년을 맞아 조국해방전쟁승리기념관을 개조 한 것에 주목했다. 북한 정권은 이 기념관의 목적을 '군인과 노동 자, 청년과 학생들에게 김일성 주석의 주체사상과 반제국주의 혁 명사상, 뛰어난 통솔 기술, 군사 전략과 전쟁 전술을 갖추게 하는 반미 교육의 근거지 역할'이라고 선언했다.

2011년부터 2013년까지 평양에 본부를 둔 AP코리아 이진희Jean Lee 지국장은 황해도 신천의 또 다른 한국전쟁 박물관을 방문했 다. 김정은은 이곳을 2014년에 증축하고 새로 단장했는데, 북한 은 이 박물관을 통해 '미국이 한국전쟁 중 민간인을 학살했다'고 주장한다. 이 지국장은 '한때 풀로 뒤덮인 언덕 위에 지은 단순했 던 건물'이 '방마다 미군이 저지른 끔찍한 잔학 행위를 그래픽으 로 되살려낸 공포의 집으로 바뀌었다'고 논평했다. '이곳에 방문 하면 마치 공포 영화 세트장 안을 걷는 것 같다. 방문객들이 바로 타블로Tableau(역사적인 장면 등을 일련의 조각상 등으로 재현해 보여주는 작품-옮긴이)에 접근할 수 있고, 실제 피비린내를 맡을 수 있으며 비명도 들을 수 있다. 한 타블로에서는 실물 크기의 미군 병사가 나무에 묶인 젊은 한국 여성의 머리카락을 홱 잡아당기고, 다른 미군 병사가 여성의 가슴에 칼을 꽂아 넣고 있다. 피로 물든 듯 붉은빛에 휩싸인 또 다른 방에서는 미군들이 한국 여성의 머리에 못을 박는다. 이들의 얼굴은 광적인 희열로 일그러져 있다.' 수지 킴 교수는 '북한에서는 박물관이나 기념관처럼 미국과의 지속적인 갈등을 끊임없이 상기시키는 여러 장치를 통해 한국전쟁의 참상을 줄기차게 재연하고 있다'라고 지적했다.

이런 미국의 잔학 행위와 미국 제국주의에 대한 북한의 승리를 불러내는 일이 김정은으로서는 자신을 '빨치산 조상'과 연결시키는 데 도움을 줄 것이다. 김정은은 1990년대 이전 시대에 대한 향수를 이용했다. 이를 두고 북한 선전 관찰자 애덤 캐스카트Adam Cathcart 교수는 '김정은은 이런 역사의 테두리 안이 편안한 사람이다'라고 말했다. '그는 자기 할아버지의 위풍당당한 걸음걸이를 흉내 내길 좋아한다. 심지어 한국전쟁기념관 중앙의 거대한 동상은 한국전쟁을 일으킨 당사자보다 김정은과 더 닮아 보인다.' 자신의 할아버지와 아버지가 그랬던 것처럼, 김정은은 경제와 군사, 사회, 문화 등 다양한 장소에서 현장을 지도하는 모습을 공개한다. 하지만 그는 자신을 상대적으로 투명하게 드러내고 다가가기 쉽게 허용한다는 면에서 아버지 김정일보다는 할아버지 김일성과 더 비슷하다. 그는 남녀노소를 막론하고 편안하게 다가가 포옹하고 손도 잡으며 팔짱도 낀다.

하지만 김정은은 전지전능한 할아버지의 후광을 만끽하는 것이 자신의 정통성에 도움이 된다는 것을 알고 있지만, 마냥 할아버지 시대의 역사를 재현하는 것에만 만족하고 있지는 않은 듯하다. 실제로 그는 자신의 나라를 새로운 근대성을 향해 앞으로 나아가게 만들고 싶어 한다.

사회주의 동화의 나라

바깥세상에서는 이 젊은 독재자에 대해 냉소 어린 시선을 보내지만, 김정은은 자신이 젊고 활기차고 활동적이라는 인상을 강화하면서, 젊음을 미덕으로 만들려 노력했다. 김정은은 수행원들이 정성스럽게 메모하는 동안 꼼짝 않고 서서 지침을 내리거나 그저 위엄 있게 서 있기보다는 허리를 굽혀 잡초를 뽑고, 롤러코스터를 타고, 윤활유 공장에서 레버를 당기고, 탱크를 조종하고, 말을 타며 질주한다. 김정은이 정기적으로 현장을 방문하는 사진들은 대개 즉흥적으로 보인다. 예컨대 보육원 아이들이 김정은 쪽으로 넘어지거나 그의 소매를 잡아당기고, 여성 조종사들이 카메라를 향해 걸어가면서 그의 팔을 잡는다.

2012년 4월 기념식에서 김정은이 직접 주민들을 향해 연설하는 것은 친밀감을 조성하려는 의도이자, 더 이상 북한 주민들이 허리띠를 졸라매지 않아도 된다는 그의 자신감 넘치는 의지를 전달하는 방법이었다. 이는 '하루에 두 끼만 먹자'고 종용하던 지난 기근의 세월과는 현저한 대조를 보인다. 이듬해 그는 '북한이 핵무기와 경제적 번영 모두를 가질 수 있다'는 이른바 병진 정책을 발표했다. 자신의 낙관주의에 한껏 고무된 김정은은 자기 브랜드를 구축하고 육성하기 위해 이 두 가지 문제 모두를 우선시하고, 직접 책임감을 느끼며 병진 정책을 추진했다.

병진 정책의 군사적 요소에 해당하는 구조물이 한국전쟁 기념관, 동상, 기념비라면 병진 정책의 나머지 절반인 경제적 요소는 여가를 위한 기념물, 즉 김정은이 건설한 스키 리조트와 승마클럽, 스케이트장과 놀이공원, 신공항, 돌고래 수족관 등이었다. 김정은은 이런 것들이 현대 국가의 표상이라고 여겼을 것이다. 아니면 단지 순수한 마음으로, 자신이 누렸던 특권을 북한 주민들도 즐기기를 원했을지도 모른다. (초밥 요리사 후지모토 씨는 김정은이 자신에게 "우리는 여기서 함께 농구도 하고 말도 타고 제트스키도 즐기는데, 보통 사람들의 생활은 어떻소?"라고 물은 적이 있다고 말했다.)

화려하고 경쾌해 보이는 롤러코스터와 워터파크의 모습은 보기만 해도 숨이 턱 막히는 전쟁 기념비의 풍경과 극명한 대조를 이룬다. 릉라인민유원지 내 거대한 수영장에서는 수영을 즐기는 북한 주민들을 볼 수 있다. 멋스럽고 수수한 수영복을 입은 여성들이 인공파도를 타며 서로를 부둥켜안는다. 그 뒤로는 밝고 선명한 색상의 워터슬라이드들이 미로처럼 얽혀 있다. 소년들은 커다란 물총을 서로에게 겨누며 신나게 논다. 이 유원지를 방문한 김정은은 수행원들과 함께 걸으며 손을 흔들고, 이에 수영복을 입은 놀이객들도 환호하며 그에게 손을 들어 화답한다. 북한에서 사업을 운영하고 있는 서방 관광업체에 따르면, 2013년 10월에 문을 연 미림승마클럽에서는 방문객들이 '말도 타고, 승마쇼도 즐기며, 맥주와 간단한 음식을 제공하는 스낵바에서 휴식을 취할 수 있다.' 이 클럽에서는 블라디미르 푸틴Vladimir Putin 러시아 대통령이 북한에 선물한 명마名馬 올로프 트로터Orlov Trotter를 포함해 120마리의 말을 8~10달러에 빌려 탈 수 있다(야외는 8달러, 실내는 10달러이다). 또 다른 여행사는 이 승마클럽에 '전시장과 식당, 사우나 시설이 있다'고 광고한다. 승마나 워터슬라이드에 관심이 없으면, 첨단 사격장에 가거나 미니 골프를 치거나 4D 영화관에서 영화를 보거나 돌고래 쇼를 감상할 수 있다. 2014년에 이곳을 찾은 킴 월Kim Wall 기자에 따르면, 마식령스키리조트에는 9개의

슬로프와 수영장, 사우나, 스파 등이 갖춰진 9층짜리 샬레Chalet(스위스 산간 지방의 지붕이 뾰족한 목조 주택-옮긴이)가 있고, 매장에서는 유럽산 치즈와 초콜릿 등을 판매하고 있다고 한다.

김정은 정권 초기 가장 어색했던 순간은 2012년 여름 북한 관영매체가 공개한 한 장의 사진에 들어 있다. 2012년 7월 26일 사진 속 김정은은 릉라인민유원지 공식 개장식에서 일부 외국 외교관들과 함께 롤러코스터를 타고 있다. 푸른 하늘을 배경으로 두 다리를 허공에 늘어뜨리고, 활짝 웃은 채 버클을 조이고 있다. 같이 탄 북한 고위 간부들도 일부는 즐기고 있지만 일부는 공포에 질린 표정이다. 세계에서 가장 폐쇄적인 사회의 지도자이자, 핵으로 무장하고 인권을 위반하는 사람이 마치 소년처럼 자유분방하게 롤러코스터를 즐기고 있는 이 모순된 모습이 어색하고 기괴하게 느껴진다.

김정은이 만드는 사회주의 동화 나라의 중심은 엘리트들이 살고 일하고 노는 '권력의 중심지' 평양이다. 이제 우리는 이곳의 모습을 통해 새로운 소재와 소비문화를 엿볼 수 있다. 김정은 통치 이후 과열된 건설 붐은 평양 주재 외국 외교관들 사이에 '평해튼Pyonghattan'(평양의 맨해튼)이라는 말을 만들어냈다. 예컨대 평양의 부촌 창전 거리에 있는 18동의 아파트는 최대 높이가 47층으로, 뉴욕이나 서울에서 볼 수 있을 법한 스카이라인을 형성하고 있다. 실제 수년 동안 북한을 방문한 사람들은 그들의 새로운 건설 문화와 자동차와 택시로 붐비는 거리, 와인이나 맥주에 곁들일 수 있는 12가지 종류의 피자와 파스타를 제공하는 식당들에 대해 이야기한다.

그간 북한은 소비주의가 자리 잡도록 허용하고 장려해왔다. 김정은이 집권한 이후 일본과 한국에서 만든 스마트폰과 택시, 평면 TV, 가전제품 등을 즐기는 북한 주민들이 늘고 있으며 수백 개의 시장과 국영 상점에서 이런 제품들을 구할 수 있다. '일상 속의 행복'이라는 말로 평양을 묘사한 윌 기자는 '평양 유원지에서 손잡고 걸어가는 군복 차림의 커플들, 분홍 스웨터를 입고 아이스크림을 사는 롤러스케이트를 신은 소녀들, 그늘진 벤치에서 이들을 지루하게 기다리는 부인들'이라는 말로 평양을 소개했다. 1년 후《가디언The Guardian》의 건축 및 디자인 비평가인 올리버 웨인라이트Oliver Wainwright도 평양에서 나타나기 시작한 번영의 징조에 주목했다. 그는 '아이들은 롤러블레이드를 탄 채 공공장소를 누비고, 여성들은 밝은색 맞춤 재킷과 하이힐을 뽐내며, 화려한 레이스 파라솔과 커다란 선글라스로 햇빛을 가린다. 불과 몇 년 전만 해도 볼 수 없었던 패션 액세서리들이다'라고 썼다.

평양 밖에서도 김정은은 변화를 꾀했다. 2014년부터 수백만 명의 관광객 유치를 목표로 원산 동해안 지역에 400제곱킬로미터

가량의 부지를 개발하기 시작했다. 김정은은 이 지역에서 수십 차례 미사일 실험을 했는데, 관광 개발 사업만큼은 북한의 경제 벤처 사업으로 간주되어 미국의 제재를 받지 않았다. 남한의 싱크탱크인 한국해양수산개발원은 관광 산업으로만 약 4400만 달러가 북한 경제로 유입되고 있으며 관광객 중 80퍼센트는 중국에서 오는 것으로 추산했다. 로이터가 분석한 '외국인 투자자 유치를 위한 북한 안내 책자'에 따르면, 김정은은 730만 달러짜리 백화점과 1억 2300만 달러짜리 골프장 건립을 위해 후원자를 물색했고 스페인에 대표단을 파견해 여러 성공한 관광지를 연구했다고 한다. 북한은 이미 이 지역에 신공항과 스키장을 건설하면서 원산 개발에 박차를 가하고 있다.

전쟁 기념물과 핵무기, 탄도 미사일과 함께 사치품과 휴양지를 운영하기로 한 김정은의 의도는 무엇일까? 아마도 그는 주민들에게 적대적인 외부 세계로부터 자신들을 안전하게 보호하는 '핵무기 프로그램' 덕분에 자신들이 이런 '번영'을 누릴 수 있다고 교육하려는지도 모른다. 또는 북한이 경제적 궁지에 몰렸다고 주장하는 외부 세계의 주장을 각종 편의시설로써 무력화하려는 의도일 수 있다. 하지만 현실은 그렇지 않다. 오직 엘리트만 거주하고 일할 수 있는 인구 300만의 도시 평양 바깥에서는 약 2200만 명의 북한 주민들이 여전히 고통받고 있다. 그들은 공공 배급 시스템에서 남은 물자로 겨우 연명하고 있으며 긴요한 상품과 서비스들을 국제 원조 단체들로부터 지원받는, 황폐하고 황량한 환경 속에 살고 있다. 이들이 일평생 현란한 수도 평양을 방문할 가능성은 거의 없고 고급 레스토랑에서 식사를 즐길 기회는 더더욱 없다.

더 중요한 사실은 김정은이 이런 풍요의 상징들을 단순한 겉치레로 사용하지 않는다는 데 있다. 김정은은 북한이 자력갱생에 성공한 모습을 외부 세계에 보여주고, 점점 더 많은 북한 주민이 풍요로운 남한에 대한 정보에 노출되는 상황에서 내부적으로도 북한의 복지 상황을 꾸며내는 데 이것들을 사용한다. 예전에 비해 훨씬 많은 남한 드라마와 케이팝K-pop DVD, 플래시 드라이브가 북한에 밀반입되어 폐쇄적인 북한의 정신적·문화적 지형에 스며들었다. 이는 곧 북한 정권에 큰 위협이 되었다. 따라서 김정은은 2014년 봄에 그러했던 것처럼 국경 단속에 나섰고 외국인과의 불법 접촉, 남한 방송 시청, 외국 라디오 방송 청취, 탈북 방조 등의 범죄에 처벌을 강화했다. 국제인권감시기구 휴먼 라이츠 위치Human Rights Watch는 2019년 보고서에서 '김정은이 북한 주민의 동향과 정보, 물품에 대한 접근을 통제하려는 욕구를 버리지 않고 있다'고 지적했다. 김정은은 약 1400킬로미터되는 중국과의 국경을 따라 CCTV와 철조망, 국경 경비대 인력을 늘렸다. 이로

인해 탈북에 성공한 탈북민은 2011년 2706명에서 2018년 800여
명으로 크게 줄어들었다.

  김정은이 여가와 오락에 초점을 맞추는 것은 그가 젊은 세대에
집중하고 있음을 말해준다. 김정은은 북한의 젊은 세대가 점차
나이 들어가면서 전쟁의 기억과 북한의 지속적인 고립이 더 이상
필요하지 않다는 점을 확실히 인식했다. 그렇기에 이들의 사고를
체계적으로 형성할 교육 인프라를 구축하고 있다. 여러 북한 관
측통이 밝혀낸 대로, 북한은 어린이와 청소년 단체를 부활시키고
세뇌 교육을 강화함으로써 그들의 선전과 교육 방향을 '신세대
체제 지지자들을 창출'하는 쪽으로 가닥을 잡았다.

  북한은 고등학교 교육 과정에 김정은의 유년기에 대한 수업을
개설했다. 이 수업은 3년간 진행되며, 총 수업 시간은 81시간이
다. 2014년 북한은 장군복을 입은 김정은의 어린 시절 사진을 공
개하면서 김정은이 3살 때 이미 권총 명사수였고 7개 국어를 터
득했으며, 10대에는 박식한 군사 지도자로서 북한의 새로운 지리
적 특징을 발견했다고 알렸다. 북한 연구자 크리스토퍼 리처드슨
Christopher Richardson은 북한 정권이 김정은을 '메시아의 운명을 타고
난 사람', '천부적인 혁명 계승자'로 그리려 한다고 지적한다. 그
들의 목적은 김정은의 총명함을 극찬하는 것에서 더 나아가, 기

독교 교회에서 신도들에게 하느님의 말씀을 따르도록 권하듯 어떻게 하면 젊은이들이 김정은을 선망하고 따라 할 수 있을지에 초점을 맞춘다. 지도자가 핵무기를 보유함으로써 안보를 제공하고 있으니 안심하는 한편 자신들도 지도자를 따라 혈기와 이상주의, 그리고 순수성으로써 나라를 발전시킬 수 있다고 여기도록 세뇌하는 것이다.

2015년 《가디언》의 건축 및 디자인 비평가인 올리버 웨인라이트는 베이징에 본사를 둔 관광업체를 통해 평양 여행을 예약하고, 10일 동안 체제 전복 행위를 감시하는 북한 경호원 3명과 함께 평양 시내를 관광했다. 경호원들의 감시에도 불구하고 그는 평양의 모습을 상세하게 카메라에 담아 자신의 시점에서 관찰한 가슴 아픈 장면들을 외부 세계에 제공했다. 그는 '모든 신축 건물의 유치한 색 배합과 반짝이는 합성 표면, 그리고 파스텔 색상과 축 대칭 등 유별나게 일관된 그들의 건축 스타일이 마치 웨스 앤더슨Wes Anderson 감독의 기묘하고도 현실도피적인 영화 세트장으로 걸어 들어가는 것 같은 섬뜩한 느낌을 자아낸다'라고 썼다. 웨인라이트는 이를 '국가가 국민을 어린아이로 만드는 강력한 도구, 즉 마취제로 사용하는 건축'이라고 묘사했다.

그의 묘사는 꽤 적절하다. 핵보유국 북한에서 나고 자란 김정은과 그 또래 세대는 포스터와 조각상, 군사 퍼레이드로 상징되는 전시 체제와 여가 및 소비라는 파스텔색 원더랜드의 조합을 전혀 모순되게 생각하지 않는다. 애초부터 북한 정권은 개인의 거주와 결혼, 직업과 놀이까지도 지정하는 권한을 손에 쥐고서 개인의 욕구를 지도자의 욕구에 종속시키는 극단적 억압 사회의 논리적 산물이기 때문이다.

김정은은 앞으로도 계속 엘리트들에게 고급 아파트와 가전제품을 나눠주며 희망을 창조하고, 더 많은 사치와 여가에 대한 욕구를 불러일으켜야 할 것이다. 김정은 자신의 정통성을 '민생 개선'과 연계했으니 그 약속을 계속 이행해야 하기 때문이다. 희망이 가진 힘은 강력하다. 희망은 사람들이 환경에 적응하고 비효율과 장애물을 제거할 수 있게 할 뿐 아니라, 전체 구조를 서서히 혹은 극적으로 무너뜨릴 수 있는 불만을 일으키게 할 수도 있다. 독일의 대북 전문가 뤼디거 프랑크Rüdiger Frank는 앞으로 북한이 구소련이나 동독의 길을 가게 될지를 곰곰이 생각했다.

> "현재 북한 주민들은 구소련과 동독 주민들이 그랬던 것처럼 물질적이고 탐욕스러우며, 동시에 불만에 휩싸여 있다. 북한은 이미 자본주의 게임을 시작했으며 지금껏 대부분의 유럽 사회주의 국가들이 가본 것보다 훨씬 더 멀리 갔다. 이제 결핍은 주된 문제가 아니다."

실제로 많은 탈북민이 인터뷰에서 북한 정권에 대한 불만, 즉 앞으로 북한에 발전 가능성이 없다는 데서 비롯된 좌절감 등을 드러냈다. 2014년 북한을 탈출한 한 탈북민은《워싱턴포스트》와의 인터뷰에서 '삶이 나아지길 원했고 대학도 가고 싶었지만, 어머니가 중국으로 탈출하는 바람에 더 이상 갈 수 없을 것 같았다'고 말했다. 가족이 중국으로 탈북하는 바람에 꿈을 좇다 좌절한 25살 청년은 '나에겐 야망이 있었다. 나는 당원이 되어 그에 따르는 모든 기회를 누리고 싶었다. 내 꿈은 돈을 많이 벌어서 고위 공무원이 되는 것이었다. 하지만 이 모든 게 좌절되었다. 북한에서 가족 배경은 그만큼 의미가 크다'라고 말했다. 또 다른 청년은 이런 모순을 다음과 같이 지적했다. '우리는 학교에서 누구나 될 수 있다고 배웠지만 졸업 후에는 사실이 아니었음을 깨달았다.'

점점 커지는 주민들의 좌절감보다 빠르게 김정은이 그들의 열망을 충족시켜줄 수 있을지, 혹은 더 강력한 억압 정책을 이용해 사람들이 정권에 협력하도록 만들지는 더 지켜봐야 할 것이다.

장마당 세대

김정은은 1990년대 기근에도 사치품을 즐겼다. 좋아하는 음식을 마음껏 먹고, 좋아하는 놀이를 하며, 독재자의 아들을 기쁘게 해주기에 열심인 하인들과 가족들에 둘러싸여 굴곡 없는 편안한 삶을 살았다. 하지만 또래 밀레니얼 세대인 장마당(시장) 세대는 자신들의 사회적 지위에 따라 구걸이나 도둑질, 또는 밀수를 하거나 영세 상공인 활동으로 생계를 유지해야 했다.

김정은은 북한의 풍경을 놀이공원과 식당, 명품을 파는 백화점들로 채웠고, 북한 주민들은 레이스 파라솔을 들고 돌아다니고 있다. 《LA타임스Los Angeles Times》의 바버라 데믹Barbara Demick 기자에 따르면 이는 '20세기 반소비주의 문화'를 표방한 할아버지 김일성 시대의 북한과는 극명한 대조를 이룬다. 북한 정권이 의식주와 고용, 의료 등 모든 것을 제공하던 시절과 북한이 식량, 석유, 군용 및 산업 장비 등을 중국과 구소련의 원조에 의존하던 시절에는 김일성의 '반소비주의'도 일리가 있었다. 하지만 냉전이 끝난 후 배급이 줄어들거나 아예 사라지면서 북한 주민들은 이제 국가에만 의존할 수 없었고, 북한 체제를 진정으로 믿는 사람들조차 '살아남기 위해' 암시장으로 눈을 돌릴 수밖에 없었다.

나라가 국민을 먹여 살리지 못해 기아와 아사가 일상이 되자, 북한 내에도 (엄밀히 말하면 공산주의 이론에 반하는 것이자 불법인) 시장이 생겨났다. 2007년 김정일은 시장 활동의 성장을 직접 거론하며 이를 '우리식 사회주의를 좀먹는 각종 비사회주의 행위의 온상'이라고 비판했다. 하지만 이는 멈출 수 없는 추세였다. 이미 한 세대가 자신의 부모가 두부와 과자를 팔거나 남녀의 밀회나 매춘을 위해 방을 빌려주고 한국과 중국에서 물건을 밀수하는 것을 보면서 자랐다. 그리고 그 자신들 역시 이런 활동에 참여했다.

탈북민 박연미 씨는 회고록에서 '아버지는 평양에서 밀수업을 했고 자신과 다른 가족들은 그곳에서 멀리 떨어져 살았다'고 썼다. 그녀는 '자본주의가 꽤 활성화되어 있었다'고 하면서, '어디를 찾아봐야 하는지만 알면, 최근 북한에서 합법적 무역과 불법적 밀수 사이의 모호한 영역에서 사업을 영위하는 업자들의 디지털시계나 DVD 플레이어 등도 발견할 수 있을 것'이라고 덧붙였다. 데믹 기자의 영국문학상 수상작 『우리가 가장 행복해Nothing to Envy』에서 북한의 10대 소년 김혁은 중국과 북한을 가르는 두만강을 여러 번 건너다녔다고 한다. 그는 북한에서 다리미와 기타 생활용품을 사들인 뒤 중국에서 수요가 있는 곳이면 어디든지 팔곤했다. 데믹 기자의 설명에 따르면 그는 가족의 생계를 돕기 위해 필사적인 사람들에게서 적은 돈을 주고 물건을 사온 뒤 중국에서 그 상품들을 되팔아 큰 이문을 남겼다고 한다.

북한과 중국 접경지역인 무산 출신 탈북민 하영 씨는 최악의 기근 속에서 어머니의 장사를 도왔던 자신의 경험담을 이야기했다. 이런 탈북민들의 이야기를 엮은 백지은 씨에 따르면, 하영 씨의 어머니는 중국에서 한 번에 약 500킬로그램의 중고 의류를 사면서 거래에 관련된 모든 사람에게 돈을 찔러줘야 했다고 한다. 물건의 안전한 운반과 자신의 신변 보호를 위해서였다. 하영 씨는 어머니가 품질에 따라 물건을 분류하고 가격을 매기는 일을 돕곤 했는데, 이 일이 끝나면 물건들을 가져다 다시 파는 다른 여성들에게 넘겼다. 하영 씨는 어머니의 장사가 성공해서 가족이 냉장고와 세탁기, 텔레비전 등 가전제품도 장만하고 다양한 음식도 마음껏 먹을 수 있었다고 회상했다. 이들은 어떻게 법을 피할 수 있었을까? 백지은 씨는 '혹시라도 문제가 생기면 하영 씨의 어머니를 보호해주는 전담 순찰관이 있었으며, 그에게 가족이 꾸준히 뒷돈을 챙겨주고 있었다'고 설명했다.

북한 정권은 이런 장마당 활동을 묵인하고 외면하는 것을 넘어 부추기기까지 했다. 이는 과거와 같이 국가가 주민들에게 배급품을 나눠줄 수 없기에 시장 활동을 금지할 수 없음을 깨달았기 때문이다. 북한의 많은 엘리트와 조선노동당 고위 간부는 자신들의 지위를 이용해 이런 민간 무역에 관여해왔다. 미국 국가정보국 고위 관료 출신이자 북한 경제 전문가인 윌리엄 브라운 William Brown은 논평을 통해 '김정은 정권은 국영기업과 국가 통제를 희생하고, 시장 활동이 지속적으로 성장하게 내버려둠으로써 살아남았다'라고 밝혔다. 한국개발연구원(KDI)에 따르면 북한은 이르면 2003년부터 시장 합법화를 시작한 것으로 보인다. 이 연구소는 북한 내에 국가가 승인한 시장이 400개 이상 있을 것으로 추정했고, 골목길에서 열리는 비공식 시장 수는 750개에 이를 수 있다고 전한다.

경제활동에서 정부의 역할을 주장하고 김정은에 대한 호의적인 분위기를 조성할 필요성을 느낀 북한 정권은 수도 평양에서 하던 일을 지방에서도 재현하려 노력했다. 예컨대 우리가 입수한 가장 최신 자료인 2008년 북한 인구 조사에 따르면, 북한은 인구 35만 명 정도의 중형 지방 도시인 신의주에 새 경기장과 극장을 짓고, 학교를 개조하고, 새로 공원을 건설하기 시작했다. 이는 북한 주민에 대한 김정은의 사랑을 증명하기 위한 사업이었다. 김정은은 또 시장 활동을 위한 시설을 확충하거나 개보수하고, 북한 기업인들은 물론 중앙정부에도 세제 혜택을 제공했다. 물론 이런 프로젝트들이 김정은에 대한 호의를 불러일으키는 데 성공했는지는 알 수 없다. 정부 비판을 두려워하는 북한 주민들에게서 정직한 반응을 이끌어내기는 어려운 일이기 때문이다.

무수한 소규모 비공식 시장은 북한 정권도 통제할 수 없었다. 예컨대 존 에버라드John Everard 전 북한 주재 영국대사는 몇몇 여성들이 모여 만든 작은 시장을 경찰이 급습하는 광경을 목격했다. 경찰이 다가가자 여성들은 처음엔 모른 체하다가, 짐 보따리를 싸 들고 유유히 다른 거리로 옮겨갔다. 경찰이 떠나자마자 그들은 다시 원래 자리로 돌아와 노점을 차렸다.

정치학자 로버트 켈리Robert Kelly가 기술한 대로 북한 경제는 '국가 경제와 민간 경제의 경계가 어디인지 아무도 모르며, 믿을 수 없을 정도로 비효율적이고, 뇌물과 사기와 청탁이 난무하는 복잡미묘한 구조'이다. '돈주'로 알려진 돈 많은 엘리트들은 김정은이 시장 활동을 허용하면서 만들어진 애매한 틈을 타 막대한 부를 창출했다.

실제 탈북민들의 증언과 북한을 다녀온 관광객들과 기자들의 목격담에 따르면, '돈주'의 부상은 지난 20년 동안 북한 사회에서 일어난 가장 심오한 변화 중 하나였다고 한다. 엘리트 탈북자 태영호 씨는 미국 하원 증언에서 '북한 내부에 예상치 못한 큰 변화가 일어나고 있다. 북한 정권의 공식적인 정책과는 반대로 자유시장이 번창하고 있다'라고 설명했다. 그리고 북한의 소규모 기업가들과 지역 관리들 간에 형성된 관계와 돈의 흐름을 볼 때, 현재 고착화된 이런 관행에 큰 변화를 일으키려면 대대적인 파괴와 그에 따른 정치적·사회적 불안이 필수적이다. 일부 추정에 따르면 160만 명 정도의 북한 주민이 이런 비공식 시장에서 일하며, 북한 소득의 평균 70~80퍼센트를 생산하는 것으로 나타났다.

수많은 북한 전문가와 관찰자들이 지적하듯이, 북한의 엘리트들은 막대한 부를 축적하고 있다. 유명 디자이너가 디자인한 화려한 옷을 입고, 아우디 자동차를 몰고, 가죽 가방을 메고, 중국산 휴대전화를 사용한다. 이들은 북한 정권이 제공하는 새로운 오락에 돈을 쓰며 아이들에게 한 세대 전에는 생각도 할 수 없었던 물건을 사준다. 이들은 행선지로 이동할 때 택시를 부르고, 택시를 기다리며 종종 노점에서 간식을 산다. 이미 2000년대 초부터 '막대한 부'가 돈주 자식들의 삶을 형성하고 있었다. 박연미 씨는 2000년 밀수업자였던 아버지가 향수와 새 옷, 책, 화장품, 1980년대 생산된 닌텐도 게임기 등 '선물 보따리'를 가지고 왔다고 회고했다. 군 고위층과 당 간부 등 정권과 유대관계가 있는 사람들이 가장 많은 이익을 얻었다. 이들은 이런 연결고리를 이용해 김정은이 주도하는 수많은 인프라와 건설 사업을 감독하며 부를 축적했다. 해외 근무 때 구축한 해외 인맥을 활용하는 경우도 많았다. 북한에서 장차 기업가가 되려는 사람들은 정권 핵심층 가까운 이에게 줄을 댄다. 여기에 뇌물은 필수다. 대니얼 튜더Daniel Tudor와 제임스 피어슨James Pearson 기자의 말을 빌리면, '어떤 의미에서 북한 최고 지도부는 마치 폭력단처럼 갈취 행위를 하고 있다.'

돈주와 장마당 세대가 창출하는 '부'가 가시화되면서, 김정은은 '북한 주민의 삶의 질을 개선하겠다'는 자신의 선언을 주민들 스스로가 실천하고 있다고 여기게 되었다. 정전사태가 잦고 공공재와 공공 서비스가 부족한 현실을 극복하기 위해, 주민들이 나름대로 투지를 발휘해 상황을 개선하도록 독려하는 것으로도 보인다.

이진희 전 AP통신 평양 지국장은 북한이 드라마와 영화를 이용해 정권의 우선순위를 전파해온 방법을 밝혔다. 그녀는 김정은 치하에서 제작된 북한 드라마에 대한 자신의 연구에서, 이런 텔레비전 쇼들이 과거 '음울하고 전쟁터 같았던 북한의 삶'에서 '행복한 중산층 프롤레타리아라는 희망적 이상'으로 바뀌는 체제 비전의 변화를 반영한다고 언급했다. 실제 텔레비전 쇼에는 '커튼과 시계, 벽지, 탁자용 조명, 꽃과 식물 등으로 요란하게 장식되어 있고 식탁에는 음식이 가득한' 아파트 단지의 가정집 장면이 등장한다. 남자들은 화려한 금시계를 차고 있고, 여자들은 맵시 있는 블라우스와 치마를 입고 있다. 학생들은 컴퓨터와 마이크, 스피커, 망원경, 녹음 장치 등 전자기기들로 가득 찬 교실에 앉아 공부한다. 등장인물들은 교실에서 신나게 떠들거나, 여자들끼리 모여 수다를 떨거나, 중매쟁이 노릇을 모의하거나, 정전으로 엘리베이터가 멈춘 아파트 계단으로 물을 길어 올리며 서로 돕는다. 김정은의 관점에서 볼 때 북한 주민들은 '젊고, 밝고, 영리하고, 충성스럽고, 때로는 천진난만하다.' 이들은 2012년 12월 로켓 발사가 성공했을 때 이를 축하하고, 이웃 경쟁자들 간에도 '서로 경멸하던 사실도 잠시 잊은 채 한데 어울려 원을 그리며 춤춘다.'

북한 정권이 암묵적으로 공식 시장과 비공식 시장이 번창하도록 허용하고 있다지만, 실상 이런 현실은 기업가들과 김정은 모두에게 위험하다. 우선 북한 주민들은 용인되는 것과 아닌 것 사이에서 아슬아슬하게 줄타기해야 한다. 자신들의 사업을 영위하기 위해 일종의 보험으로 뇌물과 수수료를 지불해야 하며, 뒷돈을 챙겨줘야 할 공무원이나 동료 주민을 만나야만 하는 위험에 직면해 있다. 이는 부패와 갈취가 만연한 체제에서 흔히 벌어지는 일이다. 그렇다면 북한 정권에겐 어떤 위험이 있을까? 시장 활동은 체제 생존을 위해 충성하는 엘리트들과 외화벌이꾼들을 연결해주기도 하지만, 결국 민간기업과 공기업이 엉망으로 뒤섞인 세계는 우상화와 혁명 이념을 약화시킬 것이다. 기업인들이 해외 여행을 통해 들여오는 DVD나 USB 형태의 외부 정보에 북한 주민이 노출되고 있다.

대기근 동안 북한 사회에 유입되기 시작한 바깥세상의 정보는 지난 20년간 북한 정권에 대한 주민들의 회의감을 심화시켰다. 중국 상품 판매 사업을 시작한 어느 의사는 1999년 국경 경비원들에게 뇌물을 주고 중국 사업가와 함께 중국에 다녀온 경험을 이렇게 설명했다. '중국에서 처음 본 가장 충격적인 광경은 아주 작은 시골 마을의 시장이었다. 시장에는 가난한 사람들이 많았지만 그렇게 여위지는 않았다. 그리고 이 시장에는 밥과 기름, 바나나, 고기 등 없는 게 없었다. 아무나 이것들을 사 먹을 수 있었다. 뭔가 아주 많이 잘못되었음을 깨달았다.' 한 탈북민은 친구와 함께 인기 있는 한국 영화를 보고 깜짝 놀랐다고 말했다. 그간 북한의 체제 선전은 '남한 사람들이 가난 속에서 비참하게 사는데 반해 북한 사람들은 낙원에서 살고 있다'며 세뇌해왔다. 하지만 그는 영화 속에서 본 한국 사람들은 '남을 유혹해 유괴하고, 외국인들을 납치해 피를 빼앗지도' 않았고, '길거리에는 멋진 차들이 즐비했다. 사람들이 너무 잘살고 있었고, 서울 사람들의 말투가 너무 재미있고 우아했다. 나는 그 생각을 멈출 수 없었다'라고 회상했다.

2017년 11월 《워싱턴포스트》는 북한 사회의 시장화와 정보 침투의 효과를 잘 보여주는 탈북민들의 이야기를 모아서 「김정은 치하에서 북한 주민들의 삶Life under Kim Jong Un」이라는 제목의 보고서를 편찬했다. 이 보고서에서 한 25살 청년은 DVD로 중국과 러시아, 인도, 한국 드라마를 시청한다. 김정은과 동년배인 37살 탈북민은 매일 90분씩 사상 교육을 받던 것을 회상하며, '그들은 우리가 일상 속에서 희생해야만 무기를 만들고 나라를 안전하게 지킬 수 있다고 했다. 나는 이 모든 혁명사를 듣는 것이 지긋지긋했다'라고 증언했다. 어느 40살 탈북민은 '우리는 김정은이 당과 국가와 국민을 위해 여러 일을 해왔으며, 엄청나게 열심히 일하고 있다는 이야기를 듣곤 했다. 하지만 이 이야기는 지나치게 과장됐다. 그저 말도 되지 않았다'라고 했다. 백지은 씨가 사연을 전한 하영 씨는 '학교에서 나는 인기 있는 여학생들과 어울리고, 우리만큼 돈이 없거나 옷을 잘 입지 않은 다른 아이들을 무시했다'라고 했다. 사회주의 천국이라 주장하는 곳에 길고 깊은 틈이 갈라지기 시작한 것이다.

대다수 북한 주민들이 처한 현실은 북한 정권이 지금껏 홍보해온 사회주의 낙원과는 충격적으로 모순된다. 김정은과 엘리트들은 화려한 기념물과 사치품에 수억 달러를 쓰지만, 북한은 여전히 가난하다. 2019년 UN은 북한의 전체 2500만 인구 가운데 대략 1100만 명이 영양 결핍이고, 5세 미만 아동 14만 명이 급성 영양장애나 소모성 질환을 겪고 있으며, 20퍼센트에 가까운 어린이가 발달장애를 겪고 있어서 이런 주민들이 결핵 등의 질병에 더 취약하다고 보고했다. 수백만 명이 기본적인 위생 시설이나 깨끗한 물을 이용할 수 없다는 사실을 놓고 볼 때 상황은 더욱 심각할 것으로 예상된다.

이런 상황에서 김정은이 소프트파워로 주민들을 설득하지 못한다면, 그는 할아버지와 아버지가 구축한 모든 억압의 도구를 다시 사용해야 할지도 모른다. 파스텔색 원더랜드를 배경으로 김정은이 공포와 억압의 통치를 계속하는 한 북한 주민들은 자신과 북한의 운명을 지지하는 척 연기할 수밖에 없을 것이다.

8장
가계도 정리

•

2014년 집권 3년 차에 접어든 김정은은 연례 신년사를 전했다. 그는 혁명 순교자들에게 경의를 표하고 할아버지와 아버지를 찬양했다. 또 김정은은 전년도에 내놓은 병진 정책을 당과 군, 인민이 합심해 추진한 데에 찬사를 보내고, '피로 맺은 유대관계가 더 높은 단계에 이른' 인민들의 이념적 열정도 찬양했다. 하지만 그는 거기에 만족하지 않았다. 사상 교육을 더욱 강화하고, '당과 혁명 대열에 선 사람들의 단결을 저해하는' 모든 요소를 없앨 것도 요구했다. 김정은이 '민중의 정신력'을 강조한 배경에는 불과 며칠 전에 일어난 사건이 있었다. 그는 '우리 당에서 반당·반혁명 계파 주의자들을 적발해 숙청했다'고 의기양양하게 주장했다.

김정은이 말하는 '정치적 통일체의 암적 존재'는 다름 아닌 김정은의 고모부 장성택이었다. 그는 아버지 김정일이 아끼고 신뢰하던 김경희의 남편이었다. 집권 2년 만에 김정은은 자기 고모부를 처형했는데, 보도에 따르면 고사포로 처참하게 쏴 죽였다고 한다. 이는 전 세계에 큰 반향을 일으켰고, 한국과 미국, 중국, 일본 정계에서 '각종 제재가 김정은의 행동을 길들이는 데 무슨 의미가 있을지' 생각하게 만들었다. 잔혹하기로 악명 높은 북한의 잣대로 보더라도, 가족 구성원을 이렇게 다룬 전례는 없었다. 장성택의 잔혹한 처형은 김정은이라는 인물에 대한 본질적인 정의를 다시 규정하게 만들었다. 이 사건은 젊은 지도자의 대담성과 자신감, 잔혹성, 그리고 높은 위험 수용 성향을 보여줬다.

몰락

2011년 김정은이 집권했을 때 장성택의 전도前途는 안정적이었다. 오히려 상당히 유망해 보였다. 장성택은 김일성의 반대에도 불구하고 끝내 김경희와 결혼해 가족의 일원이 되었다. 김경희는 1960년대 김일성종합대학에서 장성택을 처음 만난 순간부터 재미있고 카리스마 넘치는 그에게 푹 빠졌다. 키 크고 남성적이며 인기가 많던 장성택은 가창력과 아코디언 연주 실력까지 겸비한 타고난 리더였다. 김정일은 김정은을 후계자로 준비시키면서 장성택을 핵심 측근으로 격상시켰는데, 이는 김경희와 함께 장성택이 자기 아들을 돕게 만들기 위한 의도였다. (김경희는 오빠 김정일이 부상하면서부터 거의 20년의 통치 기간 동안 그를 충실히 지지해온 절친한 친구였다.) 2013년에 장성택은 60대 후반의 노련한 관료로, 70~80대가 주류를 이루는 북한 정권에서 적어도 10년은 더 남아 있을 수 있었다. 국제 언론은 그를 김정은에 이어 '북한 정권의 2인자'라 치켜세웠고, 그가 가진 중국 지도자들과의 인맥 덕분에 '장성택이 북한의 잠재적 개혁 개방의 핵심 주역이 될 수 있다'고 추측했다.

장성택은 이전 숙청에서는 살아남았다. 적어도 그는 두 번 강등되었고 '재교육'을 받았지만 이는 김정은 정권의 일반적인 관행이었다. 하지만 이번만큼은 달랐다. 2013년 12월 8일, 김정은의 북한 정권은 조선노동당 중앙위원회 정치국 확대회의에서 장황한 혐의를 들어 장성택을 기소했다. 그리고 며칠 뒤 장성택과 그의 추종자들이 '국가 전복을 기도하는 끔찍한 범죄'를 저질렀다는 사실이 군사재판에서 밝혀졌다. '개보다 못한 인간쓰레기' 장성택은 김일성과 김정일의 신뢰를 유린했을 뿐 아니라, 유일무이한 최고 지도부에 대항하는 '반역 행위'를 자행했다는 것이다.

장성택에게 부과된 죄목에 따르면, 그의 탐욕과 오만은 끝이 없었다. 장성택은 '작은 왕국'인 자기 지위 아래 주변 '전과자들을 결집'하고 권력을 공고히 하는 데 힘썼다. 그는 음모를 같이하는 일당과 함께 사익을 좇고자 국가 자원을 약탈했고, 가장 수익성 높은 석탄과 금속 산업의 우두머리 자리에 자기 '꼭두각시'를 앉혀 외세, 특히 중국에 땅을 팔아먹었다. 국가와 국민을 상대로 한 그의 수많은 경제 범죄는 수십 년에 걸쳐 자행되었다. 조사위원회는 그가 400만 유로 이상을 착복했다고 기소했다. 장성택의 탐욕은 정치적·경제적 범죄를 넘어선 것이었다. 쿠데타에 성공할 수 있다는 어리석은 계산으로 인민군에까지 촉수를 뻗치려 했기 때문이다. '자백'에서 그는 나라를 파산으로 이끌고 국민의 불만을 키우려 했으며 축적된 자금을 이용해 충성심을 사려 했고, 정권을 장악했을 때 권력을 공고히 하려는 의도가 있었다고 진술했다.

한때 영향력 있고 고압적이었던 장성택은 법정에서 비참하게 끌려 나갔다. 허리를 구부린 그는 자기 나이보다 훨씬 늙어 보였고, 좌절한 듯 보였다. 그의 보좌관 두 명은 이미 며칠 전에 고사포로 처형된 상태였다. 장성택이 강제로 지켜볼 수밖에 없는 상황에서 이들의 시체는 모두 화염방사기로 불태워졌고, 이들의 끔찍한 죽음을 목격한 장성택은 쓰러졌다고 한다. 장성택은 선고 이후 평양 외곽의 강건군사훈련장으로 끌려가 자신의 보좌관들과 같은 방식으로 처형됐다고 알려졌다. 세상에 널리 공개된 장성택의 실각과 굴욕, 그리고 전쟁 무기를 사용한 소름 끼치는 처형 방식은 한 가지를 분명히 했다. 아무리 가족 구성원이라 할지라도 김정은은 반대파를 용서하지 않으리라는 것이었다. 새로운 지도자는 자신이 이루고자 하는 것을 쉽게 성취했다. 초기에 반대파를 모두 없앴고, 가공할 만한 협박을 통해 공포심을 불어넣었다.

북한의 피비린내 나는 과거 행위들을 보더라도 장성택 숙청 사건은 충격적이었다. 오랫동안 북한을 관찰해온 미국의 인구학자 니컬러스 에버스탯Nicholas Eberstadt 교수는 '로열패밀리를 공개적으로 망신 주고 제거하는 것은 분명 통상적인 방식에서 철저히 벗어난 행위다'라고 말했다. 과거 김일성과 김정일은 비밀리에 숙청을 단행했고 그 시절 지도자들은 설명 없이 그냥 사라졌다. 안드레이 란코프 국민대 교수 등이 언급한 바와 같이 이런 고위 관료들은 대개 유배되었고, 이후 충분한 속죄 기간을 거쳐 구제받고 복귀할 수 있는 기회가 있었다. 하지만 이번에는 달랐다. 장성택의 죄상과 기소장을 낱낱이 공개하고, 완전히 굴복한 채 허리를 숙인 장성택의 사진을 공개하는 김정은의 수법은 그가 전임자들보다 훨씬 더 잔혹하며 심지어는 사건 전모와 극적인 기교까지

음미했음을 암시한다.

　공포가 북한 공직사회를 엄습했다. 김정은 정권은 체계적이고 철저하게 장성택의 측근 세력을 뿌리 뽑기 시작했다. 이 과정에서 북한의 관리들이 돈을 벌기 위해 체제 내부 실세에 접근했을 뿐 아니라, 알짜 공직이나 정부 계약을 따내기 위해 족벌주의에 의존해왔다는 실상이 드러났다. 장성택의 조카인 말레이시아 대사는 장성택 처형 직후 당국에 소환되었다. 파리 유네스코 주재 부대사와 쿠바 및 스웨덴 주재 대사 등도 함께였다. 북한의 내부 소식통들은 보위부가 정치범 수용소로 이송된 장성택의 혈족도 노리고 있다고 전했다. 또한 북한 정권은 수익성 좋은 석탄과 금속 산업의 수장들도 교체했는데, 북한의 풍부한 천연자원이 수억 달러에 달한다는 점을 고려하면 이는 새로운 지도자와 아첨꾼들에게 노다지를 안길 수 있는 기회였다. 장성택의 경쟁자들은 새로운 정부 직책과 국영사업을 열심히 받아들이며 장성택과 그 측근들의 숙청으로 공석이 된 자리를 빠짐없이 메웠다. (김정은은 그 전에도 '질병'을 이유로 직위 해제된 리영호 참모총장을 숙청한 바 있다. 한국 정부의 싱크탱크인 국가안보전략연구원에 따르면, 장성택 사건 이후 김정은은 간부급 약 340명을 제거하는 숙청 파동을 이어갔다.)

김정은의 동기 부여

장성택 숙청은 김정은의 대외관계 접근법과 일치했다. 즉, 북한 내부의 변화는 한국과 미국에 대한 김정은의 호전적이고 강경한 태도와 맥을 같이한다. 집권 초기에 최고위층을 잘라내기로 한 김정은의 결정에는 아마도 여러 요인이 작용했을 것이다.

첫째, 김정은은 아버지 김정일이 정권 이양 과도기를 수월하게 넘기기 위해 기용했던 '아버지의 충신들'에게 의존하기보다는, 자기 지지 기반을 구축하는 데 전념한 것으로 보인다. 중국의 유명한 북한 전문가 주 펑Zhu Feng 베이징대 교수에 따르면, 2012년 7월에 이루어진 리영호 전격 해임과 2013년 12월에 이루어진 장성택 처형은 '더는 자신이 막후에서 군림하는 일부 고위 각료들의 꼭두각시가 아니며, 체제 내에서 자신의 절대 권위를 확립할 수 있고 자신이 나라를 직접 통치할 능력이 있음'을 증명하는 김정은의 의도를 반영한 결과였다. 김정일은 장성택의 지위를 높여 아들 김정은의 세습을 보좌하도록 했다. 이는 관료 세계를 깊이 알고 있으며 행정 기술과 중국과의 강한 유대 및 자금 조달과 정권의 금융 인프라 관리에 능한 가족 구성원을 아들 곁에 두기 위함이었다.

하지만 장성택의 이런 '자질'은 스스로를 위협했다. 장성택이 배후에서 김정은을 조종하는 인물이라는 소문과 추측이 나돌았고, (관찰자들이 개혁가라고 여겼던 장성택이) 추후 북한의 진정한 지도자로 부상할 가능성이 있다는 세계 언론의 논평이 쏟아졌기 때문이다. 김정은의 젊음과 미숙함에 대한 국제사회의 강도 높은 비판도 그를 자극한 요인이 되었을 것으로 보인다. 더군다나 장성택에 대한 기소장에도 반영되었듯이, 그가 지닌 수십 년간의 경험과 로열패밀리로서의 지위로 볼 때, 김정은보다는 장성택에게 더 넓고 깊은 지지 세력이 있었을 것으로 추측된다.

둘째, 장성택의 오만함과 이로 인해 그의 부하들이 북한의 천연자원을 자신들이 통제하게 되었다고 자신하게 된 것도 그의 추락에 한몫했을 것이다. 장성택의 범죄 목록 중에는 그가 '석탄과 금속 산업을 착취했다'는 죄목이 포함되어 있다. 이를 통해 우리는 북한 체제에서 부패한 최고 엘리트들이 어떻게 '뒷배 봐주기'를 통해 권력과 특권을 강화하고 유지하는지 적나라하게 알 수 있다. 실제로 장성택과 그의 추종자들이 북한 국영 천연자원 사업을 좌지우지하기 위해 투쟁을 벌였다는 보도가 나오기도 했다. 한국과 미국에서 나온 여러 보도에 따르면, 장성택 사건으로 인해 북한 고위 관료들의 이권 다툼이 표면으로 떠오르게 되었다.

1970년대와 1980년대 이후 북한 정권은 해외 외교관과 군 간부들에게 합법과 불법을 가리지 말고 달러를 벌어들이라고 지시하고, 국영기업들이 외국 무역을 할 수 있게 승인해주었다. 1990년 대와 2000년대 초반에 일어난 기근 사태와 새로운 지정학적 상황으로 인해, 북한의 국영기업들은 자신들과 북한 정권을 위해 '더 창의적으로' 사업을 일구어야 했다. 즉, 공식과 비공식, 민간과 공공, 국영과 민영, 합법과 불법의 모호한 경계에서 살아남아야 했다. 이로 인해 지난 수십 년간 해외 외교관과 무역 관련 관료들이 마약 거래, 보험사기, 미화 100달러 지폐 위조 등을 통해 불법 자금을 조성한 혐의로 기소되었다. (북한 정권은 지난 몇 년간 위조지폐 만으로 연간 1500~2500만 달러를 벌어들였다.) 북한의 국영기업과 이들의 외국 파트너들은 상아나 코뿔소 뿔 등 멸종 위기에 처한 동물 제품을 밀반입하거나, 글로벌 브랜드 담배와 비아그라 등의 의약품을 위조하다가 적발되었다.

북한 경제를 연구해온 학자 저스틴 헤이스팅스Justin Hastings 교수에 따르면, 각종 제재와 국제적 고립에도 불구하고 국가 주요 프로그램에 자금을 조달하는 북한의 능력은 '북한 무역 네트워크의 뛰어난 효율성과 적응성'을 증명하고 있다. 많은 전문가가 '마피아'라고 부르는 북한의 국영기업과 산하 무역회사들은 상대방과의 거래를 쉽게 하기 위해 정부의 특권과 보호, 외국이나 북한 민간 중개업자와의 관계를 이용한다. 실제로 아시아 전문가 시나

체스트넛 그라이튼스Sheena Chestnut Greitens 미주리대학 교수가 주장하듯이, 기업이 번창하려면 정치적 인맥이 필요하고 정치인 또한 기업인의 활동에서 이익을 얻기 때문에 북한의 국영기업과 민간기업 사이에는 일종의 '공생관계'가 형성되었다.

하지만 가짜 비아그라와 필로폰, 가발, 코뿔소 뿔의 판매 수익이나 금과 사치품 밀반입, 심지어 무기 거래로 얻은 수익도 국영기업과 그 계열사가 석탄, 철광석, 해산물, 납 등을 팔아 번 돈에 비하면 새 발의 피였다. 석탄은 북한의 최대 수출품이다. 북한은 2016년에만 중국에 석탄을 수출해 10억 달러를 벌어들였다. 하지만 이는 북한이 보유한 천연자원 중 극히 일부에 불과하다. 보도에 따르면 북한이 보유한 천연자원의 총 가치는 6조 달러에서 10조 달러에 달한다고 한다. 북한은 금, 철, 아연, 마그네슘, 흑연 등 약 200여 종의 금속 및 광물을 보유하고 있으며, (스마트폰과 디지털카메라, 컴퓨터 모니터, 평면 텔레비전, 전자 디스플레이의 핵심 부품인) 희토류 성분도 보유하고 있다. 미국의 추정에 따르면, 장성택이 몰락한 원인 중 하나인 해산물 수익은 기껏해야 연간 3억 달러 안팎이다. 《뉴욕타임스》 보도에 따르면 과거 장성택과 그의 충성파는 꽃게와 대합조개 어장을 북한군으로부터 되찾기 위해 전투를 벌여 승리한 적이 있다.) 또한 북한 정부는 10만 명의 노동자를 해외로 파견하고 있는데, 이들은 주로 중국과 러시아로 파견되어 광업과 벌목

업, 직물업, 건설업 등에 종사하며 매년 약 5억 달러를 북한 정권에 벌어다준다. 하지만 정작 노동자들은 자신들이 번 임금의 극히 일부만을 가질 뿐이다.

개인과 민간 주체가 창출한 소득은 체제에 대한 충성도를 높이는 데 일부 사용되지만 사적으로 개인을 살찌우는 데에도 사용된다. 북한의 엘리트들은 샤넬, 디올 등 값비싼 서양 명품 브랜드를 구입하고 고급 레스토랑에서 식사하며 고층 아파트에 거주하지만, 평양 바깥에 있는 인민들은 이와는 완전히 다른 삶을 살아가고 있다. 평양과학기술대학 교수로 위장 잠입했던 한국계 미국인 작가 수키 킴Suki Kim은 이런 극명한 대조를 직접 목격했다. 그녀는 평양시 외곽을 여행하던 도중 한 공사장에서 '퀭한 눈에 볼은 움푹 패고, 옷은 너덜너덜하고 머리는 박박 민, 마치 나치 강제 수용소 희생자들처럼 보이는' 남성들을 보았다고 회상했다. 2006년 UN 안보리 결의 1718호에서 북한에 사치품 판매를 금지했음에도 불구하고, 2010년 북한은 이탈리아에서 1만 7000달러 상당의 코냑과 위스키, 그리고 20만 달러에 달하는 1000명 규모 극장용 장비를 수입하려다 이탈리아 동부 안코나세관에 적발되어 전량을 몰수당하기도 했다. 그런가 하면 2013년에 북한은 김정일 집권 당시 연간 수입액의 2배가 넘는 6억 5000만 달러어치의 명품을 수입했다. 2014년에는 그 금액이 8억 달러까지 치솟았다가,

2017년에는 6억 4000만 달러로 줄어들었다. 또한 2014년 UN 보고서는 지난 수년간 북한이 메르세데스 벤츠 12대, 음악 녹음 장비, 화장품, 피아노 12대를 조달하기 위해 어떤 노력을 기울였는지 전한다. 이런 사치품들은 분명 평양의 상층부를 위한 것이었다. 이후 조사에서는 스키 장비와 보드카 등 명품의 지속적인 반입 흐름이 드러났다. 그리고 2019년 평양은 국영 매체를 통해 스위스 시계, 다이슨Dyson과 보쉬Bosch 가전, 기타 가전제품 등을 판매하는 백화점을 새롭게 단장해 선보였다.

김정은이 혼자서 권력과 특권을 가진 사람들을 통제하려고 하는 것은 그리 놀라운 일이 아니다. 이런 숙청은 새로운 지지 기반을 창출하고, 특정 네트워크가 굳어지지 않게 하며, 모두가 긴장을 유지하도록 만든다. 그리고 엘리트 계층의 정치적·경제적·사회적 이익이 정권에 대한 충성심과 직결되어 있음을 보여줌으로써 이들의 생계를 '김정은의 성공'에 종속되게 한다. 김정은은 숙청을 통해 '돈을 버는 것은 괜찮지만, 누구를 위해 일해야 하고 누구에게 지배당해야 하는지' 잊지 말라는 교훈을 모두에게 주입했다.

김정은이 벌인 체계적인 숙청의 또 다른 이점은 늙은 관료들을 제거하고 자신과 새롭고 현대적인 관점과 생각을 공유하는 젊은 리더들로 지배계급을 재구성하는 데 있다. 실제로 북한의 현

지도부는 더 젊어졌다. 한국 보도에 따르면, 김정은의 세대교체로 인해 권력 핵심층의 평균연령은 76세에서 62세로 더 낮아졌다. 집권 첫 2년 동안 김정은은 218명의 당 수뇌부와 장관, 군 간부 중 절반을 교체했다. 앞으로도 계속 김정은을 섬길 젊은 관료들이 생겨날 것이다. 이런 젊은 귀족들은 자기 가문의 인맥과 자금 조달 능력에 따라 영향력을 행사하고 김정은은 할아버지나 아버지가 아닌, 자기에게 은혜를 입은 신세대를 양성함으로써 자기 지지 기반을 형성한다. 김정은은 젊은 세대가 낡은 사업 수행 방식에 덜 얽매이고, 더 유연하며, 위험 감수성이 더 크다고 보는 듯하다.

실제로도 김정은은 기성세대와 이들의 태도에 대해 경멸감을 드러내왔다. 김정일의 초밥 요리사였던 후지모토는 10대 시절 김정은이 할아버지 김일성의 전 보좌관을 발로 차고 조롱하는 모습을 보았다고 전한다. 이 보좌관은 김정은의 폭행과 폭언을 감내할 수밖에 없었다. 김정은의 악행은 성인이 되어서도 계속되었다. 한국 안보전략연구소의 한 관계자는 '2014년 텔레비전에서 당 원로들과 담소를 나누는 김정은의 입술 움직임을 분석해보면, 욕설로 모욕하는 일이 드물지 않다'고 말했다. 김정은은 장성택이 처형되고 몇 달 후 이념적 열정이 부족함을 규탄하는 긴 연설에서 '구르는 돌에도 이끼가 낀다'라는 발언을 했다. 이는 아마도 자신들의 지위에 너무 안주해버린 엘리트 관료들을 겨냥한 말이었을 것이다. 김정은은 간부들을 질책하면서 '속으로 부르주아 사상에 심하게 오염되고, 스스로를 제국주의자들의 공포로 가득 차게 만든 이념적으로 타락한 자들'이라고 비난했다. 그는 자신이 2012년 12월에 위성 발사를 성공시키고 2013년 2월 핵실험으로 미국과 대립각을 세운 뒤 가중되는 제재 압박과 고립에도 물러서지 않는 반면, 간부들은 겁에 질려 흔들리고 있다는 자신의 의중을 전했다. 장성택 처형과 (이념적으로 나약한 자들을 뿌리 뽑기 위한) 반부패 운동의 맥락으로 볼 때, 김정은의 이 연설은 그가 주도하는 핵무장 북한의 활력과 그것을 유지하는 것이 얼마나 중요한지를 관료 집단에 속한 모든 이에게 강력하게 일깨워주었다.

또한 이들은 신체적으로 건강하고 언제나 전쟁할 준비가 되어 있어야 했다. 2014년 7월, 튀어나온 배를 내밀며 담배를 피우던 김정은은 북한 해군 지휘관들에게 '옷을 벗고 바다에 뛰어들어 수영하라'고 지시했다. 그는 '체력이 부족한 지휘관은 자격이 없다'라고 하면서, '아무리 이념적·도덕적 자질이 우수하고 군사적·기술적 자질이 탁월해도 체력이 부족하면 전투 대열의 선봉에 설 수 없다'라고 말했다. 북한 매체는 김정은이 수영 훈련에 만족한다고 밝혔지만, 일부 나이 든 간부들은 김정은의 까다로운 기준을 보며 자신들의 미래를 크게 걱정했을 것이다. 김정은은 포병 사격, 양궁 대회, 공군 야간 침투 훈련 등 여러 훈련을 참관하기도 했는데, 이는 말로만 떠드는 게 아니라 직접 무엇이든 직접 해보는 자신의 접근 방법은 물론이고 고위 군 지휘관들과 그 부하들에게 실제로 누가 그들을 통제하는지 보여주기 위한 것이었다.

정권의 결함을 대부분 비밀에 부쳤던 아버지와는 달리, 김정은은 비효율적인 부분을 자주 지적하며 공론화해왔다. 김정은은 개인적인 공개 비판도 아끼지 않았다. 2012년 한 놀이공원을 시찰하는 동안 그는 시설 상태가 좋지 않다고 관리들을 질책하면서 "공원의 물리적 상태에 대한 이들의 태도는 곧 국민에 대한 태도이며, 사상적 열정과 자신에 대한 충성심 부족을 반영한 것이라고 말했다. 북한 정권 매체는 이 사건을 이렇게 보도했다. '포장도로 사이로 자란 잡초를 발견한 김정은 지도자 동지께서는 답답한 표정으로 직접 잡초를 뽑으시며 격앙된 어조로 말씀하셨다. 어떻게 직원들이 이걸 보지 못할 수 있는가? 유원지 관리를 맡은 직원들이 주인다운 태도와 근무지에 대한 애정, 국민을 섬기는 양심을 가지고 있었다면 어떻게 일을 이렇게 할 수 있을까?' '공원이 이렇게 형편없을 줄은 몰랐다'고 말하며 스스로 잡초를 뽑기 위해 허리를 굽히는 지도자를 바라보며, 그 옆에 있던 사람들이 느낀 공포와 두려움이 얼마나 컸을지 쉽게 짐작할 수 있다.

2014년에는 훨씬 더 심각한 사고가 일어났다. 수도 평양을 현대적인 도시로 만들려는 김정은의 열망을 채우기 위해 지어진 건물 중 하나인 23층짜리 아파트가 붕괴하면서 수백 명의 사망자가 발생했다. 이 비극을 알린 정권 매체에 따르면 '김정은이 매우 슬퍼했다'고 한다. 하지만 이는 북한 정권으로서는 전례 없는 또 다른 '투명한' 행보였다. 한 고위 관계자는 '김정은 동지께서 사고 소식을 들으시고 괴로워하시며 밤을 새우셨다'라고 전했다. 분노한 김정은은 70세의 사회안전부 장관과 자기보다 두 배 이상 나이 많은 사람이 포함된 고위 관리들에게 '건물 거주자들과 지역 주민들 앞에서 뉘우치며 절하라'고 지시했다.

지위 고하를 막론하고 김정은의 점검을 피할 수 있는 관료는 없었다. 2015년 테라핀Terrapin(북아메리카 민물에 사는 작은 거북-옮긴이) 양식장을 시찰하던 중 화가 난 김정은은 시설 관리자들이 '예로부터 강장제로 널리 알려진 테라핀을 인민들에게 먹이려고 양식장을 계획했던' 김정일의 가르침을 충실히 이행하지 않았다고 질책했다. 이들의 잘못은 기술적 무능뿐만 아니라 '낡은 사고방식'에 있었다. 이는 아직 이들이 김정은의 혁신적이고 현대적인 생활 개선 방식을 채택하지 않았음을 뜻했다. 방문 직후 김정은은 양식장 지배인을 사형에 처한 것으로 알려졌다. 이는 하급 공무원들에게 '김정은이 만족할 만한 성과를 내지 못하고 충분한 충성심을 보이지 않으면' 언제라도 분노의 표적이 되리라는 두려움을 불러일으켰다.

김정은의 역점 사업 추진 과정에서 '부진하고 나이 든 지도자들'은 편리한 희생양에 불과했다. 자원이 부족하다거나, 만연한 부정부패가 부실 공사를 부추겼다거나, 김정은의 기대가 비현실적이라는 점은 중요하지 않았다. 장성택이 처형될 당시 그에게 부과된 죄상 중 하나는 2010년 김정은이 중앙군사위원회 부위원장으로 선출되었을 때 '건성으로' 손뼉을 쳤다는 것이었다. 이는 미래 통치자의 분노가 장성택의 지지 세력과 나이 든 지도자들에 대한 깊은 불안감에서 비롯된 것임을 시사한다. 이 사건은 또한 김정은의 인내심이 어느 정도인지도 보여준다. 그는 장성택을 기소할 때까지 3년을 기다렸다. 2015년 처형된 것으로 알려진 현영철 인민무력부장의 몰락도 마찬가지였다. 그가 처형된 가장 직접적인 이유는 김정은이 새 지도자로서 연설하는 도중에 졸았기 때문이라고 알려져 있다.

나이 든 세대에 대한 김정은의 경멸과 무시는 북한 국경 바깥으로까지 확대되었다. 그는 북한의 젊은 국가원수이자, 동북아시아의 지도자 중 최연소이기도 했다. 2013년까지 한국 대통령이었던 이명박은 1941년에, 그리고 그의 후임인 박근혜는 1952년에 태어났다. 박근혜와 시진핑 중국 주석(1953년생), 그리고 아베 신조 일본 총리(1954년생)는 모두 각국의 이전 지도자 또는 고위 관료의 자녀였다. 김정은의 집권 시기와 대통령 당선 시기가 맞물리는 50대 초반의 오바마 대통령이 그나마 이 그룹에서 가장 젊었다. 김정은은 국내 범죄자들을 사형으로 다스린 것과 마찬가지로 각국의 지도자들에게도 독설로 가득 찬 언사를 날렸다. 북한 정권은 아프리카계 미국인 대통령을 '열대 숲속의 원숭이'라고 부르며 인종차별적인 말을 내뱉었다. 또 한국과 미국 간 긴밀한 협조와 한미동맹을 언급하면서 한국 최초 여성 대통령이었던 박근혜 전 대통령을 '암캐' '냉혈동물'이라 부르고, 오바마를 '포주'로 둔 '비열한 매춘부' 같다고 말했다.

다만 김정은 정권은 중국 지도부를 비판하는 것에 대해서는 좀 더 신중한 태도를 취했다. 여전히 북한이 중국의 정치적·경제적 지원에 의존하고 있기 때문이었다. 김정은이 집권한 이후 북·중 관계는 고위급 및 실무급 교류와 방문 횟수가 급감하는 등 순탄치 않았다. 김정은으로서는 북한의 지속적인 긴장 고조 행위에 대한 중국 지도자들의 경고가 별로 탐탁지 않았을 것이다. 실제로 2012년 11월 시진핑 주석이 김정은 집권 이후 처음으로 평양 방문 특사단을 파견했을 때, 그는 새 지도자에게 '탄도 미사일 발사를 자제할 것'을 경고하는 친서를 함께 보냈다고 알려졌다. 하지만 불과 2주일도 지나지 않아 김정은은 시진핑 주석의 경고를 무시하고 로켓 발사를 성공시켰다. 물론 김정은은 북·중 관계를 잘 유지하기 위해 가끔 베이징으로 사절단을 보내기도 했다. 하지만 시진핑 정부에 실망하거나 무시당했다고 느낄 때면 어김없이 '자신은 겁먹지 않을 것이며, 결정을 내리는 이는 자신뿐이라는 것'을 보여주기 위해 앙갚음하곤 했다.

예컨대 그 당시 북·중 관계 해빙을 선전하기 위해 김정은은 여성 음악가들로 구성된 모란봉악단을 베이징에 파견해 일주일 동안 순회공연을 하게 했다. 그러나 김정은은 돌연 이들을 평양으로 소환했는데, 이는 중국이 이 공연에 하급 관리들을 파견하기로 했기 때문이었다. 중국 고위 지도자들은 북한이 수소폭탄을 개발해 실전 배치했다는 김정은의 도발적 선언에 불만을 표시하기 위해 그랬던 것으로 보인다. 김정은이 모욕에 대한 대응으로 모란봉악단을 소환한 것은 그의 강한 의지와 함께 자신의 행동을 누그러뜨릴 생각이 없음을 나타낸다. 그는 열핵무기(수소폭탄)에 대한 성명을 발표해도 중국이 그냥 지나치리라고 생각했던 걸까? 결국 이 사건은 시진핑 주석과 북한의 젊은 지도자 사이에 벌어진 충돌을 적나라하게 드러냈다. 김정은은 중국의 요구에 굴복하거나, 자신의 여성 밴드가 그들에게 모욕당하도록 내버려둘 생각이 전혀 없었다. 협상과 타협은 그의 사전에 없는 단어였다.

심지어 김정은은 구글의 에릭 슈밋Eric Schmidt 회장과 같은 비즈니스 거물들에게도 냉소적으로 대했다. 에릭 슈밋 회장은 2013년 초에 평양을 방문했는데, 김정은은 그를 만나지 않고 그 대신 화려한 피어싱과 문신을 자랑하는 미국의 농구선수 데니스 로드먼을 만났다. 2013년 2월, 로드먼과 바이스미디어Vice Media에서 영입한 할렘 글로브트로터스Harlem Globetrotters(미국 시범경기 농구팀-옮긴이) 선수 3명은 북한에서 시범 경기를 하게 됐다. 이 자리에 깜짝 방문한 김정은이 로드먼 옆에 앉았고, 이로써 로드먼은 김정은을 만난 최초의 미국인이 되었다. 로드먼은 김정은에게 '평생 당신의 친구가 되겠다'라고 말했다. 이후 김정은과 로드먼은 김정은의 별장에서 함께 파티를 즐겼고, 김정은은 로드먼에게 다시 북한을 방문할 것을 요청했다. 이후 로드먼은 세 차례나 더 북한을 방문했다. 두 사람이 함께 웃고 농담하는 사진이 여러 언론 매체에 뿌려졌다. 핵무기로 위협하는 키 170센티미터의 통통한 독재자와, 2미터 장신의 미국인 농구선수가 만들어낸 실로 믿기 어려운 장면이었다.

로드먼의 두 번째 평양 여행은 2013년 9월 아일랜드의 한 출판사 후원으로 이루어졌다. 로드먼은 원산에 위치한 김정은의 개인 리조트에서 김정은 일가와 시간을 보냈고, 당시 젖먹이였던 김정은의 딸 김주애를 만나 '김정은과 리설주 사이에 적어도 한 명의 자녀가 있다'는 사실을 처음 확인했다. 로드먼의 말에 따르면, 이들은 '페리와 디즈니 보트를 합친' 김정은의 60미터짜리 요트에서 7일 동안 먹고 마시고 시가를 피우며 파티를 즐겼다고 한다. 로드먼은 '하와이나 이비사Ibiza(지중해 서부, 에스파냐 발레아레스제도에 있는 휴양지로 유명한 섬-옮긴이) 같은 곳에 가는 줄 알았는데, 그곳에 사는 사람은 김정은 일가밖에 없었다'고 덧붙였다. 로드먼의 방북은 김정은의 사치스러운 생활 방식과 부의 전모를 직접 엿본 흔치 않은 경험이었다.

김정은과 로드먼의 우정은 국제적인 파문을 일으켰고, 그로 인해 김정은에 대한 인식은 비정상적이고 괴팍하며 철없는 지도자로 강화되었다. 이런 일련의 사건을 보며 나는 휴어의 경고를 떠올렸다. '이질적인 행동은 흔히 비이성적이거나 자신들의 이익에 부합하지 않는 것처럼 보인다.' 우리는 외국 지도자들의 행동 뒤에 숨은 생각을 이해하려고 노력하기보다는 그들에게 미국의 가치를 투영한다. 김정은의 관점에서 로드먼과의 교류를 바라보면, 그는 자기 행동을 비판하는 사람들의 심기를 건드리는 동시에 자기가 하고 싶은 대로 다 하겠다는 뜻을 북한 수뇌부와 외부 세계 관찰자들에게 보여주기 위한 방편으로 이를 활용했을 것이다. 한편으로는 북한의 호전적인 접근에 개의치 않고 핵무기 추구나 인권 침해를 빌미로 자신을 비판하지 않는, 확실히 정치에 관심이 없는 사람과 연결되고자 하는 그의 욕구가 반영되었다고도 볼 수 있다. 김정은은 로드먼을 이용해 북한의 현대성을 보여주고, 자신이 원하는 대로 북한을 영리하게 홍보했다.

김정은은 집권 초기 6년 동안 자신과 깊은 개인적 교류가 있었던 유일한 외국인에게 아량을 베풀고 이를 과시하고 싶어 했다. 김정일의 초밥 요리사이자 어린 시절 김정은의 놀이 친구였던 후지모토 겐지는 2001년, 만족을 모르는 김정일의 식욕을 채우기 위해 성게를 조달하러 도쿄를 여행하던 도중 탈북했다. 후지모토는 북한 내부에서 보낸 시간에 대한 기억을 팔아 생활비를 마련해왔으나 탈북자들을 추적해 협박하거나 살해한다고 알려진 북한 공작원들에 두려움을 느끼며 숨어 살았다. 하지만 김정은은 후지모토에게 암살단 대신 붉은 벨벳으로 정성스럽게 포장된 평양 방문 초청장을 보냈다. 《워싱턴포스트》와의 인터뷰에서 후지모토는 자신이 '나 배신자 후지모토, 이제 돌아왔어요'라고 사과하며 눈물을 흘리고 고개를 숙이자, 김정은이 두 팔을 벌리며 환영했다고 말했다. 후지모토가 김정은의 어깨에 기대어 울음을 터트리자, 다행스럽게도 김정은은 '괜찮아요, 괜찮아'라고 말했다고 한다.

김정은이 집권 초기 6년 내내 안방에서 로드먼과 후지모토라는 두 외국인과만 교류한 것은, 사실 김정은이 북한의 새 지도자로서 자신의 모습을 만들어가면서 외부 세계와 교감할 준비가 되어 있지 않았거나 그에 다소 불편함을 느꼈음을 시사한다. 김정은은 연극에 능한 독재자의 자손이다. 자신이 김 씨 일가 중에서 더 다정하고 온화한 사람임을 보여주려고 노력했지만, 나치 독일과 맞먹는 야만성으로 오랫동안 대규모 숙청을 진행해온 조직적인 잔혹성 때문에 그 노력은 효과를 제대로 발휘하지 못했다.

정치범 수용소

놀이공원과 백화점, 고급 레스토랑이 북한 주민에 대한 김정은의 너그러움과 사랑을 표시하기 위한 도구라면, 점점 늘어나는 정치범 수용소 네트워크는 '정권에 대한 충성심이 부족하면 어떤 일이 벌어지는지'를 일깨워주는 도구다. 지난 수십 년간 북한 정권이 반대파를 억압하고 김 씨 일가의 지배를 다지기 위해 사용해온 최악의 감옥인 정치범 수용소는 총 6개소로 이루어져 있으며 무려 12만 명의 북한 주민들이 수감되어 있다. 20여 개의 강제노동 수용소에는 헤아릴 수 없이 많은 사람이 있다고 전해진다. 전직 간수들이 포함된 탈북민 집단과 수십 차례 인터뷰한 결과, UN 북한인권조사위원회는 '북한 정권이 조직적으로 광범위하게 인권침해를 자행하고 있다'고 보고했다.

김정은은 북한을 '사회주의 천국'이라고 홍보해왔다. 하지만 그가 운영하는 정치범 수용소들은 북한 내 모든 주민을 통제하기 위해 은밀히 간직해온 북한 정권의 더러운 치부다. 이 정치범 수용소는 할아버지 김일성이 1950년대에 스탈린의 정치범 수용소를 본떠 만든 것이다. 현대적인 북한의 이미지를 정립하려는 그의 노력과는 상충되는, 이런 강압적인 제도들이 계속 유지되고 있다는 사실은 이런 제도들이 '체제 생존과 안보의 기둥'으로써 여전히 중요하다는 것을 암시한다.

북한에는 '교화소'와 '관리소'라는 두 종류의 수용소가 있다. 범죄자들과 일반 정치범들을 수용하는 감옥인 교화소는 우리가 아는 교도소처럼 보통 형기가 정해져 있고 일부 사법제도도 확립되어 있다. 그러나 관리소 또는 정치범 수용소는 반국가·반민족 행위로 간주되는 범죄를 저지른 주요 정치범들을 수용하는 감옥이다. 반국가·반민족 범죄에는 연좌제가 적용되어 개인뿐만 아니라 가족 3대까지 구금한다. UN 보고서에 따르면 전체 수감자 중 약 36퍼센트에 달하는 수감자들이 연좌제 때문에 수감되어 있다고 한다.

교화소와 관리소는 죄질의 구분이 아니라 처벌의 강도로 구분된다. 고문과 강간, 성폭력, 강제노동과 강제 굶기기, 즉결 처분 등은 이 두 감옥에서 이루어지는 표준 관행이다. 처벌은 자의적으로 이루어지는 경우가 많으며, 각 범죄자의 처벌 수위는 출신 성분에 달려 있다. 출신 성분은 곧 곤경에서 벗어나기 위한 뇌물 상납이나 강력한 후원자의 도움을 받을 수 있는 능력을 뜻하기 때문이다.

탈북민 이현서 씨의 아버지는 뇌물 혐의로 기소되어 심문을 받던 중 구타를 당했고, 그때 입은 부상으로 사망했다. 하지만 이현서 씨는 아버지가 체포된 '더 그럴듯한' 이유는 그가 정치적 후원자를 잃었거나 고위 간부의 심기를 건드렸기 때문이라고 추측했다. 죄수들은 처벌을 면하기 위해 연줄이나 돈을 사용할 수 있는 동시에 또한 누군가의 보복으로 인해 부정적인 방향으로 운명이 결정될 수도 있다. 이현서 씨는 김일성의 사진이 실린 신문지로 담배를 말다가 수용소로 추방된 한 가족의 기구한 운명도 떠올렸다. UN 조사위원회는 북한 정치보위부가 한국 영화를 보다가 붙잡힌 17살 청년을 고문해 발목과 얼굴을 박살낸 사건을 보고했다. 이들은 청년의 가족으로부터 뇌물을 받은 뒤 그를 석방했지만, 그는 결국 고문으로 인한 뇌출혈로 사망했다.

김정은 정권은 이 정치범 수용소인 관리소의 존재를 인정하지 않고 있다. 반대파의 존재를 인정하는 것은 달리 말해 '북한 정권을 싫어하는 사람이 있음'을 인정하는 것이기 때문이다. UN 조사위원회는 관리소를 '정치적·이념적·경제적으로 현재의 정치

시스템에 도전할 수 있는 집단과 가족, 개인들을 사회에서 영구히 격리하기 위한 수용소'라고 설명했다. 실제로 이 수용소는 정권에 도전하는 사람들을 식별해 격리하는 역할을 한다. 김일성 자신도 '특히 남한에서 태어난 사람들'과 일본 식민지 정부 부역자들, 그리고 전 지주들을 지칭하는 '계급의 적Class Enemy'에 대해서는 '3대의 씨를 말려야 하므로' 대대손손 구금과 처벌이 필요하다고 강조했다. UN 조사위원회에 전직 수용소 간수들은 자신들의 훈련에 이런 지침이 포함되어 있음을 증언했고, UN 조사위원회는 이런 관행이 전 집단과 개인을 일반 사회로부터 축출함으로써 북한의 사회 구조를 수령 체제의 이념에 부합하도록 재설계했다고 결론지었다.

북한 정권은 한국 영화를 보거나, 중국으로 탈출을 시도하거나, 금지된 경제 활동을 하거나, 기독교 선교사와 접촉하거나, 성경책을 가지고 있는 것을 최악의 '범죄'로 여겼다. 종종 죄수들은 왜 자신이 그곳에 있는지 영문을 모른 채 끌려갔다. 특히 아이들은 왜 자신의 가족이 송두리째 외딴 수용소로 끌려가는지 알 수 없었다. 한 탈북민은 UN 조사위원회에 '13살 때 학교를 마치고 귀가하던 중 체포되어, 이미 가족이 끌려가 있던 수용소로 이송되었다'고 진술했다. 수감 후 거의 30년 동안 그녀는 '왜 자신의 가족이 벌을 받았는지' 그 이유를 알지 못했다. 나중에야 자신의 할아버지가 한국전쟁 중에 월남해서 '적대' 계급에 속하는 오점을 가족에게 남겼고, 그 때문에 북한 정권으로부터 가장 극단적인 대우를 받게 된 것을 알았다고 이야기했다.

탈북민들의 회고록과 증언에는 읽기 힘들 정도로 끔찍하게 자행된 그들의 폭력이 녹아 있다. 강철환 씨는 처음으로 요덕 정치범 수용소에 들어갔을 때를 이렇게 회상한다. '다른 수감자들에게 가까이 다가가기가 너무 무서웠다. 그들의 얼굴은 너무 흉했고, 이빨이 다 빠졌 있었으며, 머리카락은 지나치게 길어서 엉겨 붙어 있었다. 그리고 모두 짐승처럼 더러웠다. 하지만 외모보다 더 두드러진 것은 이들의 모공에서 흘러나오는 듯한 나약한 기운이었다.' 김정은의 수용소는 개개인의 인간성을 말살하고 죽음으로 몰아가는 곳이다. 수감자들은 어린아이부터 노인까지 모두 채굴과 농사, 건설 등 험한 강제 노동에 동원되었다. 배급량이 부족한 탓에 쥐와 개구리, 뱀과 곤충 등을 잡아먹거나, 그도 아니면 다른 수감자를 밀고해 간부들의 비위를 맞추고 여분의 배급을 얻어야 했다.

육체적 고문과 심리적 고문은 다반사였다. 그들은 죄수들의 머리를 비닐봉지로 덮고 물속에 담갔다. 죄수들을 작은 우리 속에 억지로 집어넣거나 손목을 벽에 매단 후 잠을 재우지 않았고 옴짝달싹 못 하게 하기도 했다. 세계변호사협회의 전쟁범죄위원회 보고서에 따르면, 북한의 수용소에서는 강간과 성고문이 만연하다. 간수들은 자신의 지위를 이용해 여성 수감자들을 성폭행하고, 여성들도 살아남기 위해 성을 이용한다. 그러던 중 여성이 임신을 하면 '세 명의 남자가 임신한 여죄수의 배 위에 놓인 널빤지에 올라서서 낙태를 유도'하거나, 질 속에 막대기를 밀어 넣거나, 때려서 조산을 유발하는 등 잔인한 방법으로 강제 낙태시킨다. 태아와 갓난아기들은 엄마가 지켜보는 앞에서 쓰레기통에 버려지거나, 경비견에게 먹잇감으로 던져지거나, 젖은 수건으로 질식사를 당한다. 전 북한군 간호장교는 임신한 여성의 자궁에 엔진오일을 주입해 낙태하는 장면을 목격했고, 자신이 본 다른 강간 피해자들은 질 속에 고무관을 삽입해 스스로 낙태를 유도하려 했다고 증언했다.

미국과 UN은 북한 최고 지도부가 이런 인권침해를 묵인하고 있다고 선언했다. 미국은 2016년 7월 처음으로 김정은과 그의 여동생 김여정 등 북한 고위층의 인권침해 행위를 지목했다. 애덤 주빈Adam Szubin 미 재무부 테러 및 금융 정보 담당 차관은 보도자료를 통해 다음과 같이 밝혔다. '김정은 체제에서 북한은 수백만 명의 자국민에게 사법 절차에 따르지 않은 살인과 강제 노동, 고문 등 참을 수 없는 잔인한 고통을 계속 가하고 있다. 오늘 오바마 행정부의 조처들은 이 정권의 학대 행위에 대한 미국 정부의 규탄과 이들을 멈추게 하려는 의지를 담고 있다.' 그로부터 6개월 뒤인 2017년 1월, 미국은 '심각한 인권유린'과 '엄격한 검열 정책', '북한 정권의 반인도적 범죄 은폐 활동'에 책임이 있는 북한 정권 고위 관리들을 추가로 제재했다. 여기에는 북한 공산당 선전선동부 부부장을 비롯해 당과 보위 조직의 주요 직책을 맡은 김여정도 포함되었다.

할아버지와 아버지가 그러했던 것처럼, 김정은 역시 촘촘하게 중첩된 정권 보위 조직을 육성하고 이에 의존했다. 그리고 이런 조직의 리더들이 자행하는 인권 탄압과 충성심을 보상해왔다. 북한 연구가 로버트 콜린스Robert Collins 박사는 '인권 부정 등 체제 정책을 지지하는 데 열을 올릴수록 이들이 받는 특권은 커진다'라고 말했다. 북한의 당과 보위 조직 6개에 소속된 수십만 관료들은 정치범 수용소와 다른 억압 기구를 운용하는 일 외에도 모든 개인에 대한 감시와 사찰, 그리고 김정은과 최고 지도부의 신변 보호 임무를 맡고 있다. 고위직의 임명과 감시를 담당하는 조직 지도부에서부터 비밀경찰, 범죄 행위를 다루는 지방경찰, 평양의 고위 간부 보호를 담당하는 부처 등에 이르기까지 이들 억압 기관들은 내부 위협으로부터 김정은을 보호할 뿐만 아니라 지도부에 반기를 드는 것을 서로 견제하도록 조직되어 있다. 시나 체스트넛 그라이튼스 미주리대학 교수는 '쿠데타를 방지하기 위해서는 독재자가 조직 간의 책무를 중첩되게 하거나 상호 경쟁을 유도하고, 조직 간 소통과 조정 라인을 통제함으로써 체재 내 보안 기구의 분열을 조장해야 한다'고 말한다. 김정은 부자는 김 씨 일가와 빨치산 후손들을 뽑아 격상시킨 뒤 이들의 고위직과 기득권이 정권의 존립에 달려 있음을 강조하고, 김정은이 인사권을 장악한 유일한 인물임을 과시함으로써 이를 성공적으로 해냈다.

북한에서는 전국의 모든 주민이 감시의 대상이다. 자경단원들이 거리를 배회하며 머리가 너무 긴 여성이나 김일성 단추를 옷깃에 끼우지 않은 남성 등 사회적 관습 위반 사례를 적발한다. 모든 가정에 전시된 김일성과 김정일의 액자 사진이 티끌 하나 없이 잘 관리되고 있는지 확인하기 위해 흰 장갑을 낀 조사관들이 불시에 집으로 들이닥치기도 한다. 그리고 모든 주민이 등록되어 있는 감시 시스템인 '인민반'의 반장은 각 가정의 소유물과 하룻밤 묵는 사람, 그 외 일상생활의 세부사항 등 관할 구역 내 모든 가정의 사소한 사실 하나하나까지도 기록해두어야 한다. 모든 사람이 밀고자이거나 잠재적 밀고자인 동시에 실제 범죄와 인지된 범죄로 인해 처벌받을 수 있다. 이현서 씨는 이런 제도를 통해 '국가가 우리 모두를 고발자나 밀고자로 삼았다'고 말했다.

유례없는 고모부 처형과 그 뒤로도 계속된 숙청을 통해 점점 단단해진 김정은식 억압은 그의 최측근 참모들 사이에 필연적으로 집단 순응 사고(너무 많은 사람이 관여하면서 생기는 개인의 창의성이나 책임감이 결여된 상태-옮긴이)를 형성했다. 이들은 김정은의 취향과 너무 동떨어지지 않으려고 부단히 애썼다. 이들의 생존과 가족의 미래는 오직 김정은에 대한 충성심에 달려 있다. 김정은의 예측 불가능성과 대담성, 그리고 그가 다음에 무슨 짓을 할지 누가 그의 표적이 될지 아무도 모른다는 두려움 때문에 김정은의 행동이 낳은 부정적인 결과가 최소화되었다. 이는 다시 김정은의 그릇된 자신감을 강화했다.

수십 년간 계속된 북한 정권의 극단적인 탄압 관행과 이를 강화하려는 김정은의 노력은 자기 행동의 결과를 관리할 수 있다는 그의 믿음을 더욱 공고히 했다. 당장은 지도자의 분노에 대한 두려움이 모든 부정적인 결과를 최소화했을지 몰라도, 김정은은 스스로 억압에 의존함으로써 기존의 고립된 북한의 패러다임에 갇히고 말았다. 그가 알고 있든 모르고 있든, 맨 처음 김일성이 기초를 다지고 김정일이 쌓아 올린 '공포의 벽돌'들이 이제는 김정은의 시야를 가리고, 벽 너머를 보는 능력을 제한하고 있다.

김정은은 고모부 장성택을 처형한 지 얼마 지나지 않아, 자신의 억압 수단을 활용해 북한 국경 밖 어느 미국 기업도 처벌했다. 이는 자신이 마음대로 휘두를 수 있는 막강한 수단으로 바깥세계까지 자기 뜻대로 만들어보려는 시도로 해석된다.

9장

김정은의 해커들

•

짙은 색 인민복 상의를 입은 김정은이 생방송 인터뷰를 위해 스튜디오로 걸어 들어온다. 의자에 앉은 그는 활짝 웃으며 자신의 진정성을 세계에 보여준다. 자신도 그저 평범한 사람일 뿐이라는 이미지를 드러내기 위해 인터뷰 진행자에게 '자신이 노래방을 좋아하고 뛰어난 화가'라고 말한 뒤, 돌연 정치 이슈로 화제를 바꿔 '미국이 한국전쟁을 일으켰고, 인구 비례로 따져보면 미국이 북한보다 더 많이 사람을 감금했다'고 비난한다. 인터뷰 진행자가 북한 수용소에 대해 이의를 제기하고, 주민들을 굶기면서 어떻게 수억 달러를 핵무기 프로그램에 쓰는지 따져 묻자 분위기는 금세 얼어붙는다. 미리 약속한 질문을 무시하는 인터뷰 진행자를 노려

보던 김정은이 "데이브, 당신은 진짜 인터뷰할 줄 모르는군. 한심한 녀석!"이라고 소리치며 권총을 빼 들고, 미국 텔레비전 저널리스트 데이브 스카이락Dave Skylark을 향해 발사한다. 전 세계 수백만 시청자들은 믿을 수 없는 공포에 숨이 막히고, 일부 북한 주민들은 자신들의 지도자가 '그들이 믿도록 교육받은 신'이 맞는지 의심하기 시작한다.

스카이락과 프로듀서 에런 레퍼포트Aaron Rapaport는 김정은의 개인 탱크를 타고 탈출을 시도하고, 아직 분이 풀리지 않은 김정은은 지휘관들에게 핵무기 발사를 준비하라고 명령한다. 김정은은 헬리콥터로 이들을 추격해 총을 쏘지만, 미국인들은 재빨리 총알을 피한다. 스카이락과 레퍼포트가 탄 탱크의 포신이 불을 뿜자 김정은이 탄 헬기가 격추되고 화염에 휩싸인다. 그리고 이내 김정은이 숨을 거둔다.

지난 10년간 북한은 소니픽처스엔터테인먼트Sony Pictures Entertainment의 「디 인터뷰The Interview」(북한의 지도자를 인터뷰하기 위해 떠나는 토크쇼 사회자와 프로듀서에게 암살 제의가 들어오면서 벌어지는 코미디 영화)처럼 '스토너 코미디Stoner Comedy'(대마초에 찌든 '루저'들이 주인공으로 등장하는 남성 코미디-옮긴이) 장르 영화에서 싸구려 유머 소재로 자주 활용되었다. 영화 「디 인터뷰」에서 CIA는 김정은을 암살하기 위해 술고래에 마리화나를 피우는 유명 텔레비전 진행자와 야심 많은 프로듀서에게 독약을 들려 북한으로 보낸다. 이 은둔의 나라에서 김정은의 개인 관저에 머물게 된 스카이락은 김정은과 친교를 맺는다. (데니스 로드먼의 평양 방문과 김정은과의 관계를 고려하면 이 동지애를 이해할 수 있을 것이다.) 이 영화는 아버지의 기준에 부응하지 못해 불안해하는 두 사람이 유대감을 형성한다는 줄거리이지만, 대부분이 불필요한 폭력과 거의 몸을 가리지 않은 여성들, 폭음, 심지어는 김정은과 스카이락의 농구 게임 장면 등으로 채워져 있다. 영화 속에서 김정은은 "내 나이 이제 31살이다. 이 나이에 내가 한 나라를 운영한다는 건 미친 짓이다"라고 자인한다.

「디 인터뷰」 이전에도 영화 「사우스 파크South Park」의 창작자들이 김정일을 소재로 만들어 성공시킨 영화 「팀 아메리카: 세계 경찰Team America: World Police」을 비롯해, 북한의 폭군을 조롱하고 비판한 다큐멘터리와 영화가 수십 편 제작되었다. 다만 그들과 「디 인터뷰」 사이에 차이점이 있다면 「디 인터뷰」는 확실히 김정은의 심기를 건드렸으며 그에 따른 행동을 불러일으켰다는 점이다.

2014년 11월, 북한의 해커들은 소니픽처스엔터테인먼트 시스템에 침입해 회사의 기밀을 빼낸 뒤 온라인에 업로드했다. 이어 북한 정권은 이 영화의 개봉이 '전쟁 행위'에 해당한다고 선언하며, 영화를 상영하는 극장에는 9·11테러에 상응하는 공격을 가하겠다고 위협했다.

무엇이 김정은을 이렇게 반응하도록 만들었을까? 이 영화가 김정은의 사치스럽고 천박한 생활상을 그렸기 때문일까? 아마도 김정은이 신성하다는 것과 북한이 번영의 땅이라는 '웃음거리가 된 그들의 주장'을 폭로했기 때문일 것이다. 어쩌면 너무나 모욕적으로 김정은의 파워를 다루었거나, 북한 내에 쿠데타를 일으키기로 한 파벌이 있었다는 사실을 인정할 수 없기 때문인지도 모른다. 게다가 점점 구멍이 숭숭 뚫려가는 국경과 이런 종류의 오락에 대한 북한 주민들의 끝없는 욕구를 고려할 때, 이 영화 역시 (이미 금지된 한국 드라마와 영화를 DVD로 밀반입하고 있는) 수백만 북한 주민이 볼 수도 있다고 판단해서 그랬는지도 모른다.

최은희·신상옥 부부 납치극을 다룬 『김정일 프로덕션』의 저자 폴 피셔는 「디 인터뷰」와 달리 2013년에 제작된 영화 「백악관 최후의 날Olympus Has Fallen」이 북한을 소재로 했음에도 김정은이 분노하지 않은 이유는 북한 특공대가 백악관을 공격하는 내용을 담고 있었기 때문이라고 이야기했다. 그는 '김정은은 자신이 불량하거나 위험하거나 공격적으로 묘사되는 것은 개의치 않지만, 우스꽝스럽게 묘사되는 것은 절대 참지 못 한다'라고 말했다. 북한의 대표적인 선전원이자 우상화를 조장하는 능력으로 김정일의 핵심 측근이었던 탈북민 장진성 씨는 '북한 관점에서 이 영화는 진짜 폭탄이 김정은 앞에 떨어진 것 같은 분노를 일으킨다. 이건 문화 폭탄이다. 정말 충격적이다. 북한으로서는 도리를 벗어난 신성모독이다'라고 말했다.

소니에 대한 공격은 '예민한 21세기 밀레니얼 독재자'의 '21세기형 능력'을 보여준 사례였다. 김정은은 휴대폰과 노트북을 자유자재로 다루고, 언론에서는 핵 과학자들과 진지하게 대화한다. 수십 건의 미사일 실험을 감독하고, 자가용 비행기를 조종하며, 잠수함에 탑승해 승무원들에게 지침도 주고, 탱크를 운전하는 모습도 보여준다. 2018년 3월 베이징을 방문했을 때 김정은 부부는 가상현실 시연을 체험하고, 중국 사회자가 보여준 최신 기술에 감탄한 것으로 알려졌다. 김정은은 이른바 '디지털 네이티브Digital Native'(태어나면서부터 디지털 환경에서 자란 세대)이다. 그리고 김정은은 과학 기술을 자기 브랜드의 일부분이자 강제 수단의 핵심 요소로 수용해왔다.

사이버 공격은 모호하다는 이점이 있다. 게다가 원인 규명에는 많은 과학 수사 작업이 필요하다. 이런 공격을 계속하는 북한 정권으로서는 그럴듯하게 부인할 수 있는 여지도 충분하다. 김정은은 핵과 탄도 미사일 개발을 넘어 북한의 사이버 전력을 활용해 자신의 목표를 앞당기기로 결심한 듯 보인다. 그는 '사이버 빨치산 세대'를 양성해 현대적인 전사로서 자기 브랜드를 더욱 확고히 하는 한편 지리적 국경과 상관없이 강압적인 수단을 통해 주변 환경을 조종할 수 있는 방안도 모색하고 있다.

소니 해킹

2014년 12월 11일에 예정된 「디 인터뷰」의 미국 개봉을 약 2주 앞둔 추수감사절 무렵, 소니픽처스엔터테인먼트 직원들은 컴퓨터를 켜자마자 다음과 같은 메시지를 발견했다.

> "우리는 이미 경고했고, 이것은 단지 시작에 불과하다. 우리는 우리의 요청이 받아들여질 때까지 계속할 것이다. 우리는 귀사의 비밀과 최고 기밀을 포함한 모든 내부 자료를 확인했다. 만약 귀사가 우리의 요구에 따르지 않는다면, 우리는 다음 자료를 세상에 공개할 것이다."

위 문구에는 이글거리는 빨간 해골과 함께 '해커 #GOP Guardians of Peace(평화 수호자)'라는 서명이 있었다. 처음 이 문구를 본 소니 직원들은 몹시 놀라 어쩔 줄 몰랐다. 한 직원은 '90년대 초반에 해킹을 당한 느낌이었다. 이 메시지는 이안 소프틀리 감독의 영화 「해커스」에 나온 것처럼 보였다. 귀여울 정도였다'라고 말했다. 그 후 며칠간 러시아부터 핵티비스트Hacktivist(Hacker와 Activist 의 합성어로 인터넷을 통한 컴퓨터 해킹을 투쟁 수단으로 삼는 새로운 형태의 행동주의자-옮긴이)는 물론이고 불만을 품은 소니 내부자까지 누가 해킹 사건의 배후자인지를 두고 추측이 분분했다. 북한은 그해 6월 영화 예고편이 상영되었을 때도 외무성 대변인을 통해 '김정은 암살 시도를 다룬 영화가 개봉될 경우 무자비한 보복을 각오하라'고 위협했지만, 왜인지 그 당시 북한은 용의자 명단에서 거의 배제되었다. 북한 관영 매체는 대변인의 말을 인용해 '최고 존엄에 대한 음모를 영화로 제작해 개봉하는 것은 가장 노골적인 테러 행위로, 절대 용납하지 않을 것'이라고 전했고, 북한 대변인은 '미국이 조폭 영화 제작자를 이용해 북한 지도부의 명예를 훼손하고 있다'고 덧붙였다. 해킹이 있고 일주일이 조금 지났을 무렵, 미국의 디지털 미디어 잡지 《와이어드Wired》는 소니 사이버 공격의 배후가 북한일 것이라는 생각은 다소 '어색하다'고 평가하며, 그 이유는 '국가의 공격이라면 해골처럼 화려한 이미지나 평화 수호자처럼 기억하기 쉬운 해커명을 사용할 리가 없기 때문'이라고 주장했다.

북한의 가공할 만한 핵과 탄도 미사일 프로그램에도 불구하고,

우리는 너무 쉽게 이 작은 나라를 과소평가한다. 각종 영화와 다큐멘터리도 그래왔다. 영화「팀 아메리카: 세계 경찰」에서 김정일은 바퀴벌레가 된다. 미국 드라마「30록30 Rock」에서 한국계 미국인 영화배우 마거릿 조Margaret Cho는 '치즈를 좋아하고 코냑을 벌컥벌컥 마시는 김정일'을 연기한다. 또「새터데이 나이트 라이브Saturday Night Live」와「더 데일리 쇼The Daily Show」와 같은 버라이어티 쇼는 김정일에 대한 짓궂은 농담으로 웃음을 자아냈다.

소니픽처스엔터테인먼트의 최고 경영자 마이클 린턴Michael Lynton은 해킹 사건을 회상하며 '당시에는 김정은이 집권한 지 얼마 안 되어서 아버지 김정일과 어떻게 다른지 명확하게 알지 못했던 것 같다. 또 지금까지 북한의 사이버 능력에 대해 언급한 사람은 아무도 없었다'라고 말했다. 그의 말은 일리가 있어 보인다. 어쨌든 북한은 고립된 후진국이 아니었던가? 이들이 어떻게 세계적인 영화 스튜디오를 공격하고, 정치적 강제를 위협하는 기술력과 배짱을 가질 수 있단 말인가?

곧이어 해킹으로 인한 피해 정도가 밝혀졌다. 소니픽처스엔터테인먼트의 한 직원은 '폭탄이 터진 것 같았다. 주위를 둘러보았는데 아직 우리는 살아 있었다. 그리고 우리는 복구 우선순위를 정하기 위해 분류를 시작했다'라고 말했다. 퇴직한 한 직원은 '모

든 것이 완전히 파괴되었다. 믿기지 않았다. 모든 게 다운되었다'
라며 당시를 돌아보았다. 그들은 모든 것을 손으로 직접 써야 했
고 제때 임금을 받지 못했으며, 똑같은 일을 완성하기 위해 더 오
랜 시간 일해야 했다. 그때까지만 해도 직원들은 자신들이 이 문
제를 해결할 수 있으리라 생각했다.

하지만 피해 범위는 소니픽처스엔터테인먼트의 데이터를 파괴
한 것 그 이상이었다. 직원들의 연봉 목록과 함께 거의 5만 개에
이르는 사회 보장 번호와 미개봉 영화 5편을 포함한 기밀 정보가
파일 공유 사이트에 넘겨졌다. 이 사이버 공격은 영화계의 치부
를 드러냈고, 그로 인해 '할리우드에서부터 워싱턴 정가까지' 파
문이 일었다. 해커들은 유명 연예인들에 대한 소문과 이들의 온
라인 가명, 그리고 배우 쟁탈전을 폭로하는 엄청난 양의 이메일
과 다른 문서들을 공개하며 할리우드 스타들의 음란한 정보에 굶
주린 언론들의 관심을 한곳에 불러 모았다. 피해는 여기서 그치
지 않았다. 소니픽처스엔터테인먼트의 일반 직원들도 피해를 보
았다. 이들의 신원이 도용되었고, 진료 기록들이 노출되었으며,
심지어 사이버 범죄자들에 의해 이들의 은행 계좌에서 돈이 빠져
나가기도 했다.

FBI의 조사에 따르면, 당시 북한 국방위원회 대변인은 자신들
이 해킹에 관여하지 않았다고 부인했지만 한편으로는 이번 공

격이 '북한 정권 지지자와 동조자의 정당한 행동일 것'이라고 고소해했다고 한다. 또한 북한 국방위원회는 성명을 통해 「디 인터뷰」가 북한 최고 존엄을 해치는 테러 행위를 사주하는 영화라고 비난했다. 일주일이 조금 지난 후 '평화 수호자'는 소니가 영화를 개봉하면 9·11테러 같은 공격을 가하겠다고 위협하면서, 엉성한 문법의 영어로 다음과 같이 경고했다. '시사회를 포함해 「디 인터뷰」가 상영되는 바로 그 시간과 그 장소에서, 테러로 재미를 추구하는 이들이 얼마나 쓰라린 운명을 맞게 될 것인지 분명히 보여줄 것이다. 세상은 두려움으로 가득할 것이다. 2001년 9월 11일을 기억하라.'

아마 그 누구도 이런 선정적인 싸구려 코미디 영화 한 편이 국가 안보 위기를 초래하리라고 예상하지 못했을 것이다. 소니와 멀티플렉스 운영자들, 그리고 이들이 입점해 있는 쇼핑몰 관계자들은 '평화 수호자'의 테러 위협을 심각하게 받아들였다.

결국 소니는 12월 11일 로스앤젤레스에서 첫선을 보인 이 영화의 개봉을 12월 17일에 전격 취소했다. 소니는 이틀 뒤 이 결정을 번복했지만 이번에는 주요 극장 체인에서 연휴 동안 상영을 거부하고 나섰다. (2012년 콜로라도주 오로라Aurora에서 영화 「다크 나이트 라이즈The Dark Knight Rises」 상영 도중 한 총기소지범이 12명을 살해하고 수십 명을 다치게 한 대학살과 같은 사건이 또다시 일어날까 봐 두려웠기 때문이다.) 소니의 영화 철수와 주요 상영관들의 상영 거부는 언론의 자기 성찰로 이어졌고, 테러 위협에 직면한 언론과 예술적 표현의 자유에 대한 많은 논의를 불러일으켰다. 이미 사이버 공격의 타격으로 취약해져 있던 대다수의 소니 직원들은 '예술적 업적도 없는 싸구려 작품 하나 때문에' 더는 위험을 감수할 수 없다고 생각했다. 한 직원은 '왜 우리 모두가 별로 좋지도 않은 영화 때문에 이런 대가를 치르고 있지?'라고 의문을 제기하기도 했다.

소니 컴퓨터에 '평화 수호자'의 위협이 등장한 지 한 달도 지나지 않은 12월 19일, FBI는 결국 이 사이버 해킹이 '북한 정부의 소행'이라고 발표했다. FBI는 복수의 정부 기관과 정보계가 참여한 강도 높은 조사와 기술 분석 결과, 이번 사건이 북한의 악성 사이버 활동과 연관이 있다고 밝혔다. 제임스 클래퍼 미 국가정보국장은 회고록에 '나를 비롯하여 우리의 최고 사이버 전문가들은 소니 해킹이 북한에서 비롯되었다고 한 점 의혹 없이 생각한다'고 썼다. FBI의 보도자료에는 다음과 같은 글이 적혀 있었다.

"우리는 민간기업과 그곳에서 일하는 일반 시민들을 대상으로 한 이번 공격의 파괴성을 깊이 우려하고 있다. 지금껏 FBI는 매우 다양한 방식의 사이버 침입을 목격했지만, 이번 공격의 파괴성과 강압성은 지금까지와 확연히 구별된다. 북한의 행동은 미국 기업에 상당한 해를 끼치고 미국 시민의 자기 표현권을 억압하려는 의도에서 비롯되었다. 이런 협박 행위는 '허용할 수 있는' 국가 행동의 범위를 벗어난다. FBI는 사이버 사용 수단을 통해서든, 폭력의 위협을 통해서든, 혹은 그 밖의 방법으로든 우리 시민들의 경제적·사회적 번영을 저해하려는 모든 시도를 심각하게 받아들이고 있다."

다행히 9·11테러와 같은 공격은 일어나지 않았다. 하지만 공포는 현실이었다. 그로 인한 혼돈과 혼란이 미국 민간단체의 의사결정과 권리 행사 방법을 좌우했다. 오바마 대통령은 소니의 결정을 비판하며 이렇게 경고했다. '우리는 어느 독재자가 이곳 미국에서 검열을 자행할 수 있는 사회가 되도록 내버려둘 수 없다. 생산자와 배급자가 누군가의 감정을 상하게 하지 않으려고 자기 검열을 시작하는 상황을 상상해보라.' 미국 최고의 사이버 전쟁 전문가인 피터 싱어Peter Singer도 '지금 우리가 직면한 문제는 단순한 해킹이 아니다. 해킹에 대한 소니의 대응이 진정한 문제다. 소니의 대응은 해킹에 대한 굴복이었다. 소니는 나머지 우리들에 대한 저들의 공격을 보상하고 장려했다'라며 비난했다.

영화 개봉에 대한 북한의 반응은 북한의 강압 수단이 미사일과 핵무기를 넘어섰으며, 김정은에게 북한 국경 밖에서 인지된 모욕을 처벌할 의지와 능력도 있음을 보여주었다. 북한 선전원 출신 탈북민 장진성 씨는 '이 영화는 북한 주민들에게 생각할 자유조차 주어지지 않는 현 상황에 대한 대안을 제시하며 대안이 될 수 있는 상상력을 제공한다'라고 말했다. '북한 주민들이 김정은에 대한 이 모든 선전을 진실로 믿는 것은 아니다. 북한 사람들도 사람이며 멍청하지 않다. 다만 북한 체제에서는 김정은을 찬양하고, 그에 대한 찬송가를 부르는 것이 설사 거짓말에 불과하다고 생각될지라도 진지하게 받아들여야 한다.'

전편과 속편

사실 그전에도 북한 기관들은 남한의 은행과 군 인트라넷, 정부 관리들과 언론 기관들의 이메일 계정에 여러 차례 침입했다. 이런 행위는 '사이버 해킹'이라는 새로운 도구를 이용해 스파이 활동을 하고 돈을 벌겠다는 김 씨 일가의 목표를 반영하고 있다.

소니 해킹을 불과 몇 달 앞둔 그해 4월, 커티스 스캐퍼로티Curtis M. Scaparrotti 당시 주한미군 사령관은 미 하원 군사위원회에서 '북한은 오픈소스 정보 수집과 사이버 스파이 공작, 그리고 파괴적인 사이버 공격을 수행할 수 있는 컴퓨터 해커를 고용하고 있다'고 말했다. 곧이어 그는 '사이버전 능력은 북한이 계속 강조해온 중요한 비대칭 전력이며, 그 이유는 부인 가능성과 낮은 비용 때문'이라는 말도 덧붙였다. 사이버 위협에 대한 그의 경고는 2013년 이후 계속된 미국 정보계의 경고와도 일치했다. 2013년 당시 미 국가정보국장 제임스 클래퍼는 미국이 직면하고 있는 주요 위협 목록에서 '사이버'가 '테러'를 밀어냈다고 주장했다.

북한이 사이버에 관심을 두게 된 때는 비교적 최근인 2000년대 초반으로 추정된다. 《뉴욕타임스》는 북한 함흥컴퓨터기술대학에서 컴퓨터 공학을 가르쳤던 김흥광 씨의 말을 인용해 이렇게 보도했다. '2003년 무렵 김정일은 군 지휘관들에게 지금까지의 전쟁이 총탄과 기름의 문제였다면 21세기 전쟁은 정보전이라고 선언했다.' 당시 북한의 사이버 능력은 초보 수준에 불과했지만, 김정은은 탄도 미사일과 핵무기 개발을 가속했던 것과 흡사한 방식으로 북한의 사이버 능력도 한 단계 더 끌어올렸다.

실제로 평생을 비디오 게임과 휴대전화, 비디오카메라 등 우리 시대의 도구와 함께 살아온, 이른바 디지털 네이티브인 김정은은 북한의 도발 행위 도구 목록에 사이버를 쉽게 포함시켰다. 그는 '사이버전 능력은 핵과 미사일과 함께 우리 군의 능력을 보장하는 만능 검'이라고 설명한 것으로 알려졌다. 김정은은 탐지를 피하는 한편 인터넷 인프라를 활용하기 위해 중국, 말레이시아, 뉴질랜드, 인도, 네팔, 인도네시아, 모잠비크, 케냐 등 최소 8개국에 약 6000명의 해커와 사이버 지원 인력을 두었다. 또한 최고 인재들을 김일성종합대학 컴퓨터과학대학, 김책공업종합대학, 미림대학 등의 교육기관으로 집중 배치하고, 사이버 정보와 사이버전 교육 프로그램에도 주력했다.

　김정은의 해커들은 '남한'을 매력적인 목표로 삼고 있다. 한국의 관리들은 북한이 6000여 건 이상의 사이버 공격을 감행해 남한 민간 및 정부 기관에 6000억 달러의 피해를 주었다고 주장했다. 실제로 2011년에 한국의 몇몇 은행 지점은 북한의 디도스 공격으로 10일간 영업 지장을 받았다. 2013년에는 3개 언론사와 3대 은행을 대상으로 한 북한의 악성 코드Denial of service, DOS 공격으로 컴퓨터 사용을 저지해 고객들이 계좌에 접근할 수 없도록 만들었다. 이 공격으로 인해 신용카드 거래 기록이 삭제되었고, 약 8억 달러의 금융비용이 발생했다. 금융과 미디어 부문을 향한 북한의 공세는 한국의 번영을 이끄는 산업계에 심각한 손상을 주려는 시도로 해석된다. 북한은 가난한 자신들이 부유한 남한에 해를 입힐 수 있다는 점을 강조하고 싶어 한다. 한편 북한은 고립되고 빈곤한 '덕분'에 한국이나 미국의 보복 공격에도 상대적으로 안전하다. 북한은 정권 유지를 위한 외화벌이에 점점 더 많은 역량을 쏟고 있다. 이는 북한이 전통적으로 달러를 벌어들이는 방식에서 벗어나 수많은 제재 효과를 상쇄하기 위한 의도로 보인다.

2016년 방글라데시 은행을 공격하여 8100만 달러를 절취한 북한은 더욱 새롭고 정교한 능력을 과시했다. 북한의 해커들은 가장 안전한 자금이체 방법인 '국제은행간 통신협회Society for Worldwide Interbank Financial Telecommunication, SWIFT'의 글로벌 메시징 시스템을 뚫고 들어가 뉴욕 연방준비은행의 방글라데시 은행 보유 자산을 필리핀 은행의 북한 계좌로 빼돌렸다. 2017년 3월 미국 국가안보국은 2016년의 공격이 '범죄학적으로' 소니 해킹 사건과 연관되어 있다고 밝혔다. 그리고 북한의 해커들은 방글라데시 은행 강탈 외에도 2015년 베트남 TP뱅크TPBANK, 2017년 대만 극동국제은행Far Eastern International Bank, 2018년 멕시코 방코멕스트Bancomext와 방코데칠레Banco de Chile 등 적어도 최소 11개국 16개 이상의 조직을 대상으로 하여 끈질기게 사이버 테러 활동을 해왔다.

하지만 2018년 10월 미국 민주주의 수호재단Foundation for Defense of Democracies, FDD의 한 연구는 훨씬 더 걱정스러운 미래를 암시했다. 이 연구 결과는 북한 기관들이 항공우주와 통신, 금융 산업을 목표로 하고 있다는 미국 국토안보부와 FBI의 공동 경고를 들면서, '북한이 한국과 미국의 국가 안보 인프라를 약화시키고 교란할 만한 잠재력을 가지고 있다'고 기술했다. 뿐만 아니라 2017년 12월 미국은 150개국 이상에서 23만 대의 컴퓨터에 영향을 미쳐 수십억 달러의 비용이 들어간 워너크라이WannaCry 웜바이러스(사용자의 중요 파일을 암호화한 뒤 이를 푸는 대가로 금전을 요구하는 랜섬웨어의 일종-옮긴이)의 배후에 북한이 있다고 발표했다. 토머스 보서트Thomas P. Bossert 백악관 국토안보보좌관은 워너크라이 공격은 '본질이 밝혀지는 결정적인 순간'이었다면서, '북한은 핵 프로그램이나 사이버 공격을 통해 전 세계를 위험에 빠뜨리고 싶어 한다는 사실을 여실히 보여주었다'라고 말했다.

김정은의 해커들은 단념하지 않았다. 2019년 8월 공개된 UN 보고서에 자세히 설명되어 있듯이, 이들의 사이버 공간 조작 능력은 더욱 정교해졌다. 북한은 지금까지 금융기관과 가상화폐 거래소 공격에 성공해 약 20억 달러의 불법 이익을 창출했다.

영화 「디 인터뷰」는 김정은을 농담의 대상으로 희화화해 재미를 주려고 했지만, 시간이 지나고 보니 그 농담의 대가를 우리가 치르고 있는 셈이었다.

김정은의 실리콘밸리

북한의 사이버 전사와 이들의 기습 전술은 북한 밖에서도 대혼란을 일으키고 공포를 심어주려는 북한의 의도를 여실히 보여준다. 김정은은 승인되지 않은 정보가 주민들의 의식을 파고들고 국가 선전의 모순과 허위가 폭로될 위험에도 불구하고 북한 내에서도 사이버 기술을 개발하는 데 똑같이 주력해왔다. 실제로 김정은은 평양뿐만 아니라 지방에서도 노트북과 태블릿, 휴대전화 등 '자신이 통제할 수 있는' 디지털 라이프를 주민들도 폭넓게 접할 수 있도록 허용했다. 하지만 '자신이 통제할 수 없는' 인터넷만큼은 접근할 수 없게 단속했다. 독재자로서 그는 북한 주민들의 정보 소비 패턴을 더욱 효과적으로 통제하기 위해, 넌지시 대중을 디지털 네트워크로 밀어 넣었다. 사실상 자신의 통치를 강화하고 북한 정권의 선전 효과를 극대화하기 위해 '기술'과 '기술에 대한 접근'을 이용한 것이다.

김정은은 체제 자원을 쏟아서 과학자들과 기술자들을 보상하고 장려하는 등 기술 엘리트들에게 매력적인 환경을 조성해왔다. 이들이 누릴 수 있는 특권 중 하나가 '미래과학자거리'라는 신시가지다. 이 거리는 대동강과 인접한 6차선 도로로, 북한의 실리콘밸리와 평양 기차역 인근에 위치해 있다. 이 주택 사업의 백미는 단연 53층짜리 초고층 빌딩이다. 이 빌딩은 북한에서 기술자가 되고자 하는 사람들을 위한 봉화 역할을 하고 김정은의 현대 북한 속에서 존경받는 이들의 지위를 표시한다. 꼭대기를 금빛 돔으로 장식한 이 빌딩에는 기술자들과 그 가족들을 위해 어린이집과 학교, 상점, 스포츠 공원, 그 밖에 다른 편의시설들이 마련되어 있다. 북한 기술 동향 전문가인 네이트 크레천Nate Kretchun은 북한이 의식적으로 과학자와 기술자 집단을 육성하는 이유를 '기술자들이 자신들의 기술을 이용해 북한의 디지털 통제를 훼손하지 못하도록 감시하는 것'이라 주장했다.

북한이 미래과학자거리의 완공을 자축한 지 불과 몇 달 뒤인 2016년 1월, 북한 정부는 과학 전문가에 대한 장려와 지원을 더욱더 증명하기 위해 '과학기술전당'을 공개했다. 이곳은 원자 모양으로 설계된 첨단 기술 지역으로, 위성사진으로 북한의 기술 개발 동향을 살펴보고 있는 미국의 심기를 건드리기에 충분했다. 이 시설을 방문한 CNN 기자가 설명한 대로 이 전당 안에서는 북한 인트라넷과 연결된 컴퓨터 앞에 앉은 직원들이 부지런히 일하고 있다. 2017년 라디오 자유아시아Radio Free Asia, RFA에서 인터뷰한 북한 소식통에 따르면, 백화점 할인과 좋은 주거 시설, 풍부한 식량, 병역 면제, 신분 상승 등의 유인책에 매료된 북한의 부모들은 자녀를 과학기술대학에 입학시키기 위해 아우성이다. 한 소식통은 북한에서 수학, 물리, 과학을 가르치는 과외 교사들이 가장 돈을 많이 번다고 전했다.

현대 기술, 심지어 미국 제품들까지도 포용하는 김정은의 태도는 고급스러운 디지털 유대감을 감당할 수 있는 북한의 엘리트에게 서서히 영향을 미쳤다. 북한 체제 선전에서는 휴대전화와 컴퓨터, 노트북, 심지어 애플의 맥북 프로까지 다루는 '김정은 특집 프로그램'을 정기적으로 내보내고 거기에 더해 일반 북한 주민들도 휴대전화를 사용하는 모습도 보여준다. 김정일은 외부의 정보가 이를 통해 스며들어 현상 유지와 체제 선전을 위협할 수 있다고 휴대전화를 경계했지만, 그의 아들은 아버지와 달리 과학 기술에 대한 두려움이 없을 뿐만 아니라 기술을 이용해 사람들에 대한 통제를 강화할 수 있다고 굳게 믿는다. 워싱턴에 본부를 둔 인터미디어InterMedia라는 연구소는 2017년에 다음과 같이 언급했다. '북한은 폭넓은 인구를 대상으로 네트워크 연결을 확대해, 한 차원 진화한 검열과 감시 도구로 무장하고 있다.' 이 연구에 따르면 실제로 김정은의 북한은 '경제 성장을 촉진하는 것은 물론 정권의 감시와 안보의 필요성을 충족하기 위해 정보 공간을 더 적극적이고 전략적으로 관리하고 있다.'

북한 사람들은 기술에 익숙하다. 어쨌든 2000년경부터 텔레비전과 VCR, DVD 등이 북한에 널리 보급되기 시작했다. 인터미디어는 2012년 조사를 통해 북한 주민의 약 4분의 3이 텔레비전을 시청했으며, 약 절반은 개인 텔레비전을 소유하고 있다고 파악했다. 유니세프 조사에 따르면 2017년 북한 내 거의 모든 가정이 텔레비전을 소유하고 있다. 북한 전문가 안드레이 란코프 교수는 북·중 국경지대 연구를 바탕으로 2012년까지 전체 가구의 70~80퍼센트가 DVD 플레이어를 보유하고 있다고 주장했다. 더불어 란코프 교수는 북한에 수십만 대의 컴퓨터가 있을 것으로 추정하고 있다. 모바일 기기 가입자는 무려 400만 명에 달할 정도로 보편화되었으며 점점 그 수가 증가하고 있다.

위험한 정보를 연구하는 미국의 인터넷 기술 회사 레코디드 퓨처Recorded Future에 따르면, 북한 주민들이 사용하는 휴대전화와 태블릿은 3G 서비스가 가능하며 음성과 문자 메시지는 물론 사진과 비디오 메시지 기능까지 탑재되어 있다. 2016년 평양을 방문한 한 《뉴욕타임스》 기자는 김일성종합대학 인근 식당에서 젊은 커플들이 햄버거를 먹기 전 북한산 안드로이드 스마트폰으로 사진을 찍는 장면을 목격했다고 전했다. 평양 사람들이 미국의 음식인 햄버거를 좋아한다는 사실도 놀라웠지만, 현대 디지털 사회의 장비를 자연스럽게 과시하는 이들의 모습은 더욱 놀라웠다. 북한에서 스마트폰은 값싼 물건이 아니다. 스마트폰 기기와 등록비까지 합하면 200달러에 달하는데, 이는 북한에서는 터무니없는 가격이다. 그런데도 이런 기기가 보급되는 것은 기근 이후 북한에서 일어나고 있는 시장화와 부의 창출을 가리키는 다른 신호로 해석된다. 대니얼 튜더와 제임스 피어슨 기자는 '북한 주민들에게 휴대전화는 필수품이며 지위의 상징이기도 하다'고 지적한다. 상인들은 이 기기를 이용해 가격 정보를 얻고, 공급자와 잠재고객에게 연결된다. 젊은이들은 이 기기를 이용해 또래들에게 깊은 인상을 주면서, 자신의 사회적 지위를 강조한다. 유니세프는 2017년 기준 북한 주민의 80퍼센트가 휴대전화를 사용하는 것으로 파악했다.

얼핏 보기에 북한 주민들도 나라 밖 세상 사람들과 똑같이 휴대전화를 이용하는 것 같지만, 사실 이런 장치들에 대한 경험은 크게 다르다. 북한에서는 '인터넷을 통한 제한 없는 소통'을 경험할 수 없고, 사회적 통념에도 그런 것이 존재하지 않는다. 평양에서 엘리트 학생들을 가르쳤던 수키 킴은 '북한의 10대들은 스티브 잡스와 마크 저커버그 같은 사람들이 개척한 소셜 네트워킹의 혁명을 전혀 알지 못한다'고 논평했다. 기술 전문가인 마틴 윌리엄스Martyn Williams는 다른 어떤 나라도 하지 않은 일을 김정은 정권이 어떻게 추진하고 있는지 설명한다. 북한은 이메일과 웹사이트를 제공하긴 하지만, 북한을 제외한 전 세계와는 완전히 차단된 '북한 국내 인트라넷'을 구축하고 있다. 이는 전 국민을 완전히 통제하는 동시에 전자 통신의 이점을 일부분만 끌어오는 대담무쌍한 시도다.

북한은 검열에만 의존해 콘텐츠를 차단하지 않는다. 아예 완전히 대체되는 가상 세계를 만들었다. '광명'이라 불리는 북한 네트워크에서는 국내 웹사이트, 즉 공산당 기관지와 국영 통신사, 한식 조리법이 있는 요리 사이트와 온라인 학습 사이트에만 접속할 수 있다. 2016년 북한에는 약 20개의 웹사이트가 있었는데 2017년에는 168개의 웹사이트가 있다고 알려져 있다. 북한에는 국영 텔레비전 프로그램에 접속하는 주문형 비디오 시스템도 있지만 이를 '넷플릭스 같은 것이라 상상해선 안 된다'고 윌리엄스 기자는 꼬집었다.

최근 몇 년간 북한 정권은 의류와 여성 액세서리, 화장품, 특산물, 가구 등에 관심이 있는 스마트폰 사용자를 겨냥해 온라인 쇼핑도 도입했다. 네이트 크레천은 '북한 정권은 자신들이 체계적으로 완전히 통제할 수 있는 네트워크로 주민들을 이동시키고 있다'고 지적한다. 이는 유사한 정보 검열과 감시 시스템을 실험하고 있는 중국 및 다른 억압적인 국가들의 시스템보다 훨씬 더 극단적인 형태다.

한편 북한은 극소수의 엘리트 계층에게는 전 세계 인터넷 접속을 허용하고 있다. 이는 북한의 최고 지도부와 극소수 주민만이 북한에 대한 세계의 인식과 서구 대중문화, 세계정세 등을 파악하고 있음을 의미한다. 김정은은 틀림없이 이런 외부 정보 소비자 중 한 명일 것이다. 북한은 일반 대중이 외국 미디어를 청취하거나 시청하는 것을 금지하고 있다. 라디오와 텔레비전은 국내 프로그램만 수신하도록 미리 설정되어 있으며 이를 어기면 엄벌에 처한다는 위협으로 복종을 강요하고 있다.

역설적이게도 기술에 대한 김정은의 높은 이해가 전 세계에 북한 선전을 계획하려는 북한 정권의 노력을 견인했을 것이다. 북한 정권은 공식 트위터 계정을 운영하고 있고, 많은 전용 웹사이트를 통해 북한을 선전하고 뉴스거리를 제공한다. 서방에서는 인터넷과 소셜미디어, 가상 커뮤니티를 '민주주의 수준의 척도'라 여기고 이를 통해 개인의 자유와 잠재력을 불러일으키고 있지만 북한은 완전히 반대로 기술을 이용하고 있다. 국방 전문가 피터 싱어와 에머슨 브루킹Emerson Brooking이 주장하듯이, 북한은 '독재 정권의 지배력을 늦추지 않고 권력을 유지하는 도구로 인터넷을 사용하는' 가장 좋은 모델이 되었다.

외신 기자들을 평양으로 초청해 정권의 정당성을 주장하는 일부터 기술과 사이버 공격을 통해 북한 내외의 정보 흐름과 정보 소비를 통제하는 일까지, 김정은은 다양한 방법을 통해 자신이 통제할 수 있는 지형을 넓혀왔다. 김정은은 북한 정권의 억압적인 조치들을 북한 주민뿐 아니라 외국인 방문자들과 기자들의 의식 속으로 서서히 스며들게 만듦으로써 자신의 권력을 확대하고 있다.

패권을 보장하기 위해 대대로 물려받은 억압 기술에 숙달하고, 현대 기술을 이용하고, 시장 경제의 현실을 수용하는 김정은의 진화로 인해 북한 주민들은 '살기 위해서' 더욱더 김정은의 협박에 굴복해야 했다. 그리고 김정은은 북한 국경 밖을 이리저리 돌아다니며 자신을 향해 마음 놓고 비난을 퍼붓는 이복형을 상대로는 완전히 다른 계획을 세우기 시작했다.

10장
말레이시아 암살극

•

2017년 2월 13일 오전, 김정은의 이복형이자 김정일의 장남인 김정남이 말레이시아 쿠알라룸푸르 국제공항 여객 청사로 들어선다. 청바지에 옅은 색 재킷을 걸치고 명품 구두를 신은 그는 평소 들고 다니는 루이뷔통 배낭을 오른쪽 어깨에 느슨하게 메고 있다. 언뜻 그는 비행기를 기다리는 여느 뚱뚱한 중년 관광객이나 사업가처럼 보인다. 아내와 아들, 딸과 함께 마카오에서 망명 생활을 하고 있는 김정남은 공항으로 들어서면서 출발 화면을 한번 올려다본 뒤 체크인 기기를 향해 성큼성큼 걸음을 옮긴다. 유유한 걸음걸이로 볼 때 그는 이 공항에 매우 익숙한 것 같다.

그런데 갑자기 한 여성이 달려와 두 손으로 그의 얼굴을 문지른다. 두 번째 여성이 재빨리 따라와 똑같은 행동을 반복한다. 이들은 순식간에 세상에서 가장 치명적인 화학신경작용제 'VX'를 김정남의 얼굴에 발랐다. 이 화학신경작용제는 한 방울만으로도 인체에 치명상을 입힌다. 하지만 여성들은 독소로 인해 고통받지 않을 것이다. 즉시 손을 씻거나, 혼합해야만 치명적으로 변하는 화합물을 사용했을 것이기 때문이다.

공항 보안 카메라 화면의 영상은 거의 식별이 거의 불가능하다. 흐릿한 화면으로 볼 때 김정남은 도움을 요청했고 공항의 한 병원으로 호송되었다. 그의 걸음걸이가 눈에 띄게 뻣뻣해졌다. 김정남은 병원에서 치료를 기다리는 동안 고통으로 몸부림쳤다. 미국 질병관리통제예방센터Centers for Disease Control and Prevention, CDC에 따르면, 김정남은 VX가 몸속으로 스며들면서 곧바로 나타나는 노출 징후로 인해 시야가 흐려지고, 호흡이 곤란해지며, 구역질과 설사, 호흡기 장애 및 경련 등을 겪었을 것이다. 잠시 후 그는 숨을 거두었다. 보안 카메라 화면에는 구경꾼들이 신기한 듯 창문을 통해 들여다보는 가운데 의료진이 김정남의 응급처치를 위해 허리를 굽히는 모습이 담겨 있다. 마지막 영상은 병원 관계자들이 그를 들것에 실어 나르는 장면인데, 티셔츠가 말려 올라가는 바람에 불룩한 배가 드러났다. 나중에 말레이시아 보건장관은 '그가 마지막 순간에 매우 고통스러워했다'고 전했다.

이후 발표된 병리학 보고서에 따르면, VX가 김정남의 얼굴과 눈, 옷가지, 배낭, 그리고 피와 오줌에서 발견되었으며 그의 뇌와 폐, 간, 비장에 치명적인 손상을 입힌 것으로 나타났다. 부검을 진행한 한 말레이시아 의사는 법정에 나와 '김정남이 입었던 속옷에서 많은 배설물이 나왔고 동공이 수축된 점으로 미루어볼 때 급성 VX 중독에 의한 사망이라고 결론 내렸다'고 증언했다.

곧이어 공개된 김정남의 사망 장면은 전 세계를 혼란에 빠뜨렸다. 비난의 화살은 자연히 평양에 있는 김정남의 이복형제로 향했다. 김정남이 낯선 사람들 사이에서 죽어가고 있을 때, 김정은은 메기 공장 시찰과 같은 일상적인 임무를 수행하고 있었을 것이다. 아버지 김정일의 맹목적인 사랑을 한 몸에 받고, 수많은 아첨꾼과 하인이 소중하게 모셨던 한 남자의 무척 수치스러운 최후였다.

이 사건은 마치 나쁜 영화의 한 장면처럼 보인다. 물론 말레이시아 공항 당국은 숨진 남성이 한때 북한의 차기 지도자로 꼽혔던 사람이라는 걸 알지 못했다. 그가 '김철'이라는 이름의 여권을 소지하고 있었고 명품 배낭에 12만 달러가 있었다는 사실만 확인이 가능했다. 그리고 이들은 그 당시에 화학신경작용제가 사용된 사실이나, 이를 사용한 두 여성이 '리얼리티 쇼를 위해 장난을 치는 것으로 생각했다'고 말한 사실을 알지 못했다. 여성 범인 중

한 명은 마치 조롱이라도 하듯 'LOLLaugh-out-louder'(큰 소리로 웃다)이라는 문구가 적힌 하얀색 티셔츠를 입고 있었다.

피소된 두 20대 여성 도안 티 흐엉Doan Thi Huong과 시티 아이샤Siti Aisyah는 체포된 뒤 몹시 겁을 먹고 충격에 빠졌다. 베트남 시골 마을에서 온 흐엉과 인도네시아에서 온 아이샤는 더 나은 삶을 꿈꿨지만, 생계를 위해 서서히 매춘에 빠져들었다. 이들은 자신도 모르는 사이 국제 음모의 중심에 서 있었고, 세계에서 가장 유명한 은둔하는 독재자의 이복형제를 죽인 대가로 사형에 처할 처지가 되었다. 하지만 이들을 사주한 북한 정권은 책임을 모면했다. (2019년 3월 아이샤는 그녀를 말레이시아 감옥에서 석방하라는 인도네시아 정부의 강력한 로비로 풀려날 수 있었다. 두 달 뒤 흐엉도 베트남 정부의 비슷한 로비로 풀려났다.)

이 사건을 두고 한국 당국자들은 '김정은이 지시한 조직적 테러 행위'라는 말로 비난했고, 북한은 격렬히 분노하며 자신들의 역할을 부인했다. 쿠알라룸푸르 주재 평양 외교관들은 대사관 밖에서 진을 치고 있는 기자들에게 '우리 외교관에 대해 다른 사람들이 하는 말은 모두 거짓말이고 명예훼손이다'라고 선언했다. 북한은 이번 암살이 말레이시아와 한국의 음모라고 주장하며 '이라크의 대량살상무기 보유'에 빗대어 한국과 미국이 '반북 비방전을 부추기고 있다'고 비난했다. 하지만 한국과 미국은 이번 사건을 북한 정부의 소행이라 결론지었다.

한때 아버지의 총애를 받던 이복형을 김정은이 좋아하지 않았다는 사실은 비밀이 아니었다. 김정은은 고모부 장성택과 마찬가지로 잠재적 경쟁자인 김정남을 제거하고 싶었을 것이다. 그가 이런 자신의 바람을 공개적이고 굴욕적인 방식으로 실행에 옮긴 다음 이를 비디오 영상과 사진으로 실감나게 퍼뜨린 것은 모든 도전자에게 보내는 '경고의 메시지'였다. 김정은이 암살을 지시한 것은 거의 확실하지만, 그가 이 일의 소소한 부분까지 직접 챙겼는지 아니면 기획과 실행을 공작원들에게 맡겼는지는 불분명하다. 다만 이 암살극을 기획한 사람들과 그 정교함, 사실 부인 가능성, 그리고 그 여파 속에서 펼쳐지는 드라마에 대해 김정은이 상당히 만족해했음은 짐작할 수 있다.

김정은을 반대하는 반체제 인사는 그 누구도 안전하지 않다. 장성택처럼 평양에 있든, 김정남처럼 중국 정부의 보살핌 아래에 있거나 혼잡한 국제 중심지 쿠알라룸푸르에 있든 결과는 마찬가지다. 공공장소에서 세심하고 숙련된 공격을 감행할 수 있는 북한 특수공작원의 기술과, 이들이 화학무기를 사용했다는 사실은 모든 이에게 교훈을 주었다. 국제 언론과 지역 언론에 도배된 이번 암살극은 김정은의 손길이 미치지 않는 곳이 없고 그의 복수심에도 끝이 없음을 증명하는 증거였다.

바람둥이와 순수주의자

김정남은 자신이 '표적'이라는 사실을 잘 알고 있었다. 김정남의 친구 중 한 명은 '그는 편집증은 아니었지만 걱정을 많이 했다. 외출을 할 때 매우 조심스러워했고, 스파이일 가능성 때문에 아시아인들과 대화를 피했다'라고 말했다. 2017년 한국 국가정보원장은 2011년부터 김정은이 자신을 암살하려 한다는 사실을 알아챈 김정남이 2012년 이복동생에게 편지를 써 자신과 가족의 목숨을 살려달라고 간청했음을 밝혔다. 김정남은 1990년대에 중국에서 결혼해 아이도 낳고 중국의 보호도 받으며 평범한 삶을 살고자 노력했다. 그는 아들이 유학하고 있는 유럽과 동남아를 정기적으로 오갔고, 여권에도 표시된 '김철'이라는 가명으로 페이스북 계정을 개설해 사진도 올렸다. 부은 얼굴과 터질 것처럼 빵빵한 배, 깎지 않은 덥수룩한 수염은 그가 여가와 술, 음식을 풍족하게 누리고 있음을 보여주었다. 김정남이 즐겨 신은 페라가모 구두와 화려한 모자, 선글라스, 그리고 다른 유명 디자이너의 옷들은 다소 북한과는 거리가 먼 미학적인 특징을 물씬 풍겼고, 자기 남동생의 칙칙한 인민복과 심각한 머리 모양, 검은 뿔테 안경과 극명한 대조를 보였다.

김정남은 아버지의 사랑을 빼앗아간 이복동생과는 단 한 번도 만나지 않은 것으로 알려졌다. 김정은보다 13살 많은 김정남은 '북한에 있을 뻔했던 것'을 대표하는 얼굴이 되었다. 국제 언론은 그를 '진정한 개혁주의자'로 추측하고 그가 북한의 지도자로 지명되면 북한에 어떤 변화를 불러올지에 대해 보도했다.

김정남이 한국과 일본 언론을 통해 간간히 전한 북한 정권에 대한 비판은 평양에 있는 이복동생이 그를 좋아할 수 없게 만들었다. 또 여전히 세간의 주목을 받으며 페이스북에 자신의 생활상을 올리는 그의 행동을 보며 김정은은 '형을 통제할 수 없다'고 느꼈을지도 모른다. 이것이 김정은을 자극했을 것이다. 안정과 통제에 집착하는 북한 정권 입장에서도 김정남은 특이한 존재였다. 김정남이 정치에 관심이 없다는 자신의 의도를 분명히 했음에도, 그의 존재 자체가 여전히 북한 개혁의 꿈을 키우게 하기 때문이었다.

아마도 김정은은 자신의 형이 서구화되고 식탐이 많고 타락해서 싫었을 것이다. 그리고 김정남이 사창가에 자주 드나들고 연인도 여럿 있었다고 전해진 반면, 김정은은 (자주 공개석상에서 부인과 동행하는 데에서 알 수 있듯이) 자신을 '헌신적인 남편'으로 묘사한다. 김정은의 입장에서는 형이 도박에 빠져 있는 동안 자신은 할아버지와 아버지의 유산과 나라의 주권을 보존하기 위해 지칠 줄 모르고 일했다. 김정남은 무력하고 호화로운 생활방식의 노예가 되었으나 자신은 북한 주민의 민생에 힘쓰며 국토를 종횡무진 누볐다. 김정남은 중국의 보호에 의존했지만 자신은 북한의 존엄과 독립을 지키기 위해 첨단 핵과 탄도 미사일 프로그램 개발에 매진했다. 김정은에게 '형'이란 또 다른 자아일 수도 있고, 체제 이념을 지키지 않을 때 어떤 일이 일어나는지 보여주는 본보기였을 수도 있으며, 자신에게 체화된 사상과 행동의 순수성과는 정반대의 스펙트럼에 있는 존재였을 수도 있다.

여러모로 볼 때 김정남의 구원 가능성은 없었다. 그리고 북한 정권의 입장에서는 올바른 길에서 벗어난 '썩은 것'은 제거해야만 했다. 암살 자체는 옛날 방식과 새로운 방식이 섞여 있었다. 1950년대에 개발된 화학신경작용제를 공공장소에서 사용했고, 비밀 공작원을 배치해 리얼리티 쇼 출연을 기대하는 두 명의 젊은 여성들을 유혹했으며, 전체 공격 과정과 그 여파가 감시 카메라에 녹화되도록 설계했다. 이는 분명 김정은이 의도한 '텔레비전 속 장면'이었다.

김정남에 대한 공격은 단지 한 개인에게만 가해진 공격이 아니었다. 그는 이 사건을 통해 자신을 거역한 대가가 얼마나 치명적인지를 북한 주민들에게 각인시켰다. 이 공격이 더 두려운 이유는 명확하지 않지만 '대량 살상 무기 능력과, 그에 대한 국제적 반응을 알아보기 위한' 김정은의 위험한 시험이었기 때문이다.

또 다른 대량 살상 무기

그전까지 북한에 대한 국제사회의 관심은 핵과 탄도 미사일 프로그램에 집중되어 있었다. 그런 가운데 벌어진 김정남 암살 사건은 북한의 생화학무기 비축에 대한 오랜 의혹에 세간의 이목을 집중시켰고, 북한이 전 세계에 제기하는 위협의 가능성을 더욱 복잡하게 만들었다. 더욱이 생화학무기의 일부 성분은 합법적으로 농업과 산업에 사용될 수 있어 북한이 지닌 능력과 의도를 평가하기도 더욱 어려워졌다.

사실 오래전부터 여러 언론은 '북한이 1960년대부터 생화학무기 능력을 획득했다'고 보도했다. 생화학무기 프로그램을 시작하고 20년이 지난 후 김일성은 '이 분야에서 소련 과학자들의 지원을 받아 우리 자신의 노력으로 독가스와 세균 무기를 생산하는 데 성공했다'라고 선언했다. 또한 한국과 미국이 입수한 여러 정보는 '북한이 생물과 화학 물질을 무기화할 수 있는 기반 시설을 갖추고 있음'을 시사했다. 미 국가정보국장은 2006년 의회에서 '북한 과학자와 시설이 감염성 생물학적 작용제나 독소를 생산할 수 있는 초보적인 생명공학 인프라를 갖추고 있다'고 보고했다.

북한이 지닌 잠재적 생물무기로 의심되는 품목으로는 탄저병과 콜레라, 페스트, 장티푸스, 황열병 등이 있고, 화학무기로는 신경작용제, 수포작용제, 혈액작용제, 질식작용제 등이 있다. 김정남에게 사용된 VX 신경작용제는 1993년 화학무기금지조약Chemical Weapons Convention, CWC(전쟁에서 화학무기 사용과 생산·비축을 금지하는 조약)에 따라 1급 지정 대량 살상 무기로 분류되었다. 2012년 미국 국방부 평가에 따르면, 화학무기금지조약의 당사자가 아닌 북한은 2500~5000톤의 화학무기를 보유하고 있으며 연간 생산 능력은 최대 1만 2000톤에 달한다. 또한 북한은 화학무기를 갖춘 4개의 군사기지와 11개의 생산 및 저장시설, 그리고 12개의 연구개발 시설도 보유하고 있는 것으로 알려졌다. 베테랑 분석가 조지프 베르무데스Joseph Bermudez가 조신인민군 출신 탈북자들에게서 수집한 정보에 따르면, 북한이 화학무기에 사용할 화학물질 20여 종을 보유하고 있으며, 겨자탄과 염소, 포스젠Phosgene, 사린Sarin, V제V Agent가 주를 이루고 있다고 전해진다. 이런 무기들은 특수작전부대를 통해, 또는 한국 전역과 그 너머를 겨냥할 수 있는 미사일을 통해 원하는 곳으로 전달될 수 있다.

김정은은 최근 몇 년간 생물과 화학 산업의 성장 가능성을 선전해왔고, 그가 이를 국가 간 물리적 충돌 시나리오에서 어떻게 활용할지, 또는 다른 나라에 어떻게 판매할지에 대한 세계의 우려를 더욱 악화시켰다. 김정은은 북한이 이런 역량을 고도화하고 있다는 사실을 공공연하게 과시해왔다. 2015년 6월 북한 매체들은 김정은이 신설한 평양 생명공학연구소를 방문하는 모습을 공개했다. 북한 국영 언론은 이 연구소가 배추 작물을 보호하는 생물학적 농약을 만드는 공장이라고 말했지만, 이 영상을 자세히 들여다본 세계 전문가들은 북한의 화학물질 개발 속도와 그 범위에 두려움을 느꼈다. 대량 살상 무기 전문가 멀리사 해넘Melissa Hanham 박사는 북한 정권이 공개한 사진 속 장비를 연구한 결과, 이 시설이 '군용 탄저균'을 생산하는 데 사용될 가능성이 있다고 판단했다. 뒤이어 해넘 박사는 북한이 저렴한 비용으로도 얼마든지 생물학적 농약을 합법적으로 조달할 수 있었지만, 굳이 '민수용과 군수용에 모두 사용 가능한 이중 용도 장비를 불법 수입하기로' 한 점은 이 시설을 잠재적 생물무기 능력을 유지하기 위한 장소로나, 더 나쁘게는 탄저균 생산에 사용하겠다는 의도라고 결론지었다. 2018년 UN은 북한이 (안보리에서 금지하는 독가스의 일종인) 신경작용제 타분Tabun으로 발전할 수 있는 사이안화나트륨 Sodium Cyanide 생산을 추진하는 데에 우려를 표했다. UN은 또 국제사회가 북한에 모든 생화학무기와 관련한 프로그램을 포기하라고 요구한 '2016년 UN 안보리 결의 2270호'를 반드시 지킬 것을 요구했다.

북한의 생화학무기 능력은 한국이나 미국과의 갈등 국면에서 대량 살상 무기를 배치할 수 있다는 잠재력 외에도 '확산 위험'

가능성을 제기한다. 적어도 20년 동안 북한은 시리아, 이란, 이집트, 리비아에 화학무기 관련 지원과 기술을 제공해온 것으로 알려졌다. 예컨대 2009년 그리스 정부는 시리아로 향하는 상선을 사찰해 북한에서 생산된 1만 3000여 장의 화학물질 보호복 등이 실린 선적 컨테이너 4개를 압수했다.

2017년 11월, 미국은 이란과 시리아, 수단에 이어 북한도 테러 지원국으로 재지정하고 말레이시아 암살에 대응하고자 추가 제재를 가했다. 북한은 1988년부터 2008년까지 일본인 납치, 남한에 대한 폭파 암살 시도, 민항기 납치 등으로 이 불명예스러운 클럽의 회원이었다. 하지만 조지 부시 행정부는 맥 빠진 비핵화 협상을 활성화하고 북한 정권에 '현재 국제 테러리즘을 지지하지 않으며 앞으로도 지지하지 않을 것을 확인하는 권한 있고 직접적인 공개 발언'을 끌어내기 위해 이 명단에서 북한을 삭제한 바 있다. 하지만 김정은은 날로 발전하며 오히려 자신의 행동이 불러오는 여파를 스스로 관리할 수 있다고 자신하게 되었다. 2017년 김정남 암살 사건과 최근 북한이 국제규범과 제재를 공공연히 어기고 다양한 대량 살상 무기를 개발하는 것은 말 그대로 김정은이 '하고 싶은 대로 다 할 수 있다'는 대담성과 자신감을 갖추고 있음을 보여준다.

사실 김정은은 이런 거래가 그럴 만한 가치가 있다고 생각했을 것이다. 대량 살상 무기 개발이 미국과의 관계에서 우위를 점하게 하고, 전시 상황에서 북한의 방위 체제를 개선하게 하며, 자신이 원하는 강인한 지도자로서의 이미지를 더욱 빛나게 해준다고 생각하기 때문이다. 결국 렉스 틸러슨Rex Tillerson 당시 미 국무장관도 이를 시인했다. 그는 테러 지원국 지정의 실제 효과는 제한적이었으나, 상징적인 조처였다고 밝혔다. 한편 말레이시아의 두 젊은 여성은 김정남 피살 사건에서 벌인 일 때문에 사형이 선고될 가능성에 직면해 있었지만, 북한 정권은 실제 결과에 대해 어떤 책임도 지지 않았다. 2019년 초 흐엉과 아이샤가 석방된 사실을 고려하면, 살인에 가담한 사람은 모두 책임을 면한 셈이다.

2017년 북미 관계가 최악으로 치닫고, 북한이 미국의 테러 지원국 명단에 다시 오르면서 '핵으로 인한 대재앙'의 가능성에서 비롯된 공포가 다시 세계를 두려움에 떨게 했다. 주변 사람들을 불안하게 만들고, 잠재적 경쟁자를 완벽히 소탕함으로써 생긴 '자신감'이 김정은에게는 최대 적수이자 가장 강력한 도전자인 미국 대통령과 맞설 에너지를 줬을 것이다.

11장
트럼프의 시험대

•

집권 7년 차에 접어든 김정은은 몇 가지 성공을 거두었다. 우선 그는 자신의 권력 기반을 공고히 하고 지지 세력을 심는 데 상당한 진전을 이루었다. 경제와 핵무기 프로그램을 모두 발전시켰고, 여가와 국방을 과시하는 기념비적인 건축물을 구축했으며, 1990년대 소련 원조 종식과 대기근에 이은 수십 년의 국운 쇠퇴 끝에 새롭고 현대적인 북한으로 재탄생하는 병진 정책을 추진했다. 김정은은 핵과 미사일 프로그램을 발전시켰고, 여러 곳에서 새로운 설계들을 시험했으며, 핵무기 프로그램을 '다각화'하는 목표를 달성했다. 또한 그는 적들을 상대로 북한의 사이버 무기와 생화학 무기 기술을 휘두르며 비핵 능력 증명에도 성공했다.

김정은은 국제적 인내의 한계를 시험해보고, 세계 규범에 도전하고 반발도 했으며, 처벌까지도 면했다. 많은 국제적 제재가 부과되었지만 이는 북한 정권에 실질적인 위협을 가하지 못했다.

그뿐만 아니라 김정은은 버락 오바마와 박근혜, 그 전임자인 이명박 등 세 명의 주요 적수들보다 오래 집권했다. 김정은과 달리 오바마와 이명박, 박근혜 전 대통령은 민주적 절차를 거쳐 당선되었는데, 오바마와 이명박 전 대통령은 각각 임기를 마친 후에 퇴임한 반면 박근혜 전 대통령은 1년 동안 이어진 평화 시위 끝에 탄핵당했다. 거의 모든 이가 2011년 아버지 김정일의 죽음으로 정권을 잡은 김정은이 오래 버티지 못할 것이라 추측했지만, 가장 오래 버티고 장기 집권을 즐긴 사람은 다름 아닌 김정은이었다.

2016년 도널드 트럼프 후보가 미국 대통령에 당선되었을 때, 전세계 다른 사람들과 마찬가지로 김정은 역시 이 '독특한' 지도자를 파악하려 했을 것이다. 그리고 트럼프가 후보 시절 내뱉은 발언을 토대로 김정은은 트럼프가 대북 강경 정책을 펼칠 것이라고 충분히 예상했을 것이다. 트럼프 전 대통령은 2015년 9월 미 공화당 대선 토론회에서 김정은을 '핵을 가진 미치광이'라고 불렀고 2016년 2월 텔레비전 인터뷰에서는 자신이 대통령이라면 중국을 움직여 '어떤 형태로든 김정은을 빨리 사라지게 할 것'이라고 엄포를 놓았다. 하지만 한편으로는 트럼프의 발언 속에서 김정은을 향한 일종의 존경심도 느껴졌다. '내 말은 이 자가 나쁜 놈이라는 거다. 자기 아버지로부터 자리를 물려받을 수 있는 젊은이라면 절대 과소평가해선 안 된다.' 거친 대화에도 불구하고 트럼프는 '김정은과의 대화에는 아무 문제가 없을 것'이라고 자신했다.

한국과 미국의 지도부 교체로 인해 지역 역학 관계가 불확실해졌을 때도 김정은은 가만히 있지 않았다. 미국의 신정부가 뜻밖의 대선 승리 후의 발판을 마련하는 동안 김정은은 속내를 드러내기 시작했다. 신년사에서 김정은은 자신의 성과와 향후 계획을 밝히면서, 트럼프 시대에 보여줄 그의 행보에 대한 우려와 추측을 불러일으켰다. 2016년 9월 김정은은 북한의 5번째 핵실험이자 가장 강력한 첫 수소폭탄 실험으로 알려진 핵실험을 진행했다고 선전했다. 당시 북한은 이것을 '전략적 탄도 로켓에 탑재할 수 있도록 표준화된 핵탄두'라고 주장했다. 또한 김정은은 잠재적으로 미 대륙을 타격할 수 있는 '대륙 간 탄도 미사일 시험 발사를 위한 마지막 준비 단계에 들어섰다'고 선언하며, '미국과 그 종속 세력이 핵 위협과 공갈을 계속하는 한 북한은 핵전력이 중심이 되는 자위력과 선제 타격 능력을 지속적으로 증강할 것'이라 약속했다. 김정은의 발언이 있고 하루 뒤 트럼프 당선인은 자신의 트위터에 '북한이 미국 일부 지역에 도달할 수 있는 핵무기 개발의 마지막 단계에 있다고 밝혔지만, 그럴 일은 없을 것'이라고 북한의 주장을 일축했다.

그렇게 약 1년간 트럼프와 김정은 사이에 트윗과 조롱, 협박이 오고갔다. 많은 한국 관측가들과 국가 안보 분석가들은 미국의 새 대통령이 소셜미디어를 사용해 김정은과 맞서는 것이 향후 군사적 충돌로 이어질까 우려했다. 위협적인 트윗에도 아랑곳하지 않고 김정은은 트럼프를 계속 시험하면서 국내외 청중들에게 자신의 패기를 과시하고 누가 한반도 상황을 주도하는지를 보여주기 위해 신형 탄도 미사일을 발사했다. 트럼프 대통령 취임 직후 마러라고Mar-a-Lago에서 아베 신조 일본 총리와의 정상회담이 열리는 동안, 김정은은 (전문가들의 말에 따르면 북한 ICBM 개발에 도움이 될 수 있는) 고체연료를 사용한 신형 중거리 탄도 미사일을 시험했다. 이후에도 김정은은 트럼프의 트윗과 위협을 가볍게 무시하고 몇 차례 시험 발사를 했다. 그는 7월에 두 차례 ICBM 시험 발사, 11월에 세 번째 ICBM 시험 발사, 그리고 9월에 6번째 핵실험을 실시하며 한 해를 마무리했다.

만일 김정은이 새 미국 대통령에게 불안감을 느꼈다면 이런 행보를 보이지 않았을 것이다. 어쨌든 김정은이 사업가이자 리얼리티 쇼 스타 출신인 트럼프보다 정치적 경험이 더 많지 않았을까? 그리고 김정은은 이미 지난 6년간 그렇게 수많은 위기를 모면해

오지 않았던가?

김정은은 물러서지 않았다. 그것은 트럼프도 마찬가지였다.

성장과 성격

30대 초반인 김정은과 70대에 들어선 트럼프는 거의 40년 이상 나이가 차이 났지만, 두 사람은 여러 면에서 성격이 비슷했다. 우선 이들은 모두 20대에 '부'와 '왕국'을 물려받았다. 트럼프는 부동산 왕국을, 김정은은 핵무기를 보유한 인구 2500만 명의 나라를 말이다. 트럼프가 뉴욕 퀸스Queens에서 자랄 때 그의 가족은 모든 사람이 선망하는 규모의 재산을 보유하고 있었다. 한편 나라 전체를 지배하는 김정은 일가의 재산은 훨씬 더 많았다. 김 씨 일가는 별장과 리조트, 수많은 하인, 상비군, 그리고 최신 소비재들을 소유하고 있었다.

또한 트럼프는 권위에 도전하는 것을 자랑스러워했다. 트럼프의 전기 『트럼프 리빌드Trump Revealed』를 쓴 《워싱턴포스트》 기자 마이클 크래니시Michael Kranish와 마크 피셔Marc Fisher에 따르면 트럼프는 초등학교 2학년 때 음악 교사를 주먹으로 때렸다. 폭행의 이유는 '음악 선생이 음악에 대해 아무것도 모른다고 생각했다'는 것이다. 그로 인해 그는 '퇴학당할 뻔'했다.

그리고 김정은은 적어도 유럽에 있을 때만큼은 절제하는 모습을 보였지만, 트럼프는 젊은 시절부터 '미래의 부동산 재산 상속자' 역할을 톡톡히 했다. 그는 고급 승용차를 몰고 시내와 캠퍼스를 돌아다니며 아름다운 여성들과 어울렸고, 또래들과 어른들을 똑같이 괴롭혔다. 하지만 김정은처럼 트럼프도 기껏해야 평범한 학생에 불과했다. 『트럼프 리빌드』는 트럼프의 펜실베이니아대학교 동창의 말을 인용해 '트럼프는 멍청하진 않았다. 하지만 그가 시험 공부하는 모습은 본 적이 없다. 그는 교과 과정을 이수하는 데 딱 필요한 만큼만 공부했다'라고 전한다. 높은 운동 기량과 강한 경쟁심은 두 사람 모두의 특징이었다. 트럼프는 피구와 농구, 미식축구, 축구 등 구기 경기에 소질이 뛰어났다. (그중에서도 트럼프는 야구를 가장 좋아했다.) 김정은이 좋아하는 스포츠는 농구였다. 스위스에서 김정은과 어울렸던 급우들은 김정은이 코트에서 적극적이었다고 입을 모았다. 거기다 둘 다 남성적인 환경에서 자랐다. 트럼프는 생도들이 박격포를 쏘고 M1 소총을 청소해야 하는 뉴욕군사학교New York Military Academy에 다녔고, 김정은은 북한의 선군 정치 환경 속에서 자라며 정체성을 형성했다. 신체적 학대와 폭언, 잔인성 등은 이들 각자의 세계에서 일상이었으며 이들에게 '약점'은 금기어였다.

또한 이들은 실제보다는 다소 과장된 영웅적인 아버지를 두었는데, 이들은 자기들 나름의 방식으로 아버지를 존경하고 모방하려 애썼다. 도널드 트럼프에 관한 또 다른 전기를 쓴 티머시 오브라이언Timothy O'Brien에 따르면, 트럼프 대통령의 아버지 프레드 트럼프Fred Trump는 '화려하지 않고 근엄하며 절제력 있는' 인물이었다. 도널드 트럼프 대통령 삶의 어두운 면과 수십 년간 이어진 신화 속에 숨겨진 진실을 폭로한 오브라이언의 비판적인 시각은 트럼프를 자극하기에 충분했다. 트럼프는 그를 상대로 50억 달러 명예훼손 소송을 제기했다.

아버지와 달리 아들 트럼프는 화려하게 치장하기를 좋아하고 연예인과 어울리기를 즐겼으며 칭찬과 관심에 대한 욕구가 끝이 없었다. 자기 과시욕이 강한 그는 호사스러운 브랜드를 만들기 위해 미디어의 힘을 이용했고 기자들과 광고인들의 환심을 사거나 협박했으며 비즈니스에 관한 도서부터 보드카, 넥타이, 양복에 이르기까지 다양한 소비재를 생산했다. 하지만 그는 때때로 엄청난 빚을 졌고, 사업에서도 (그가 주장한 것만큼) 극적인 성공을 거두지는 못했다. 트럼프는 좋은 기회에 인수한 맨해튼의 한 빌딩에 자신의 이름을 붙였는데, 이 빌딩은 뉴욕시 외곽 자치구인 퀸스 토박이가 자신의 저서 『거래의 기술』에서 '세계의 중심'이라고 여기던 곳에 도착했음을 나타내는 상징이었다. 하늘과 바다

곳곳을 누비고 자기 브랜드 소비재들로 미국 가정에 깊숙이 파고든 트럼프는 2000년에 출간한 저서 『우리가 가져야 마땅한 미국The America We Deserve』에서 '미국 국민 중 97퍼센트가 내가 누군지 안다는 사실은 전혀 놀라운 일이 아니다'라고 주장했다. 뉴욕시에서 가장 성공한 부동산 중개업자 중 한 명인 바버라 코코란Barbara Corcoran은 '그는 헛소리를 잘했다. 하지만 사람들은 그의 헛소리에 묘하게 빠져들었다. 나는 트럼프보다 더 마케팅에 탁월한 사람을 본 적이 없다'라고 말했다. 『거래의 기술』 대필 작가인 토니 슈워츠Tony Schwartz는 《뉴요커》의 제인 메이어Jane Mayer 기자와 진행한 인터뷰에서 '트럼프는 자신이 하는 말이 진실이거나, 혹은 어느 정도 진실이거나, 적어도 진실이어야 함을 스스로에게 납득시킬 수 있는 탁월한 능력을 갖추고 있다'고 말했다. 슈워츠는 메이어 기자에게 '트럼프 신화가 계속되게 한 것'을 후회한다고 털어놓았다.

물론 '신화 만들기'라면 김정은의 일가도 마치 가업을 잇듯이 능수능란하게 다루었다. 25살에 가족 사업에 뛰어들어 트럼프 매니지먼트Trump Management의 사장이 된 트럼프처럼, 김정은 역시 28살에 북한을 넘겨받았다. (2017년 4월, 북한 정권이 탄도 미사일을 시험하며 계속 미국을 위협하는데도 트럼프 당선인은 김정은에게 공감을 표시했다. 아마도 그는 자기 자신의 경험을 되돌아보았던 것 같다. 트럼프는 로이터 통신과의 인터뷰에서 '김정은이 젊은 나이에 북한의 지도자가 되었다'고 말하면서 '그는 겨우 27살이다. 자기 아버지가 죽고 곧바로 정권을 물려받았다. 그러니 하고 싶은 것도 많겠지만, 쉽지는 않을 것이다. 특히 그 나이에는'이라고 말했다.) 물론 김정은에게는 이미 핵무기 프로그램이라는 막강한 보호 수단과 1950년대부터 정통성을 확고히 해온 선전 기관들이 있었다. 그리고 그의 아버지는 아들이 권력 기반을 원활히 굳히도록 주요 관리들과 기관들에 미리 조처를 해놓았다. 미국인 중 97퍼센트가 트럼프를 알았다면, 북한 주민은 100퍼센트가 '누가 자기 나라의 권력을 쥐고 있는지' 잘 알았다.

두 사람은 모두 '금수저'로 태어나 호화로운 저택에서 귀하게 자란 배경과는 어울리지 않게, 직접 대중을 향해 호소하는 일에 능했다. 트럼프는 대규모 집회나 자신의 트위터 계정으로 수백만 명과 직접 소통한다. 반면 김정은은 자신의 선전기구와 지속적인 현장 지도를 통해 대중에게 다가간다. 그는 전국을 누비며 학생들을 껴안고 워터파크, 동물원, 농장, 공장 등을 시찰하면서 관리들에게 '국민을 먼저 생각할 것'을 강조한다. 크래니시와 피셔 기자에 따르면, 트럼프는 '자신이 부자나 권력자의 칭찬보다 택시 운전사나 건설 노동자의 칭찬에 더 관심이 많은, 보통 사람들을 잘 이해하는 사람이라고 자부했다.' 그는 정적政敵과 워싱턴 정가를 향해 거친 모욕을 퍼부으면서 중하층 미국인들에게 존경받았다. 트럼프의 지지자들은 그를 '누구에게든 맞설 수 있는 정직한 억만장자'로 여긴다. 한편 김정은은 고모부를 처형하고 끊임없이 숙청을 이어가며 보통의 북한 주민들에게 '엘리트를 철저히 단속하는 건 주민들을 위한 일'임을 보여주고, 자기가 '보통 사람'의 옹호자라는 것을 확실히 인식시켰다.

두 사람은 외교를 이용하는 방법도 상당히 닮았다. '자칭' 이상적인 내부 질서 옹호자인 두 사람은 외부 세계를 적대적으로 묘사하는 레토릭에 의존해 외교 문제에 대한 자신들의 관점을 강화해왔다. 북한은 오랫동안 외부 세계를 의심해오면서, 북한 인민과 국가의 순수성, 일심단결, 민족 자결권을 찬양해왔다. 북한 정권에는 '적대적인 외부 세계'가 반드시 필요하다. 김 씨 왕조에 정통성을 부여하고 군사 프로그램을 정당화하는 것은 물론 김정은 치하의 북한이 악의 세력으로부터 유일하게 안전한 장소라는 대중의 믿음을 강화하기 위해서이다. 미국은 언제 어디서나 위협을 가하고 있으며, 이 탐욕스러운 '코쟁이' 미국인들은 북한이 경계를 늦추면 곧바로 공격할 준비가 되어 있다고 말한다. 중국이 대북 제재를 지원하는 것으로 볼 때 북한 입장에서는 중국도 믿을 만한 존재가 아니다. 북한의 어느 당 간부는 '일본이 100년 묵은 적이라면 중국은 1000년 묵은 적이다'라고 말했다. 일본은 한반도를 식민지화한 역사로 볼 때 당연히 신뢰할 수 없는 존재다.

세계를 향한 도널드 트럼프의 메시지도 김정은과 비슷하게 반유토피아적이다. 세계는 어둡고 위험한 곳으로 악한들이 끊임없이 미국의 가치관과 미국인들의 생활 방식을 해치며 미국의 주머니를 털어가려 한다. 외교 관계와 국가 안보를 제로섬 관점으로 바라보는 트럼프의 시각에서는 이란과 같은 적대국과 테러리즘은 당연히 공격의 대상이며 전통적인 동맹국과 파트너, 그리고 국제기구들 또한 어느 정도 문제가 있다. 브루킹스 연구소의 토머스 라이트Thomas Wright 연구원은 1980년대 이후 트럼프의 발언과 행동을 검토하며 '대외정책에 관한 트럼프의 생각은 일관적이다'라고 결론을 내리며 '트럼프는 미국이 세계에 지나치게 개입한다고 생각한다'고 밝혔다. 이런 과잉 개입에 대한 혐오감을 드러내기 위해 트럼프는 우방국들도 멀리하는 양상을 보였다.

북대서양조약기구North Atlantic Treaty Organization, NATO(제2차 세계대전 후 동유럽에 주둔하고 있던 소련군의 군사적 위협에 맞서 미국, 캐나다, 서유럽에 집단적 안보를 제공하기 위해 만들어진 수행기구)에 대한 그의 공격을 예로 들어보자. 트럼프는 '수십억 달러가 더 쏟아져 들어올 것이다. 우리가 동맹의 안전을 보장하고 그들과 싸울 용의가 있는데도 NATO 회원국들이 방위비 분담 의무를 이행하지 않는 것을 나는 용납하지 않을 것이기 때문이다. 우리는 막대한 부를 가진 나라들이 자신들을 방어하는 데 드는 비용을 미국에 납부해야 한다고 강조했다'라며 자랑을 늘어놓았다. 또한 트럼프는 동아시아에서 미국의 핵심 동맹에 의문을 제기하며 한국과 일본을 거듭 비판하기도 했다. '(1960년 미일상호협력안보조약에 따라) 왜 일본이 공격을 받으면 우리가 도와야 하는가?' 한국에 대해서 그는 2013년에 이렇게 물은 적이 있다. '한국 방위를 위해 우리 미군 2만 8500명이 한국에 주둔하고 있다. 그런데 그들은 우리에게 방위비를 내지 않는다. 왜인가?' 2015년에 그는 다시 이 주제를 언급했다. '우리는 언제까지 공짜로 한국을 지켜줄 것인가?' 그리고 2017년에는 대통령으로서 이 문제를 다시 언급한다. 미국이 한국에 보조금을 지급하고 있으며, 현재의 병력을 주둔시키는 것은 '이치에 맞지 않는다'는 주장이다.

무슬림의 미국 입국을 금지하고 '불법 이민자'들이 국경을 넘지 못하도록 장벽을 세워야 한다는 그의 주장은 '트럼프식으로 이상화된' 미국을 보여주는 것이었고, 이는 김 씨 일가가 김정은 주변 사람들을 규합하기 위해 선전하고 이용했던 순수 혈통의 단일민족 국가를 연상시킨다. 트럼프는 후보 시절 2016년 3월 《워싱턴포스트》 부편집장인 밥 우드워드Bob Woodward와의 인터뷰에서 '공포는 진짜 권력이 있는 곳에 있으며', 그렇게 자세히 북한을 들여다보지 않아도 김정은이 외부 세계에 대한 공포와 독재 권력에 대한 공포를 이용하고 있다는 사실을 알 수 있다고 말했다.

두 사람 모두 증명하고자 하는 것이 있었고 비판에 민감했다. 사업가로서, 대선 후보로서, 대통령으로서 트럼프는 세계가 오래 전부터 미국을 비웃어왔다는 인식에 사로잡혀 있었다. 김정은 역시 현실적인 비판에 과민한 반응을 보였다. 그는 열렬하게 손뼉을 치지 않았다고 간부들을 숙청했고, 자신의 지도력을 문제 삼은 이복형을 암살했으며, 감히 자신을 암살하는 내용을 다룬 영화 제작 스튜디오에 사이버 공격을 가했다. 자신들의 미숙함과 경솔함을 비웃고 의심하는 비평가들의 논평에 에워싸인 트럼프와 김정은은 이런 비평가들의 발언에 반발하며 기존 정치와 국제 규범을 뒤집어버렸다. 자신들이 중요하게 생각하는 뉴스만 믿고, 자신들이 승리하리라는 계산만 했다. 그리고 이런 자신감이 2017년 잠재적 핵 대결을 포함한 어떤 도전도 감당할 수 있다는 그들의 확신을 부채질했다. 트럼프는 그를 싫어하는 모든 이의 예상을 뒤엎고 자신의 최종 목표인 대통령직을 차지하지 않았던가? 또 김정은은 아버지 김정일이 죽고 정권이 붕괴하리라는 모두의 예측에도 불구하고 핵무기를 보유한 최연소 독재자가 되어 이복형의 암살 책임도 면하지 않았는가?

트럼프와 김정은, 둘 중 누구도 양보하지 않았다. 과장된 언사로 자신의 주장을 내세우고 서로의 남성성을 도발하는 사이, 세계는 인류가 핵전쟁의 대재앙에 내몰릴 가능성에 대비해야 했다.

12장
김정은의 시험대

•

트럼프 대통령이 백악관에 입성했을 때 퇴임한 오바마 대통령
은 '북한이 가장 큰 골칫거리가 될 것'이라고 경고했다. 그리고
김정은은 마치 기다렸다는 듯이 트럼프 정부 첫해에만 준중거리
(1000~3000킬로미터), 중거리(3000~5500킬로미터), 대륙 간 탄도 미
사일(5500킬로미터 이상)을 발사하며 앞으로 트럼프가 얼마나 고통
스러울 것인지 예고했다.

　신정부의 형식적인 절차인 2개월간의 정책 검토 후, 트럼프 행
정부는 북한에 대해 '최대 압박과 관여Maximum Pressure and Engagement'
라는 정책을 발표했다. 트럼프 대통령은 '오바마 정부의 전략적
인내 시대는 끝났다'라고 선언했다. 하지만 사실상 트럼프 행정

부의 전략도 지난 정부와 같은 노선에 있었다. 즉, 오바마 정부처럼 북한에 대한 외교적·경제적·군사적 압박 수위를 높여서 김정은 정권이 핵무기 프로그램 폐기 조처라는 카드를 들고 협상 테이블로 나오게 유도한 전략이었다.

2016년 오바마 행정부는 북한을 압박하는 나사를 더 강하게 조이면서 트럼프 행정부의 '최대 압박 정책'의 기틀을 마련했다. 오바마 행정부의 새로운 조처들은 꽤 강력하고 효과적이었다. 우선, 북한 정권이 석탄과 해산물, 노동력 수출을 통해 연간 10억 달러를 조달하던 경로를 차단함으로써 선택의 폭을 제한했다. 이는 북한 경제가 이미 스트레스를 받고 있고, 북한이 수출로 연간 30억 달러를 벌어들이고 있다는 사실을 고려하면 상당히 강력한 압박이었다. 또한 오바마 행정부의 최대 압박에는 제재를 회피하고 수익을 창출하게 하는 북한 국적 이외의 외국인에 대한 제재 방안과 다른 국가들이 북한과 행하는 무역과 외교 관계를 제한하거나 단절하도록 하는 방안, 지금까지 북한의 최대 교역국이었던 중국이 제재를 이행하도록 하는 방안 등이 포함되어 있었다.

2017년 7월 북한이 첫 대륙 간 탄도 미사일 화성 14호를 성공적으로 동해상에 시험 발사함으로써 상황은 더욱 악화되었다. 이 미사일은 약 1000킬로미터 거리의 동해상에 떨어지기 전 고도 약

2700킬로미터를 달성했다. (북한은 자국의 미사일이 일본 상공을 침범할 경우 도발적인 행동으로 비춰질 수 있다는 점을 감안해 고각으로 쏘아 올렸다.) 만일 미사일을 정상적인 탄도로 발사했더라면 약 6500킬로미터까지 도달할 수 있었을 것으로 추정된다. 2017년 김정은은 북한이 미국에 핵무기를 날려 보낼 수 있는 가능성이 점점 더 커지고 있다는 메시지를 분명하게 전달하기 위해, 미국의 독립기념일인 7월 4일에 이를 시험해보기로 했다. 북한 관영 매체에 따르면 김정은이 '관계자들과 과학자, 기술자들에게 미국이 독립기념일에 선물꾸러미를 받으면 매우 불쾌해할 것이라면서 만면에 미소를 띠었다'고 한다. 또한 김정은은 북한의 과학자들에게 '크고 작은 선물 패키지를 양키 놈들에게 자주 보내라'고 지시하고, '미국이 대북 적대 정책과 핵 위협을 확실히 그만두지 않는 한 북한은 핵무장 강화의 길에서 한 발짝도 물러서지 않겠다'는 말로 미국을 조롱했다.

중국과 러시아의 지도자들은 이런 북한의 발언에 놀라움을 금치 못하며 '이번 실험은 용납할 수 없는 일'이라 비난하고, '긴장감을 고조시킬 수 있는 발언이나 행동도 용납할 수 없다'고 경고했다. 중국과 러시아 외무부는 '북한이 자발적인 정치 결정으로 핵폭발 장치와 탄도 로켓 발사 실험 중단을 선언할 것을 제안한다'라는 내용이 담긴 공동 성명을 발표했다. 그리고 한국과 미국의 확대 대응을 우려한 중국과 러시아 정부는 한국과 미국에도 '대규모 연합훈련 실시를 자제하라'고 촉구했다. 렉스 틸러슨 미국 국무부 장관은 '북한의 ICBM 시험 발사는 미국과 동맹국, 파트너 지역과 세계에 대한 새로운 위협을 의미한다'라고 말했다. 하지만 트럼프 대통령은 이번에도 '트럼프식' 반응을 보였다. 그는 자신의 트위터에 다음과 같은 글을 올렸다. '북한이 방금 또 미사일을 발사했다. 이 자는 목숨이 아깝지도 않은가? 한국과 일본이 이를 그냥 두고 보지 않으리라 믿는다. 아마도 중국이 북한에 대해 엄중한 조치를 취하고, 이 말도 안 되는 짓을 완전히 끝낼 것이다!'

김정은도 '김정은식' 대응으로 응수했다. 그는 '종심 타격Deep Strike' 미사일 훈련과 같은 한·미 무력시위에 대해 '북한은 미국에 패기를 보여줄 것'이며, 핵무기를 협상용으로 내세우지 않을 것이라고 선언했다. 그리고 불과 몇 주 뒤, 북한은 독립기념일 시험 발사에 구두점을 찍기라도 하듯 2차 ICBM 시험을 감행했다. 이번 ICBM은 잠재 사거리가 9600킬로미터에 달하며, 로스앤젤레스와 덴버, 시카고 등 미국 주요 도시를 위험에 빠뜨릴 가능성이 있었다. 김정은은 여기서 멈추지 않았다. 그해 9월 북한은 다시 6차 핵실험을 감행했다.

양보를 모르는 자

2017년 이후 몇 달 동안 북한의 추가 탄도 미사일 시험 발사, UN과 여러 나라의 성명 발표와 추가 제재 경쟁, 그리고 김정은과 트럼프 사이의 트윗과 위협으로 전 세계에 위기 상황이 조성되었다. 물론 북한의 행동이 명백한 원인이었지만 미국 대통령이 자신의 소셜미디어 계정을 통해 선동적인 성명을 발표한 것도 전례 없는 일이었다. 트럼프 대통령의 성명은 그가 문제의 트윗을 쏟아내는 플랫폼과, 그가 올린 모든 말을 반복해서 보도하는 언론들을 통해 증폭되었다.

한국의 문재인 정부가 긴장 다스리기에 나서고 틸러슨 미국 국무부 장관이 미국의 대화 의지를 밝히는 와중에도 트럼프 대통령은 김정은과의 설전을 즐기는 듯 행동했다. 1987년 처음 출간된 『거래의 기술』에서 트럼프는 '사람들이 나를 나쁘게 대하거나 불공평하게 대할 때 혹은 이용하려고 할 때 나는 늘 강력히 맞섰다'고 말했다. 몇 년 후인 1990년에는 《플레이보이》와의 인터뷰에서 다음과 같이 말했다. '누군가 불시에 내 뒤통수를 치면 나는 내가 당한 것보다 훨씬 더 세게 반격한다. 나를 밀어내려고 하는 자는 그 누가 되었든 대가를 치르게 될 것이다. 나는 떠밀리거나 이용당하는 걸 좋아하지 않는다.' 그는 이런 거칠고 경쟁심 강한 성향을 선거 운동과 백악관 생활에서도 확고하게 유지했다. 트럼프는 자신과 의견이 다른 사람들을 얕잡아보고, 그들에게 욕설에 가까운 과장된 언사를 남발했다. 무언가를 판단할 때 사실관계를 전혀 고려하지 않을 때도 종종 있었다. 이런 그의 대결 의지는 2017년 가을과 겨울 김정은의 도발적인 행동으로 고스란히 드러났다.

김정은은 트럼프의 이런 방식에 속아 넘어가지 않았다. 아마 그는 『거래의 기술』을 비롯해 트럼프에 관한 책과 인터뷰를 공부했을 가능성이 크다. (2017년 6월 네 번째 방북 당시 데니스 로드먼은 김정은에게 선물할 책 한 권을 북한 측 교섭 담당자들에게 전했다.) 김정은은 물러서지 않고 판을 더 키웠다. 아마 자신이 읽은 책과 트럼프가 올린 수만 건의 트윗을 바탕으로 그의 전술을 이해했을 것이다. 아니면 김정은은 누가 미국 대통령이든 상관없이 자신의 능력을 매우 자극적인 방식으로 과시할 계획이었는지도 모른다. 그도 아니라면 그저 감정이 움직이는 대로, 즉 반사적인 반응으로 행동했을 수도 있다. 긴장을 고조시키는 그의 행동에는 아마도 이 모든 요소가 바탕이 되었을 것이다. 더 강력한 제재가 쌓여 북한의 달러 조달 능력을 압박하는 가운데, 한국과 미국은 전례 없는 군사 훈련을 실시했다. 김정은이 핵탄두를 장착한 탄도 미사일로 한국과 미국 본토, 일본, 괌을 타격할 경우 한미동맹이 얼마나 빨리 김정은의 북한 정권에 치명적인 타격을 줄 수 있는지 보여주었다.

김정은은 트럼프의 트윗과 조롱에도 양보할 기미를 보이지 않았다. 2017년 8월 2차 ICBM 시험 발사를 마친 북한은 '물리적 조치를 포함한 전략적 조치를 가차 없이 취할 것'이라며 미국을 위협했다. 이에 대응해 트럼프 대통령이 내놓은 선동적인 발언들 역시 한반도 관찰자들과 국가 안보 전문가들, 그리고 전 세계 대중을 경악하게 만들었다. 트럼프 대통령은 뉴저지주 베드민스터 Bedminster에 있는 자신의 골프클럽에서 기자들과 만나 "북한은 더 이상 위협하지 않는 게 최선이다"라고 말하고, "세계가 지금까지 보지 못한 '화염과 분노Fire and Fury'를 경험하게 될 것"이라고 덧붙였다. 《워싱턴포스트》는 이 성명을 '지금까지 그가 사용한 언사 중 가장 거친 언사'라고 논평했다. 며칠 뒤 트럼프는 한 걸음 더 나아가 '북한의 현명하지 못한 행동에 대해 군사적 해법이 완비되어 있다. 김정은이 다른 길을 찾길 바란다'라며 북한에 대한 군사적 타격 가능성을 시사했다.

트럼프의 이런 발언은 동북아 지역에 공포를 불러일으켰고, 가뜩이나 위태로운 상황을 더 악화시켰다. 러시아는 극동지역에 방공망을 증강했고 일본은 미사일 요격 시스템을 배치했다. 그리고 한국의 문재인 대통령은 '한반도에 또다시 전쟁은 없어야 한다.

어떤 우여곡절을 겪든 북핵은 평화적으로 해결해야 한다'라고 말했다. 중국에서는 관영《환구시보》사설을 통해 '북한이 먼저 미국 땅을 위협하는 미사일을 발사한 뒤 이에 미국이 보복하면 중국은 중립을 지킬 것'이라고 경고하면서, 북한이 군사적 충돌을 일으킬 경우 대북 지원에 나서지 않겠다는 신호를 보냈다. 하지만 이 사설은 또 '한국과 미국이 공습을 감행해 북한 정권을 전복시키고 한반도 정치 패턴을 바꾸려 한다면 중국은 이를 저지할 것'이라고도 경고했다. 시진핑 중국 주석은 트윗이 나온 지 하루 만에 이루어진 트럼프 대통령과의 전화 통화에서도 '자제력을 발휘하라'고 촉구했다.

한편 미국의 고위 관리들은 미국 국민과 동아시아 동맹국들의 곤두선 신경을 진정시키려 나섰다. 트럼프 대통령은 여전히 대화보다는 위협에 초점을 맞춘 호전적인 발언을 쏟아냈지만, 틸러슨 국무장관과 제임스 매티스James Mattis 국방부 장관은 2017년 가을과 겨울 내내 '평화적 해결 의지'를 확언했다.

북한이 가장 강력한 6차 핵실험을 감행하고 2주가 지난 2017년 9월 19일, 트럼프 대통령은 UN 총회에서 김정은을 조롱하는 별명인 '로켓맨'을 언급했다. 그는 만약 미국이 자국과 동맹국을 방어해야 할 사태가 발발한다면 '북한을 완전히 파괴할 것'이라고 말했다. '로켓맨 김정은이 스스로 자살 임무에 돌입했다'라는 트럼프 대통령의 고조된 발언에 전 세계 지도자들은 염려의 한숨을 내쉬었다. 2017년 10월 트럼프는 트위터를 통해 '나는 우리의 훌륭한 국무장관 렉스 틸러슨에게 그가 리틀 로켓맨과 협상하느라 시간을 낭비하고 있다고 말했다. 렉스, 당신의 에너지를 낭비하지 마시오. 우리는 해야 할 일을 할 겁니다'라고 했다. 몇 시간 후에는 '지난 25년 동안 로켓맨에게 친절을 베풀어봤자 아무 효과가 없었는데, 지금이라고 다르겠는가?'라는 글을 덧붙였다.

트럼프 대통령은 군사력 사용 의지를 표명하는 반면 미국의 일부 관리들은 평화 외교를 강조하는 듯한 엇갈린 대북 메시지를 내놓았다. 이는 북한이 제기하는 위협에 미국 행정부의 명확한 견해가 무엇인지를 알 수 없게 했다. 2017년 12월에 발표된 「국가안보전략The National Security Strategy」 보고서는 국가 안보 위협과 미국 안보 정책의 목표를 포괄적으로 보여주기 위해 미국 행정부에서 발행한 문서인데, 여기서는 '북한이 핵무기로 수백만 미국인을 죽일 수 있는 능력을 추구하고 있다'라고 밝힘으로써 북한의 ICBM 시험 발사와 최근 이루어진 핵실험에 따른 미국 내 우려가 커지고 있음을 알렸다. 또한 이 보고서에는 북한 문제에 대해 '시간이 다 되어가고 있다'고 말한 허버트 레이먼드 맥매스터Herbert Raymond McMaster 백악관 국가안보보좌관의 견해가 담겨 있다. 그는 '우리는 경쟁에 돌입했다. 우리는 경쟁에서 이 문제를 해결할 수 있을 것이다'라고 말하면서, 북한과의 전쟁 가능성이 점점 커지고 있다는 점을 강조했다. 「국가안보전략」 보고서는 다음과 같은 말로 북한의 위협을 언급했다.

"북한은 인간의 존엄성을 무시하는 무자비한 독재 체제가 지배하고 있다. 25년이 넘는 세월 동안 북한은 자신들이 했던 모든 약속을 무시하고 핵무기와 탄도 미사일을 추구해왔다. 오늘날 이런 미사일과 무기는 미국과 동맹국을 위협하고 있다. 우리가 대량 살상 무기 개발과 그 확산을 추구하는 국가들의 위협을 무시할수록 이런 위협은 더욱 심해질 것이고, 이를 방어할 우리의 선택도 줄어들게 될 것이다."

이런 견해는 각종 군사 활동을 통해 북한의 외화 벌이 능력을 옥죄는 트럼프 행정부의 접근법을 견인하고 있다. 대북 대응에서 '오직 한 가지만 통할 것'이라는 대통령의 트윗이 이어지는 가운데, 미 행정부 고위 관리들은 여전히 '외교 우선' 입장을 계속 내비쳤다.

하지만 한편으로는 이들도 '군사적 옵션' 자제 입장을 반복하면서, 실질적인 군사 행동 계획이 논의되고 있거나 최소한 심각하게 고려되고 있음을 시사했다. 맥매스터 백악관 국가안보보좌관은 '예방 전쟁' 가능성을 언급했고, 매티스 국방장관은 미 육군 협회Association of the United States Army의 연설에서 '우리 군은 대통령이 사용할 군사적 옵션을 준비하고 있다'라고 밝혔다. 틸러슨 국무 장관은 CNN과의 인터뷰에서 '첫 번째 폭탄이 떨어질 때까지 외교적 노력은 계속될 것'이라고 말했다. 미 의회에서는 트럼프 대통령의 측근인 린지 그레이엄Lindsey Graham 상원의원이 전쟁 가능성에 대한 발언을 계속했다. 그는 CNN과의 인터뷰에서 '트럼프는 미국을 보호하기 위해 필요하다면 북한 정권을 파괴할 준비가 되어 있다. 트럼프 대통령이 북한 정권과 조국 미국을 파괴하는 것 중 하나를 선택해야 한다면 북한 정권을 파괴할 것이라는 점을 북한이 이해해주길 바란다. 중국도 이 점을 이해해주면 좋겠다'라고 말했다.

말레이시아 쿠알라룸푸르 국제공항에서 발생한 김정남 피살 사건, 북한에 대한 '적대 행위'로 17개월 동안 구금되었던 미국인 학생 오토 웜비어Otto Warmbier에게 가해진 명백한 고문과 그로 인한 죽음, 그리고 김정은의 무모한 행동과 발언이 비이성적인 북한의 젊은 지도자가 미국에 핵무기를 사용하는 무모한 행동을 저지를지도 모른다는 우려를 불러일으켰다.

김정은 때리기의 타당성과 모순

미국이 북한을 공격하기로 했다고 가정해보자. 이 군사 공격의 긍정적인 성과에 대해서는 명백한 세 가지 근거가 있다. 첫째, 미국의 군사 공세는 한반도 상황을 주도할 수 있다는 김정은의 자신감을 무너뜨릴 수 있다. 또 이런 공격은 김정은의 오해, 즉 미국이 군사력을 사용하지 않으려 한다는 북한의 잘못된 가정과, 이런 가정에 기반을 두고 자신이 마음대로 국제 관용의 한계를 시험할 수 있다는 김정은의 인식이 틀렸음을 증명할 것이다. 결국 이런 상황의 전환은 그에게 '생존'과 '핵무기' 중 하나를 선택하도록 강요할 것이다. 또 다른 공격에 대한 두려움 때문에 북한의 위험 감수 의지가 줄어들 수 있기 때문이다. 둘째, 북한 체제 내에서 김정은의 야망에 제동을 걸거나 주의를 촉구하는 인물들이 떠오를 수 있고, 이들 덕분에 김정은이 국제적 호감을 얻기 위해 미국과 핵무기 협상에 나서는 방안을 고려할 수 있다. 셋째, 중국과 러시아가 미국 대통령을 두려워해서 북한과 경제적 유대 관계를 억제하고 김정은이 물러나도록 도울 수 있다.

하지만 이런 가설은 실현 가능성이 거의 없다. 김정은 주위 핵심 측근들의 집단 순응 사고로 미국의 행동에 대한 김정은의 판단력이 흐려질 가능성이 크기 때문이다. 미국의 군사 공세는 아마도 김정은 통치 기간의 첫 번째 주요 도전이 될 것이다. 그가 결국 어떻게 대응할지는 알 수 없다. 만약 한국전쟁 이후 처음으로 북한에 군사적 타격을 가한다면, 김정은은 핵무기로 선제 공격을 날리든지 아니면 공격을 막고 정권이 살아남을 수 있는 수단이었던 핵무기의 실패를 인정한 뒤 죽음을 택하든지 결정해야 할 것이다.

북한에 대한 선제 군사 공격은 비핵화와 김정은의 반성 대신 역효과를 낳을 게 뻔하다. 핵전쟁에 불을 붙이고, 미국에 비싼 정치적·경제적 대가를 떠안길 가능성이 농후하며, 동아시아 지역과 국제사회에 감당할 수 없는 규모의 위기를 촉발할 수 있다. 구체적으로 살펴보면 다음과 같다.

우선, 김정은이 생존하고 북한이 국가로서 계속 존재한다면 미국의 공격으로 인해 김정은의 무기 유지 의지는 더욱 강화될 것이다. 또 북한은 이런 미국의 공세를 주민들을 결집하는 데 이용할 것이다. 김정은에게는 핵무기 추구와 실존적인 대미 항전의 DNA가 있다. 그의 할아버지는 한국전쟁의 충격적인 여파로 핵 프로그램에 관심을 두게 되었다. 또 미국의 공격은 북한이 '핵보유국'이라는 사실만 알고 실패한 남침 시도는 역사 속 기록에서만 본 북한의 젊은 세대에게 '핵무기의 필요성'을 새삼 일깨워줄 것이다. 제한적이든 아니든 미국의 공격은 국가 수호자로서의 김정은의 지위를 강화하고, 미국에 대한 자신들의 체제 선전이 옳았음을 증명할 것이다.

둘째, 김정은은 자신의 의지를 보여주기 위해 서해 해상 경계선 인근 남한 열도에 포격을 하거나, 한국과 일본 목표물에 대한 단거리 탄도 미사일 발사를 감행하는 등 대칭적인 군사 행동으로 미국의 제한적 타격에 대응할 것으로 보인다. 김정은의 공격적인 성격, 자신의 국내 위상을 지키려는 욕구, 재래식 군사력을 향상하고 핵무기와 발사 장소를 다각화하려는 북한의 수년간 노력으로 미루어볼 때, 김정은은 위기가 고조되는 위험을 무릅쓰고라도 북한에 대한 공격에 응수할 것이다.

셋째, 미국의 공격으로 김정은이 죽거나 물러난다고 해도 북한의 비핵화가 보장되지 않을 것으로 보인다. 아마도 핵무기가 자신들을 보호하기 위한 방법이자 전략적인 도구라고 생각하는 김씨 일가의 시각과 방식을 북한의 새 지도자가 공유할 가능성이 높다. 북한 무기 프로그램 전체를 알 수 없는 우리의 제한된 시야가 문제를 더 심각하게 만들 것이다.

넷째, 임박한 위협이 전제되지 않은 공격은 UN 헌장과 국제법에 위배되는 불법 공격 행위로, 미국은 파트너와 동맹국들로부터 국제적인 비난을 받게 될 것이다. 이는 한미 동맹을 훼손하는 것은 물론 러시아와 중국을 자극해 '북한이 아닌 미국이 지역 안정을 위협하고 있다'고 주장하게 할 수 있고, 북한에 대한 UN 제재 철회를 촉구하게 하는 결과를 낳을 것이다. 또한 중국이 이 기회를 틈타 빠르게 전개되는 상황에서 자국의 역할을 주장하고, 자국의 이익 보호를 명목으로 군사적 개입을 단행할 수도 있다.

마지막으로 미국의 선제공격이 재래식 또는 핵전쟁으로 이어진다면 감당하기 어려운 인도주의적·경제적 대가가 뒤따를 것이다. 한국의 서울과 수도권은 재래식 공격으로부터 방어가 어려우며 대량 살상 무기가 포함된 공격으로부터는 사실상 방어가 불가능하다. 북한과의 군사 분계선에서 불과 56킬로미터 떨어진 곳에 약 2500만 명이 거주하고 있다. 이들 중 약 20만 명은 미국 시민이거나 인근 평택에 주둔하고 있는 미군들이며, 약 100만 명의 중국인 관광객과 학생, 사업가도 상주하고 있다. 마찬가지로 인구 약 3800만 명의 일본 도쿄도 방어하기 어려울 것이다. 미 의회 조사국은 북한이 분당 1만 발의 포탄으로 서울을 뒤덮고, 며칠 안에 남한 인구 30만 명을 죽일 수 있다고 추정했다. 그리고 북한의 화학무기는 남한에서 최대 250만 명의 목숨을 앗아갈 수 있다. 뉴스 웹사이트《복스vox》의 기자는 이런 말로 대학살을 예상했다. '세계에서 가장 부유하고 활기찬 도시의 한복판에서 남자와 여자, 그리고 아이들은 말 그대로 질식사할 것이다. 인류 역사상 보

기 드문 규모의 대량 살육이 벌어질 것이다.'

만약 북한이 핵무기를 사용한다면 그 대대적인 파괴력은 끔찍할 것이다. 2017년 9월 북한이 실험한 핵폭탄은 약 150킬로톤으로, 1945년 미국이 히로시마에 투하한 원폭보다 약 10배나 더 큰 폭탄이다. 일본 나가사키를 강타한 20킬로톤짜리 폭탄은 내부 온도 섭씨 30만 도의 불덩이를 만들었다. 지하 일부는 섭씨 3800도에 달했다. 10년 동안 나가사키 생존자들을 조사하고 인터뷰한 수전 사우사드Susan Southard는 저서 『나가사키: 핵전쟁 후의 삶Nagasaki: Life after Nuclear War』에서 핵폭발 직후 무슨 일이 일어났는지 생생하게 증언한다. 열기와 폭발력으로 인해 건물은 녹아내리고 벽돌은 불타올랐으며 깨진 유리 파편이 이미 고통으로 가득 찬 사람들의 몸에 날아와 박혔다. 폭발이 머리를 찢고 내장을 산산조각 냈다. 한 생존자는 사람들이 너무 심하게 화상을 입은 나머지 벌거벗은 상태임에도 성별을 구별할 수 없었다고 말했다. 그는 어떤 사람의 눈알이 빈 구멍에 매달려 있는 광경도 목격했다. 폭발로부터 얼굴을 보호하기 위해 손으로 안면을 가렸던 한 여성은 손을 떼고 난 후 얼굴이 손바닥에 녹아 있는 것을 발견했다.

핵무기로 입은 물리적인 파괴를 넘어, 희생자들과 이들의 자손들은 유전적·정신적·육체적 구조가 방사능의 장기적 영향에 그

대로 노출되었다. 사실 방사능이 인간과 동물, 그리고 환경에 어떤 영향을 주었는지 그 결과는 아직 완전히 밝혀지지도 않았다. 난민 문제 전문가 로베르타 코헨Roberta Cohen은 2018년 3월 브루킹스연구소 행사에서 청중들에게 이렇게 말했다. '어떤 피난처와 음식도 그리고 약과 방독면도 직접적인 군사 공격에서 민간인을 온전히 보호할 수 없다.' 게다가 김정은은 사이버 도구를 동원해 군사 활동과 구호 노력에 혼란을 주거나, 이를 지연 또는 훼손시킬 것이 분명하다.

설사 미국이 한반도 문제에 관여하지 않는다고 해도, 각각 세계 2위, 3위, 11위의 경제 대국인 중국, 일본, 한국이 제2차 한국전쟁에 개입할 것이다. 이는 전자, 자동차, 에너지 시장에 지대한 영향을 미칠 것이고, 잠재적으로 미국 연방 부채를 증가시키고 자국의 경제 우선순위를 뒤집어놓는 등 세계 경제를 혼란에 빠뜨릴 것이다. 2018년 3월 브루킹스연구소 행사에서 동아시아 경제 통상 전문가인 스콧 시먼Scott Seaman은 '제2차 한국전쟁 발발 시 대규모 무역 차질이 발생할 것이며 주요 공급망이 붕괴해 세계적으로 상당한 불황이 예상된다'라고 전망했다.

2017년 미국과 북한은 재난을 무서워하지 않고 서로 덤볐지만, 다행히 충돌은 일어나지 않았다. 하지만 그 긴장된 시간 속에서 양측이 고려해야 할 불안한 진실들이 드러났다. 북한은 핵과 탄도 미사일 개발이 미국의 침략과 군사 행동을 저지하기 위함이라고 주장했지만, 실제로는 미국의 군사 공격을 유발하는 역효과를 낳을 수 있는 상황에 직면했다. 이와 함께 미국의 군사력 위협에도 불구하고 비타협적이던 김정은의 태도는 '위험천만한 젊은 독재자가 이끄는 작고 가난하고 고립된 나라'가 세계에서 가장 강력한 나라의 권위를 얼마나 훼손하고 제한할 수 있는지 여실히 보여주었다.

김정은의 실체

공격적이고 적대적인 김정은은 미국의 군사 공격 위험이 증가하고 있음을 알고 원래 스타일로 되돌아갔다. 이는 그의 자신감과 오만함은 물론 완고함까지 보여주는 익숙한 자세였다. 2017년 9월 UN 총회 도중 트럼프 대통령의 '로켓맨' 연설이 있고 불과 며칠 만에 김정은은 (유례없는 정도는 아니지만 드물게) 강한 어조로 직접적인 반응을 보였다. 북한의 관영 매체 「조선중앙통신」이 공개한 이 성명에는 김정은이 뉴욕이나 워싱턴에 있는 CEO 사무실에서나 볼 법한 짙은 색 원목 책꽂이에 책들이 가지런히 꽂혀 있는 책상에 앉아 카메라를 똑바로 바라보는 사진이 첨부되어 있었다. 그는 연설문으로 보이는 종이 한 장을 들고 마이크 앞에 앉아 있다. 정적인 그 한 장의 사진은 그의 말 한 마디 한 마디에서 새어나오는 분노를 온전히 전달하지 못했다.

김정은은 현직 미국 대통령답지 않은 연설을 한 트럼프를 질책하듯이 그의 UN 총회 발언을 비난했다. 그는 트럼프 대통령이 '전임자들에게서 들어본 적 없는 무례하고 얼토당토 않는 말을 했다'라고 하면서, '세계를 향해 연설할 때는 할 말을 신중히 선정하고, 듣는 상대방을 배려하라고 충고하고 싶다'라고 덧붙였다.

고모부 장성택을 포함한 북한의 고위 관리들을 지칭했던 것과 마찬가지로, 김정은은 트럼프를 '늙다리 미치광이'라고 부르면서 그의 나이와 지능을 공격했다. 이 때문에 한때 전 세계에서 이 단어가 '치매 노인'과 동의어라는 것을 알아내느라 사전을 뒤적이는 소동도 벌어졌다. '트럼프는 노망과 나약함, 난청으로 인해 한 나라의 최고 통수권이라는 막강한 권력을 쥐기에는 부적합하다. 정치인이기보다는 불장난을 좋아하는 불량배나 깡패가 어울린다.' 뒤이어 김정은은 '트럼프의 군사적 대결 위협이 나를 겁주거나 말리기는커녕 오히려 내가 선택한 길이 옳으며 마지막까지 따라가야 할 길이라는 확신을 주었다'라고 이야기했다. 김정은은 '겁에 질린 개가 더 크게 짖는 법이다'라는 비유를 인용하여, 트럼프 자신이 겁에 질렸기 때문에 오히려 겁을 주지 못했다고 말했다.

그로부터 4개월 뒤인 2018년 1월 김정은은 TV 신년사를 통해 북한이 핵무기를 보유한 사실을 거듭 강조했다. 그는 회색 양복에 뿔테 안경을 쓰고 거대한 단상에 올라 '미국은 감히 나와 우리 조국에 대한 전쟁에 불을 붙일 엄두도 내지 못할 것'이라고 선언했다. '미국은 미국 본토 전체가 우리의 핵 타격 범위 안에 있고, 내 집무실 책상 위에 항상 핵 버튼이 있다는 사실과, 이것이 단순한 위협이 아닌 현실임을 분명히 알아야 한다.' 그는 북한이 '책임 있는 핵보유국'임을 강조하고, '적대적 침략 세력'이 북한의 주권을 침해하지 않는 한 공격하지 않을 것이라고 말했다. 하지만 동시에 '핵탄두와 탄도 미사일을 대량 생산하겠다'고 약속했다. 다시 한번 김정은은 자신이 집권한 이후 북한이 이룬 업적을 자랑하며, 핵을 통제할 수 있는 사람은 자신뿐이라는 점을 강조했고 오직 자신만이 미국으로부터 북한 주민들을 보호할 수 있다는 점을 널리 공표했다.

그런데 트럼프가 누구던가? 그는 자신의 남자다움과 리더십에 대한 이런 도전 앞에서 빈둥거리며 반격의 기회를 놓칠 사람이 절대 아니다. 역시나 같은 날 트럼프는 트윗을 올렸다. '김정은 북한 국무위원장이 방금 핵 단추가 항상 자기 책상 위에 있다고 말했다. 열악하고 식량난에 시달리는 그의 정권 내 누군가가 이 사실을 김정은에게 알려주길 바란다. 나 역시 핵 버튼이 있다. 김정은의 것보다 훨씬 크고 강력하며, 실제로 작동하기까지 한다는 사실을 말이다.'

서로 '핵 단추'의 크기를 놓고 설전하는 동안 전 세계에는 공포의 물결이 일었다. 미국 고위 관리들도 트럼프 대통령의 위협을 반복함으로써, 이것이 트럼프 대통령의 독자적 행동이 아니며 북한에 대한 군사적 타격 계획이 실제로 진행되고 있음을 밝혔다. 니키 헤일리Nikki Haley UN 주재 미국 대사는 북한의 ICBM 시험 발사 이후인 2017년 11월 말 UN 안전보장이사회 회의에서 '우리는 다시 한번 심판의 시점에 와 있다'라고 말했다. '김정은은 세상을 전쟁으로부터 멀어지게 하지 않고, 더 가까워지게 하는 선택을 했다.' 헤일리 대사는 미국이 북한과의 전쟁을 추구하지 않지만, '전쟁이 일어나면 북한 정권은 완전히 파괴될 것'이라고 분명히 강조했다. 맥매스터 보좌관은 12월 초 워싱턴에서 열린 한 행사에서 북한의 위협이 '매일 증가하고 있다'면서, '시간이 얼마 남지 않았다'고 말했다.

정말 시간이 다 되어가는 듯했다. 2018년 1월 핵 과학자협회 The Bulletin of the Atomic Scientists는 회보에서 '지금은 자정 2분 전'이라고 발표했는데, 이는 냉전이 한창이던 1953년 이후 세계가 가장 자정에 가까워진 시간이었다. 이 협회는 '운명의 날 시계Doomsday Clock'(핵으로 인한 인류 전멸의 가능성에 대한 우려의 상징)에 대한 성명에서 자정에 가까워진 이유는 '북한과 미국의 과장된 언사와 도발적 행동이 사고나 오산으로 인한 핵전쟁의 가능성을 높였기 때문'이라고 설명했다.

2017년 말, 공포가 전 세계 뉴스를 지배했다. 12월 하순에 나온 언론 보도에 따르면, 트럼프 행정부가 이른바 '코피 작전'으로 불리는 군사 공격을 준비하는 수위를 '극적으로' 높여왔다고 했다. 분쟁의 위협이 너무나 명백해서, 1월 중순 하와이에서는 잘못 전달된 탄도 미사일 진입 경고 메시지를 완전히 믿기도 했다. (38분간의 고통스러운 시간 동안 하와이 사람들은 자신들이 공격을 받고 있다고 생각했다. 그들은 사랑하는 사람들에게 작별을 고하는 문자 메시지를 보냈고, 일부 부모들은 자신의 아이들을 보호하기 위해 빗물 배수로로 보내려고 했다.) 게다가 조지 부시 전 대통령의 아시아 담당 보좌관이던 빅터 차 주한 미국 대사의 지명 철회가 '코피 작전'을 둘러싼 의견 차이 때문이라는 보도와, 트럼프 대통령의 한국과의 자유무역협정Free Trade Agreement, FTA 철회 시도는 군사 공격의 불합리성을 주장하며 헤아릴 수 없는 생명의 대가를 강조하던 많은 언론을 고무시켰다.

트럼프와 김정은은 과장된 언사와 행동으로 군사적 충돌을 향해 거침없이 내달렸다. 그리고 이로 인해 이 둘을 포함한 어느 누구도 2018년에 일어날 극적인 변화를 전혀 예상하지 못했다.

13장
탈바꿈

•

2018년 4월 하순의 어느 봄날, 2007년 이후 처음으로 남북정상회
담이 열리는 장소로 향하는 문재인 대통령 일행의 차량 행렬이
국제 언론에 포착되었다. 문 대통령과 김정은 모두 처음 경험하
는 회담이었다. 김정은의 아버지 김정일은 이전 두 차례 참석한
적이 있다. 평소 같으면 복잡했을 서울 거리를 편안하게 빠져나
간 문 대통령 일행의 차량이 요란한 사이렌을 울리며 작은 국경
마을에 위치한 판문점으로 향했다.

군사분계선 남쪽에 설치된 카메라들은 회담 장소인 북한의 통
일각과 남한의 평화의 집을 향하고 있었다. 북측 통일각에서 김
정은이 나오기를 기다리는 문재인 대통령 일행은 마치 신랑 들러

리들이 서 있는 결혼식 분위기를 연상케 했다. 역사적인 순간을 앞두고 모두가 기대감으로 흥분을 감추지 못했다. 마침내 문이 열리고 김정은이 걸어 나왔다. 운동선수처럼 건장한 경호원들이 둘러싼 탓에 때때로 그의 모습이 가려지기도 했다.

일행에서 벗어나 문재인 대통령 쪽으로 걸어오는 김정은은 북한 매체가 선전하는 기이하고 과장된 수사나 미사일, 곁에 있는 장군들 같은 배경을 고려하지 않는다면 다소 연약해 보일 정도였다. 문 대통령 쪽으로 향하는 김정은의 걸음걸이는 자신만만했다. 하지만 짧은 거리에도 약간 숨이 찬 듯 보였고, 마지막에 한숨을 내쉬는 모습에서 그의 초조함과 다년간의 흡연 경력, 상당한 허리둘레가 드러났다. 포동포동한 이목구비에 품이 낙낙한 짙은 색 인민복 안으로 뱃살을 감춘 김정은의 모습은 조각 같은 얼굴에 몸에 잘 맞는 정장차림을 한 문 대통령보다 역설적으로 젊어 보이기도 했지만 외려 나이가 더 들어 보이기도 했다.

김정은이 극적인 효과를 노린 장면이었다면 그 시도는 꽤나 성공적이었다. 문재인 대통령의 초청으로 김일성 시대 이후 북한 지도자로서는 최초로 군사분계선을 넘어 남한 땅에 발을 디딘 그 순간, 김정은은 전 세계의 주인공이었기 때문이다. 카메라 셔터 소리가 격렬해지자 문 대통령과 김정은은 적절한 포즈를 취했다. 문 대통령이 언젠가 방북하고 싶다고 말하자 김정은이 군사분계선 북측으로 그를 초청했다. 이는 매우 조직적으로 설계된 이 행사에서 각본에 없는 이벤트였다. 기대하지 않았던 문 대통령은 김정은의 초청을 따뜻하게 수락하며 군사분계선을 넘었고, 이 모든 몸짓이 기자들의 감탄사를 자아냈다.

정상회담이 진행되는 중간에 두 사람은 나무 아래에서 차를 마시며 오붓하게 대화를 나누었다. 두 사람이 나란히 앉은 모습은 여러모로 묘한 느낌을 불러일으켰다. 문재인 대통령의 부모는 가난한 월남민이었다. 아버지는 포로수용소에서 일했고 어머니는 계란을 팔아 생계를 유지했다. 학생 운동권 출신인 문 대통령은 1970년대 한국의 권위주의 정부에 항거하다 체포되었다. 특전사 출신이던 그는 동료들의 말에 따르면 '정말 괴짜' 인권변호사였고, 2003년부터 2008년까지는 고 노무현 전 대통령의 수석 보좌관을 지내기도 했다. 그리고 정상을 향한 노력 끝에 2017년 대통령이 되었다. 반면 숲속 빈터에 마주 앉은 김정은은 최고의 부와 권력을 누리는 특권층으로 태어났다. 그는 가까운 친척 두 사람을 처형했으며 수십 년 동안 계속된 억압적인 정권의 후계자로서 고문과 강간, 아동 착취를 포함한 노예 노동을 용인한 증거가 있다. 2016년 미국은 그를 인권 침해자로 지정했다. 두 사람은 깊은 대화를 나누고, 서로 웃으며 고개를 끄덕였다. 또한 정상회담 과정에서 남쪽 어린이 두 명으로부터 화환을 받고 기념식수도 마친 뒤 만찬을 함께했다. 심지어 김정은은 냉면 맛이 좋은 평양의 한 식당에서 냉면 기계와 최고 요리사까지 데려와 문재인 대통령에게 "오늘 저녁 메뉴에 많은 신경을 썼습니다. 그래서 평양냉면을 가져왔습니다"라고 말했다. 두 정상이 후루룩 소리를 내며 냉면을 먹는 모습이 한국의 소셜미디어를 뜨겁게 달궜다. 후일에 많은 사람이 냉면을 주제로 한 노래를 만들어 부르는가 하면, 냉면 열풍이 전국을 휩쓸면서 냉면 식당은 손님들로 장사진을 치기도 했다. 김정은과 문 대통령은 어느새 손을 잡은 채로 콘서트를 관람하며 정상회담을 끝마쳤다.

인지 부조화가 극에 달했다.

김정은의 탈바꿈이 시작되었다.

동계 올림픽에서 맞은 해빙기

사실 김정은의 이미지 회복 시도는 2018년 그의 신년 연설에서 시작되었다. 이 연설에서 그는 책상 위 '핵 단추'에 대해 큰소리 쳤고, 북한의 '강력한 핵 억제력'을 자축했으며, 지난해 북한이 대륙 간 탄도 미사일 개발에 성공했다고 공언함으로써 미국을 타격할 수 있음을 노골적으로 암시했다. 동시에 그는 자신이 집권한

이래 얼어붙었던 남한과의 관계를 개선하고자 하는 열망도 표현했다.

사실 보수당 출신인 한국의 두 전 대통령(이명박과 박근혜)은 김정은의 도발적 행동, 특히 2010년에 수십 번 이루어진 미사일 실험과 핵실험, 그리고 청와대를 공격하겠다는 협박과 유치한 욕설 등에 굴할 용의가 없었다. 하지만 1년 동안 지속된 대규모 민중 시위 끝에 박근혜 전 대통령이 탄핵으로 물러나고 진보주의 문재인 정부가 출범하면서, 김정은은 마침내 청와대의 말에 귀 기울이게 되었다. 문 대통령은 '한국이 한반도 문제의 운전자가 되겠다'라고 약속하며 취임했다. 이는 대북정책과 관련해 미국으로부터 더 많은 자율성을 추구하려는 한국 진보 세력의 오랜 노력과 일치하는 접근법인 동시에 반미주의와 대북 유화 정책이라는 비난을 살 수 있는 방식이기도 했다. 북한의 호전성과 협상 거부, 김정은과 트럼프 전 대통령의 대립으로 인해 북한은 UN 제재와 미국으로부터 최대 압박을 받을 수밖에 없는 상황이었지만, 문 대통령은 한결같이 북한에 '출구'를 제시했다. 2017년 8월 트럼프 전 대통령의 '화염과 분노' 발언에 이어 문 대통령은 TV 연설에서 '한반도에서 군사행동에 대한 결정은 오직 한국만이 내릴 수 있다'라는 직설적 메시지를 던졌다. 그는 미국이 북한에 가하는 경제적·외교적 고립 정책을 지지하겠다고 했지만, '대북 제재와 압박을 강화하려는 목적은 군사적 긴장을 고조시키는 것이 아니라 북한을 다시 협상 테이블로 끌어내기 위한 것'이라고 못 박았다.

그로부터 한 달 뒤 김정은과 트럼프 간의 설전이 벌어지고, 트럼프의 '완전한 파괴' 위협이 시작되으며 9월 말에는 태평양 상공에서 수소폭탄 실험 가능성을 경고하는 북한 외무상의 담화가 이어졌다. 이런 가운데 문재인 대통령은 UN 총회 연설에서 긴장 해소에 나섰다. 그는 UN이 직면한 가장 중요한 과제는 '도발과 제재라는 악순환을 끊을 수 있는 근본적인 방법을 찾는 것'이라 선언하고, '흡수통일이나 인위적인 통일의 어떠한 형태도 추진하지 않겠다. 북한이 올바른 역사의 편에 서기로 결심했다면 국제사회와 함께 북한을 도울 준비가 되어 있다'라고 말했다. 문 대통령은 미국과의 동맹과 한반도 비핵화, 남북 관계 개선 사이에서 균형을 잡아야 하는 도전적 과제에 직면했다. 이에 그는 재임 기간 내내 비핵화와 한국전쟁을 종식하는 평화협정을 위해 노력을 병행해나갈 것을 약속했다.

그 덕분이었을까. 몇 달 동안 남한의 화해 제의를 무시하던 김정은이 2018년 신년사를 통해 남한과의 관계 개선 열망을 드러냈고, 문재인 정부는 기회를 포착했다. 김정은은 '남한과 같은 핏줄이자 동포인 만큼 상서로운 일을 함께 기뻐하며 그들을 돕는 것은 당연하다'라고 말하며 2018년 2월 평창 동계 올림픽에 대표단을 파견할 의사를 내비쳤다. 남한 지도부 역시 즉각 이 기회를 살려 2월 9일 개막을 앞둔 올림픽에 북한을 초청했다. 2017년 12월까지 단 30퍼센트만 판매되었던 올림픽 티켓이 불티나게 팔렸다. 문 대통령은 긴장을 해소하고 고삐를 쥘 기회를 잡기 위해 문제의 중심으로 뛰어들었다. (아마도 문 대통령은 북한이 올림픽의 성공적인 개최를 방해하기 위해 무슨 일을 저지를지도 모른다고 걱정했을 것이다. 서울 올림픽을 1년 앞둔 1987년, 김정일은 간첩 2명을 급파해 대한항공 858편에 폭탄을 설치했고 이에 115명이 숨졌다. 기밀 해제된 메모에서 그해 CIA는 '1988년 서울 하계 올림픽에 대한 북한의 공공연한 위협과, 1987년 11월 한국 여객기 방해 공작 사태는 북한이 서울 올림픽 안전에 도전장을 던진 분명한 사건이다'라고 평가했다.)

이런 문재인 정부의 적극적인 움직임에 대해 몇몇 한국 연구가들은 우려를 나타냈다. 김정은의 제안은 한미 관계를 이간질하고 제재 이행을 느슨하게 하려는 북한 정권의 전술적인 함정이며, 북한이 핵무기 개발을 계속할 시간을 벌기 위한 의도라고 경고했다. 비평가들은 한국과 국제 언론이 올림픽 훈련 장소 후보지인 북한의 마식령 스키 리조트를 보여주자 문 대통령이 김정은에게 선전 승리를 안겨주었다고 비난했고, 여성 단원으로 구성된 북한 모란봉악단의 가수 현송월이 그녀가 겸임하는 삼지연관현악단의 공연 장소를 물색하러 다니자 이를 신나게 비방하며 떠들어댔다. 사실 '평화 올림픽'이라는 행복한 시선으로 북한을 바라본다면, 이 잔인하고 가난하며 고립된 북한 정권은 거의 정상적으로 굴러 가는 것처럼 보인다. 솔직하고 평균 이상인 데다가 현대적인 것처럼 여겨지기도 한다. 이는 '세계가 북한을 이렇게 바라보길 원하는' 김정은의 시각이 반영된 이미지이기도 했다.

문재인 정부는 남북관계의 해빙으로 북미 비핵화 대화의 토대를 마련했다고 주장했지만, 정작 북한은 한 치의 양보도 없이 핵 문제에 관한 대화를 계속 거부했다. 또한 북한의 올림픽 참여를 계획하며 제재 위반을 피하려는 한국의 노력을 경시하고 올림픽 전날 대규모 군사 퍼레이드를 준비하기도 했다. 이에 미국은 '최대 압박'을 견지하고 제재를 가하며, 북한이 '비핵화 협상에 진지하고 신뢰할 수 있는' 관심을 보이지 않는 한 미국은 올림픽 전후로 북한 당국자들과 만날 계획이 전혀 없다고 이야기했다. 2018년 1월 중순 틸러슨 미 국무장관은 '북한이 비핵화를 위한 결정적 조처를 할 때까지 미국의 최대 압박 작전은 계속될 것'이라고 선언했다. 그리고 '우리 모두가 현 상황에 대해 매우 냉정하게 현실을 직시할 필요가 있다. 우리는 위협이 증가하고 있음을 인식해야 한다'라고 말하며 확고한 대응의 중요성을 강조했다.

한편 김정은은 조선노동당 중앙위원회 위원이자 당 선전선동부 부부장이며 미국이 인권침해자로 지정한 자신의 여동생 김여정과 북한 최고인민회의 상임위원회 위원장인 90세의 김영남을 북한 선수단 및 응원단과 함께 올림픽 개막식에 파견했다. 이날 행사에 김여정이 참석한 것은 김 씨 일가의 첫 한국 방문이었다. 이는 김여정을 김정은이 얼마나 신뢰하고 있는지 보여주는 일이기도 했다. 한편 마이크 펜스Mike Pence 미국 부통령 내외는 오토 웜비어의 아버지와 함께 참석했으며, 펜스 부통령은 문 대통령과의 면담에서 '한국은 올림픽 이후에도 최대 압박을 계속 가해야 한다'고 강조했다. 그는 김여정과 북한 대표단을 인정하는 것을 거절함으로써 얼어붙은 북미 관계를 유지했다. 펜스 부통령은 북한 대표단을 만날 계획이 있다고 알려졌지만, 북한 대표단은 그가 유화적이지 않다는 걸 인지한 탓인지 끝까지 만나지 않았다. 문 대통령은 북한과 대화의 문을 열기로 하고 트럼프 행정부는 최대 압박과 대립 입장을 견지하는 가운데, 이런 한미 간의 메시지 차이가 한미동맹에 균열을 만든 게 아닌가 하는 의혹을 부추기기도 했다.

그리고 이는 김정은이 정확히 노리는 바였을 것이다. 김정은의 우호적인 태도와 김여정과 한국 대통령 사이의 전례 없이 화기애애한 만남은 미국의 최대 압박 전략을 김빠지게 했고, 북한을 '코피 작전'으로 타격해야 한다는 주장을 약화시켰다.

김정은의 최대 압박과 관여

미국만 북한을 최대 압박 작전으로 다룬 게 아니었다. 북한도 역시 마찬가지로 미국의 숨통을 조이려 했다. 집권 첫 6년 동안 김정은은 북한의 전략적 관련성을 부각하는 한편 압박 수단을 마련하기 위해 핵과 탄도 미사일 프로그램에 박차를 가했다. 그리고 이제 그는 '관여'에도 같은 양의 노력을 기울이기 시작했다. 그는 최대 압박을 가하는 데 능했을 뿐만 아니라, 최대 관여에도 노련했다. 김정은은 지역 내 관련 국가들의 우선순위를 이용해 제재 압박을 느슨하게 만들었다.

김정은의 신년사와 '평화 올림픽'이 '정상회담의 봄'을 마련했다. 아시아 전문가이자 전 미국 국방부 관리 밴 잭슨Van Jackson은 자신의 저서 『온 더 브링크On the Brink』에서 평창 동계 올림픽의 해빙 무드에 대해 '올림픽이 외교적 진전을 바라는 한국의 여론에 희망을 불어넣었고, 한국이 그 길을 주도했다'라고 설명했다. 김정은이 고립에서 벗어나면서 미국에서 흘러나오는 '호전적인 언사'가 무색하게 되었다. 김여정은 문 대통령을 평양으로 초청하는 김정은의 친서를 문 대통령에게 전달했고 문 대통령은 올림픽이 끝나자마자 정의용 국가안보실장과 서훈 국가정보원장을 평양으로 보내 김정은을 면담하게 했다. 이들은 4시간 넘게 '열린 마음으로' 대화를 나누었다.

남북 관계 개선과 한반도의 군사적 긴장 완화, 비핵화에 관한 김정은의 의지 표명에 고무된 특사단은 의기양양하게 다음과 같은 성명을 발표했다. '북한 측이 비핵화 의지를 분명히 밝혔다. 북한에 대한 군사적 위협이 제거되고 체제 안보가 보장된다면 핵무기를 보유할 이유가 없다는 점을 분명히 했다.' 북한도 '비핵화와 미국과의 관계 정상화 문제에 대해 미국과 진심 어린 대화를 원한다'라고 하면서, '대화가 계속되는 동안 핵과 탄도 미사일 시험 발사를 자제하겠다'고 밝혔다. 중국은 사태의 진전을 환영하면서, '모든 관련 당사국이 현재의 기회를 포착해야 한다'고 촉구했다. 트럼프 대통령도 트위터를 통해 '북한과의 대화에 진전이 있을 수 있다. 여러 해 만에 처음으로 모든 관련 당사자가 진지한 노력을 기울이고 있다. 전 세계가 지켜보고 있다. 헛된 희망일지 모르지만, 미국은 어느 방향으로든 열심히 갈 준비가 되어 있다'라며 긍정적인 반응을 보였다. 이에 트럼프는 3월에 김정은의 회담 제안을 수락하고 5월 말까지 만나고 싶다고 말하면서 그의 조언자와 한국 특사는 물론 학계 및 싱크탱크 커뮤니티, 그리고 세계 언론을 깜짝 놀라게 했다.

그 사이 김정은과 문재인 대통령은 정상회담을 한 뒤 판문점 공동 선언을 발표했다. 여기에는 '남북한이 주도하는' 한반도 통일을 위한 노력과 경제 협력 프로젝트 이행, 충돌이 잦은 비무장 지대와 논란이 되는 서해 북방한계선에서 군사적 행동을 자제함으로써 군사적 긴장 완화, 평화 체제 구축 및 '현재의 부자연스러운 정전 상태 종식', 그리고 '한반도 비핵화' 지지 등이 포함되어 있었다. 또한 문 대통령과 김정은은 정례 회동과 직통 전화로 '상호 신뢰 강화'에 나서기로 했다.

사실 김정은의 평화 체제와 비핵화, 경제 협력, 그리고 안전 보장에 관한 발언은 새삼스러운 것이 아니다. 그의 아버지 김정일도 제재 이행을 억제하고 미국과 동맹국들 사이를 이간질하려는 목적으로 비슷한 발언을 했다. 하지만 임기 내내 '관여'를 거부했던 김정은이 180도 선회한 것은 꽤 놀라운 국면 전환으로 여겨졌다. 김정은의 행동과 그의 발언을 액면 그대로 받아들이고 '진정성'을 주장하는 문 대통령과 트럼프 대통령의 행보가 북한의 의도에 대한 일반적인 통념을 뒤흔들어 놨다. 북한이 결코 완전한 비핵화를 하지 못할 것이라 주장했던 트럼프 대통령의 고문들과 한국 전문가들은 혼란에 빠졌다. 반면 오랫동안 정치적·경제적 당근과 미국의 북한 체제 안전 보장이 북핵 포기를 위한 유일한 길이라고 믿었던 사람들에겐 힘이 실렸다. 한반도에서 고조되는 핵전쟁 가능성을 우려했던 모든 사람들은 김정은과 트럼프 대통령, 그리고 문 대통령의 출구 전략에 안도했다. 하지만 잭슨이 지적한 대로 '한국과 미국, 그리고 언론은 과거 수십 년과는 근본적으로 다른 방식으로 북한의 제안에 대응했지만 북한의 제안 스타일과 실체는 역사적으로 그들이 해왔던 것과 완전히 똑같았다.' 잭슨은 이 시나리오를 '역사에 얽매이지 않겠다는 자만심으로 위장한 집단 기억상실증'이라 말했다.

김정은이 '외교'로 전략을 선회한 배경은 무엇일까? 미국에서는 트럼프의 강경 발언과 최대 압박 정책이 김정은을 궁지에 몰아넣었다고 확신했다. 어쨌든 김정은의 초청을 전달한 한국 특사단도 트럼프 대통령에게 그렇게 말했고, 트럼프는 이 기회에 흥분한 듯 트위터를 통해 '훌륭한 진전이 이루어지고 있지만 합의가 이루어질 때까지 제재는 계속될 것이다. 회담을 계획하고 있다'라고 말했으니 말이다. 미 공화당 하원 외교위원장 역시 '김정은의 대화 열망은 트럼프 행정부의 제재가 효과를 발휘하기 시작했음을 증명한다'라고 밝혔다. 린지 그레이엄 상원위원도 '나는 순진하지 않다. 과거가 미래를 예고한다고 가정할 때 북한은 말만 그렇게 할 뿐 아무런 행동도 하지 않을 것이다. 하지만 지금은 다르다. 북한은 아마도 트럼프 대통령이 필요할 경우 군사력을 사용할 것이라 생각할 것이다'라고 했다. 트럼프 대통령과 미국의 고위 관리들은 휴어가 분석가들에게 '액면 그대로 받아들이지 말라'고 경고했던, 바로 그 약점을 드러내고 있었다. 그리고 결과적으로 이런 가정은 김정은에게 미치는 미국의 영향을 과대평가하게 만들었다.

물론 미국이 옳았다. 하지만 어느 정도만 그랬다. 당연히 김정은은 국제 제재가 과거보다 엄해졌으며 오바마 행정부 마지막 해부터 시작된 미국의 최대 압박 작전에 따라 북한을 압박하는 국제적 결속 또한 그 어느 때보다 강하다는 걸 잘 알았다. 하지만 2017년에 김정은이 벌인 전략적 도발의 범위와 속도, 그리고 이에 따르는 호전적인 언사로 볼 때 그는 이런 미국의 대응에 거의 놀라지 않았을 것으로 추측된다. 심지어 UN 제재로 인해 약 27억 달러 규모의 석탄과 철광석, 해산물, 직물 등 북한의 가장 수익성 높은 수출이 차단되고 북한의 원유 수입이 줄었는데도 말이다.

미국은 북한과 정치적·경제적·군사적 유대를 맺고 있는 나라들과 집중적인 외교를 벌였다. 그 결과 이들 중 20개국 이상이 평양 대사관을 폐쇄하고, 북한과의 외교 관계를 격하했으며, 북한 대사를 추방하고, 핵무기 개발 프로그램과 엘리트들을 위한 사치품 구매 등 북한 정권의 우선순위에 자금을 대는 북한 정부 소유 기업체들을 엄하게 단속하게 되었다. 2017년 9월 이 '불량 국가'와 거래한 개인과 기업에 대한 2차 제재를 승인한 미국의 행정명령은 북한의 수익 창출 능력을 효과적으로 압박할 수 있었다. 또한 '최대 압박'은 북한 엘리트들이 스스로 돈을 벌고 북한 정권에 충성 자금을 대는 능력을 억제할 뿐 아니라, 엘리트들에게 충성심에 대한 대가로 보상하는 김정은의 능력을 약화시킬 수 있었다. 북한은 자체 통계를 발표하진 않았지만, 한국의 중앙은행은 2017년 북한 경제가 기근이 있었던 1997년 이후 최악의 실적인 3.5퍼센트 감소를 기록했다고 추정했다. 북한의 가장 주요한 수출품인 석탄과 철광석, 섬유는 40퍼센트 감소했다.

물론 그럼에도 북한은 은밀하게 무기 프로그램을 개발하긴 했지만, 그래도 이런 제재 압박이 방향을 전환하기로 결정한 김정은에게 영향을 미쳤음이 분명하다. 알려진 대로 김정은이 비핵화에 합의하고 정전협정을 평화협정으로 전환하기로 한 것은 아버지와 할아버지의 수법을 반복한 것이며 일본을 손아귀에 묶어둔 채 한국과 미국, 중국, 어쩌면 러시아와의 양자 대화로 갈라치기 하려는 시도였다. 예컨대 김정은이 한국과 평화 진전을 위해 협력하기로 한 것은 비핵화 논의에서 미국을 얽어매려던 전임자들의 과거 시도를 연상케 한다. 북한은 이 같은 논의가 북한이 주장하는 핵무기 보유국 지위를 공고히 해서 '세계 강대국과의 협상'이라는 위신을 얻었다고 평가한다. 또 이런 외교 선회 전략은 제재 이행을 방해하거나 느슨하게 하고, 인권에 대한 국제사회 요구를 억제하며, 북한이 전략적 능력을 향상할 수 있도록 시간을 벌어준다. 미국이 북한의 불법적이고 비인도적인 행위를 지적하면 북한은 제재 그 자체를 핑계로 대면서, 미국을 위시한 북한의 비판자들이 자신들의 의무를 어겼다고 비난할 수도 있다.

남한 역시 김정은의 이런 구상에 힘을 실어주었다. 10년 동안 유인책보다는 압박에 초점을 맞춘 강경 보수 대통령들이 물러서고, 마침내 한국에 진보적인 정부가 들어섰다. 2017년 5월 보수당 대통령 박근혜의 해임 이후 실시된 특별 대선에서 문재인 후보가 당선되었을 때, 이 신임 진보 대통령은 신뢰 구축과 '상생과 공영'을 강조했다. 그는 초창기에 했던 주요 연설에서 북한의 비핵화를 촉구하면서 동시에 남북 경협을 제안했다. 전임 김대중 대통령의 대북 햇볕정책을 계승한 노무현 전 대통령의 비서실장이었던 문재인 대통령은 평창 동계 올림픽을 '평화의 올림픽'으로 만드는 데 북한이 동참할 것을 촉구하면서, '스포츠는 마음과 마음을 연결하는 힘이 있다'고 주장했다. 2017년 여름과 가을에 벌어진 긴장 상태에 놀란 문 대통령은 김정은의 올림픽 출전 의사를 '북한과의 관계 개선을 위한 긍정적인 신호'로 보고 이 기회를 살리기 위해 열심히 노력했다.

하지만 최대 압박과 트럼프의 체제 파괴 위협에도 굴하지 않고 핵 프로그램을 완성했다고 선언한 김정은은 이미 국내 경제에 초점을 맞추는 방향으로 전략을 전환했을 가능성이 높다. 2018년 신년사에서 그는 2017년은 '국가 핵 무력을 완성하고 세계가 보는 앞에서 그 확실한 성공을 증명하는, 위대하고 역사적인 명분을 얻은 한 해였다. 우리 공화국은 마침내 어떤 힘도 어떤 것도 되돌릴 수 없는 강력하고 믿을 만한 전쟁 억제력을 갖게 되었다'고 말했다. 또 2018년 4월 중앙위원회 당 회의에서는 '핵무기 완성을 검증했다'라고 말하면서 4월부터 핵과 미사일 실험을 중단하겠다고 발표했으며, 핵 위협에 직면하지 않는 한 핵무기를 사용하거나 확산하지 않겠다고 약속했다. 그는 '이제 핵실험이나 중거리 및 대륙 간 탄도 미사일 시험 발사는 필요 없다'라고 하며 북한이 여섯 차례 핵실험을 한 풍계리 시험장을 폐쇄하겠다고 선언했다. 요컨대 이는 김정은이 2013년 발표했던 '병진 정책의 경제 측면에 집중하겠다'는 계획에서 비롯됐을 수도 있고, 핵무기 보유를 달성한 북한이 이제 경제 발전 쪽으로 눈을 돌리겠다는 의도에서 비롯됐을 수도 있다.

그리고 그는 자신의 방향 전환을 북한의 핵보유국 지위를 공고히 하는 동시에 동아시아에서 미국의 입지를 약화시키려는 자신의 전략적 목표를 앞당길 수 있는 기회로 보았을 것이다. 그런데도 트럼프는 남북 화해의 공을 차지하고, 김정은의 선언에 찬사를 보냈으며 남북정상회담에 존경을 표시했다. 2018년 4월 김정은의 당 연설이 있었던 날 트럼프는 트위터에 '북한이 모든 핵실험을 중단하고 주요 시험장을 폐쇄하기로 합의했다. 이것은 북한과 세계에 매우 좋은 소식이고 큰 진전이다. 우리의 정상회담을 기대해달라'고 말했다. 트럼프는 자신의 압박이 성공해 김정은의 이런 행동을 끌어냈다고 여겼다. 북한 전문가들은 김정은이 핵무기를 폐기할 의도를 전혀 나타내지 않았다고 지적했고, 비평가들은 이런 김정은에게 현직 대통령과의 회담이라는 핵심적인 양보를 한 트럼프 대통령을 맹비난했다. 그러나 이런 회의론을 두고 트럼프는 '북한과 거래 근처에도 못 가본 자들이 전문가랍시고 내게 거래 방식을 가르치려 하다니 가소롭다'라고 비꼬았다.

고립에서 벗어나려는 김정은의 동기가 정확히 무엇이든, 그는 적어도 '선회'라는 오래된 전술이 여전히 먹힌다는 사실을 알게 되었다. 김정은이 새로운 평화 시대를 향해 나아가겠다는 의도를 표명하자 한국 정부는 비무장지대에서 대북 확성기 선전 방송을 중단하기로 합의했다. 그리고 문 대통령은 김정은에게 '새로운 경제지도'의 개요와 에너지 지원 가능성 등 향후 협력 아이디어가 담긴 USB를 선물한 것으로 보인다. 중국은 제재 이행의 고삐를 느슨하게 풀기 시작했으며, 일부 보도는 UN 제재를 위반할 가능성이 있는 북한 노동자들의 중국 복귀를 허용했음을 시사했다. 2018년 5월 초 김정은은 처음으로 왕이Wang Yi 중국 외교부 부장을 초청했다. 왕이 부장은 경제 개발에 집중하겠다는 북한의 의지를 지지하고, 북한의 '안보에 대한 정당한 우려'를 해결하기로 약속함으로써 여전히 중국의 지지를 받고 있다는 김정은의 자신감을 강화했다. 게다가 김정은은 '로켓맨'에서 '국제 정치인'으로 변신하면서 그의 '진정성'을 바라는 한국과 미국 대중의 희망을 부채질했다. 김정은이 언론의 호의적인 주목을 받은 건 확실하다. 코리아리서치센터 조사에 따르면 2018년 초에는 10퍼센트로 저조했던 김정은에 대한 한국인들의 신뢰도가 4월 남북정상회담 이후 놀랍게도 78퍼센트까지 치솟았기 때문이다. 김정은의 유머 감각과 문 대통령에게 경의를 표하는 모습, TV로 방영된 남북정상회담에서 그가 문 대통령에게 '북한의 열악한 교통 인프라에 대해 부끄러움을 느낀다'라고 말하면서 자신을 낮추는 모습 또한 김정은이 허황한 독재자가 아니라 올바른 일을 하고 싶어 하는 온순하고 겸손한 젊은이라는 희망을 불러일으켰다. 이후 몇 개월간 김정은은 자신이 동아시아의 역동성을 얼마나 변화시킬 수 있는지, 그리고 한미 관계의 기저에 깔린 틈을 이용해 미국의 선택권을 얼마나 제한할 수 있는지, 또한 지역 이해 당사국들의 국가 우선순위를 어떻게 자신에게 유리하게 조작할 수 있는지를 보여줬다. 그는 핵 공격으로 위협하는 엄하고 고집스러운 독재자에서 온건하고 다가갈 수 있는 젊은이로 변신하는 데 성공할 것이다. 그리고 이런 변신에는 문 대통령뿐만 아니라 부인 리설주도 힘이 되어 줄 것이다.

14장
평양의 퍼스트레이디

•

문재인 대통령이 첫 남북정상회담 중 김정은과 숲속의 빈터에 마주 앉았을 때, 김정은은 문 대통령의 말에 귀 기울이며 경청하는 모습을 보였다. 한국 언론에서 자문한 독순술 전문가들은 두 사람이 '트럼프' '핵 시설' '미국'을 가장 많이 언급하는 것으로 보인다고 전했다. 하지만 두 사람이 친밀한 관계를 형성하기 위해 노력하면서 대화는 점차 개인적인 주제로 흘렀다. 그러던 와중 김정은이 "아버지가 저 보고 이 여자와 결혼하라고 하셔서 아버지를 믿고 따랐습니다"라고 말하며 부인 리설주를 소개했다고 전해진다. 김일성과 김정일이 사생활에 관해 이야기하기를 좋아하지 않고 가족 구성원의 세세한 일상을 감추어두었던 것과 달리 솔직하게 자신을 드러내는 김정은의 모습이 느껴지는 순간이었다. 김정은의 발언은 문 대통령과 친밀한 관계를 쌓기 위한 계산이었을 수도 있고, 두 사람의 부인도 참석할 예정인 그날 만찬에 앞서 부인 리설주를 미리 소개하기 위해 대화 도중 아내에 관해 이야기를 꺼냈을지도 모른다.

2018년 4월 정상회담과 이후에 진행된 문 대통령과 시진핑 중국 국가주석과의 회담에도 리설주가 참석한 것은 김정은이 그녀를 자신의 권력을 구성하는 또 다른 요소로 보고 있음을 뜻한다. 북한 최고 권력자의 부인으로서 리설주는 사람의 마음을 사로잡는 전형적인 북한 여성의 매력을 보여준다. 동시에 그녀는 김정은의 지위를 '핵보유국의 지도자'에서 시진핑 주석과 문 대통령, 트럼프 전 대통령과 동등한 수준으로 정상화하는 데 기여했다. 세심한 준비를 거친 뒤 공식 석상에 리설주를 내보인 것은 북한 정권이 만드는 가식적인 이미지 중 하나로, 정권의 잔혹성과 북한 주민들이 겪고 있는 기아, 박탈감을 감추기 위함이다. 한편 김정은과 리설주 사이에 자식이 여러 명 있을 수 있다는 보도는 이 부부의 생식 능력으로 보아 김 씨 왕조에 또 다른 남성 후계자가 탄생할 가능성을 암시한다. 매력적이고 헌신적인 아내 리설주는 북한의 엘리트 계층뿐 아니라 고통받는 대중들에게도 동경의 대상이다. 리설주의 공식적인 활동은 김정은이 적극적으로 홍보하는 북한의 물질주의와 소비문화를 엿볼 수 있게 한다. 따라서 김정은이 공개 석상에 아내를 동반하는 것은 그녀가 국내외적인 목적을 모두 수행하고 있음을 의미한다. 이는 자신을 현대적인 지도자로 표현하고자 하는 김정은의 욕구와도 일치한다.

검정과 초록, 분홍과 파랑

김정은이 북한의 지도자가 된 지 불과 7개월 만에 북한 관영 통신은 김정은이 의문의 여성과 공연장에서 함께하고 있는 사진을 게재했다. 북한 팝스타와 디즈니 캐릭터가 출연한 이 공연은 획기적인 선택이었고, 은둔 생활을 한 아버지와 달리 김정은이 북한을 서구 세계에 개방하는 쪽으로 이끌 것이라는 낙관론을 불러일으켰다. 공연장에서 김정은 옆에 바짝 붙어 앉은 이 여성의 정체와 역할은 한국과 미국 언론의 엄청난 화제를 불러 모았다. 북한은 나중에 김정은과 이 여성이 릉라인민유원지를 방문한 사실을 보도하면서, 그녀를 김정은의 아내 '리설주 동지'라고 발표했다. 이들은 새로 지은 놀이공원에서 팔짱을 끼고 걸으며 수영복 차림의 사람들에게 손을 흔들었다. 리설주의 모습 또한 과거의 관행과는 두드러지게 달랐다. 김정은의 할아버지 김일성은 "어쨌든 여자는 여성스러워야 한다"라고 말하면서도, 이와는 모순되게 '화장' '헤어롤러' '예쁜 드레스' '장식이나 색상이 화려한 모자'를 혁명 투쟁을 방해하는 것으로 매도했다. 김정일 통치하에서도 여성들은 일하지 않을 때 바지를 입는 것은 물론이고 심지어 자전거 타는 것도 법적으로 금지되었다. 이는 여성의 성 규범에 어긋나는 한편, 여성 해방에 이바지했다는 19세기 미국과 유럽의 신념을 연상케 했기 때문이다.

2021년에 분석가들은 김정은의 배경을 둘러싼 사실들을 종합하는 과정에서, 리설주에 대한 정보가 너무 단편적이라 일관된 결론 도출에 애를 먹었다. 또 무성한 소문과 추측으로 인해 그간 입수했던 사소한 사실도 모호했다. 한국 정부가 수집한 정보에 따르면, 리설주는 1989년에 태어났고 2009년에 김정은과 결혼했다. 아버지 김정일과 마찬가지로 김정은 역시 연예인과 결혼한 것으로 보인다. 리설주는 외모와 충성심, 재능을 기준으로 국가가 직접 선출한 단원들로 구성된 엘리트 극단인 은하수관현악단의 단원이었던 것으로 알려졌다. 그녀는 '평범한 가정' 출신이었으며 2005년에는 인천 아시아 육상대회 응원단으로 참가해 북한 선수들을 응원했다.

만일 김정은의 의도가 리설주에 대한 화제를 불러일으켜 북한의 위협적이고 권위주의적인 독재 체제 이미지를 바꿔보겠다는 것이었다면 어느 정도 성공했다. 많은 언론이 리설주의 젊음과 매력, 패션 감각에 대해 집중적으로 보도했기 때문이다. 그녀에 대한 정보가 워낙 빈약했던 탓에 많은 언론이 그녀의 외모에만 초점을 맞춰 보도할 수밖에 없었다. 다른 저명한 여성들과의 비교도 잇달았다. '그녀는 고 케네디 대통령의 부인 재키 케네디Jackie Kennedy의 고상하고 우아한 이미지를 떠올리려 했을까?' 아니면 '그녀는 영국 세손빈 케임브리지 공작부인 케이트 미들턴Kate Middleton의 패션에서 힌트를 얻었을까?'

2012년 7월에 열린 콘서트에서 리설주는 맵시 있는 짧은 정장 치마에 그와 어울리는 상의를 입었고, 짧은 단발머리로 현대적인 이미지를 강조했다. 워터파크를 둘러볼 때는 밝은 초록색 블라우스에 딱 맞는 치마를 입고 발가락이 보이는 검은색 정장 구두를 신었다. 《허프포스트Huffpost》는 이런 그녀의 모습에 '정말 우아하다!'라고 감탄했다. 2014년 리설주는 북한 공군 지휘관들이 펼치는 비행 대회를 관람했다. 긴 머리를 살짝 뒤로 넘긴 그녀의 입술에는 부드러운 분홍빛이 감돌았다. 또한 그녀는 파란색 드레스와 반짝이는 브로치로 장식된 칠 부 정장 재킷을 입고 있었는데, 베이지색 군복이나 짙은 색 정장을 입은 남자들 속에서 그녀의 화려한 복장은 극적이고 기분 좋은 대조를 이루었다.

북한몽에 살다

북한 정권이 사용하는 고도의 조작 수법을 고려할 때 리설주에 대한 묘사나 유별나게 눈에 띄는 그녀의 역할은 우연의 일치일 수 없다. 리설주의 여성성과 패션 선택, 현대적인 스타일, 남편과의 관계 등은 북한 사회의 현재 동향과 김정은이 바라보는 세계 속 자신과 북한의 위상, 그의 미래 비전이 반영된 결과물이다. 리설주를 이러한 동경의 대상으로써 이용하는 점과 김정은 집권 후에 빠르게 그녀의 인격을 형성시킨 점을 볼 때, 북한은 리설주를 북한의 '퍼스트레이디'로 다듬은 것으로 보인다.

수십 년 동안 북한 정권은 김일성의 어머니 강반석과 김정일의 어머니 김정숙을 '북한 여성의 이상형'으로 찬양했다. 한국학 학자 브론웬 돌턴Bronwen Dalton, 정경자, 재클린 윌리스가 북한의 패션과 여성성의 사회적 이해에 관한 기사에서 분명히 말했듯이, 이 두 여성은 '열성적인 혁명 투사이자 자기희생적이고 사랑이 많은 어머니의 전형'으로 여전히 칭송받고 있다. 강반석의 중요성은 북한의 탄생이라는 역사적 사실과 연결되어 있고 김정숙은 아들 김정일을 양육했으며 아들의 선군 이념을 강화하는 데 기여했다는 점이 강조된다. 그렇기에 북한 체제를 찬양하는 전기에서 강반석은 주로 한복을 입은 모습으로 등장하지만, 김정숙은 혁명을 상징하는 군복을 입고 있는 모습으로 등장한다.

김정은이 집권하자 북한 정권은 김정은의 어머니인 고용희의 위상도 높여 '우리의 존경하는 어머니'라 칭한다. 이로써 고용희의 위상과 김정은의 정통성을 공고히 하여 젊은 지도자가 역사적으로, 그리고 생물학적으로 뿌리 내릴 수 있게 했다. 북한 정권은 고용희가 김정일의 세 번째 부인이라는 것도, 그녀가 북한 출신 성분 분류 체계상 낮은 지위에 해당하는 '일본 태생'이라는 것도 그리 대단치 않은 일로 치부했다. 그 대신에 2011년 고용희의 일생에 관한 다큐멘터리를 만들어 그녀를 신화화했다. 이 영화에서 고용희는 아들이 학교에서 집으로 돌아오기를 기다리며 스웨터를 뜨는 동시에 총을 잘 다루는 여자로 등장한다. 한국학 학자 다시 드로트Darcie Draudt 교수는 '김정은의 어머니 고용희는 북한 여성들이 국가를 위해 해야 할 여성의 상징적인 역할을 구체화하고 있다'라고 말했다. 역사학자 수지 킴에 따르면, 김정은의 어머니는 '이상적이고 사심 없는 공복이며, 모든 북한 주민이 사회적 의무를 수행하면서 따라야 할 모범'이었다.

리설주의 격상도 북한 정권의 과거 여성상 구축과 맥을 같이하지만, 그녀는 혁명적이고 군국주의적인 모성으로 묘사된 이전 김 씨 일가의 여성들과는 꽤 달라 보인다. 김정은이 리설주를 현재 북한 설화에 등장시킨 것은 아버지와 할아버지의 유산을 기꺼이 따르는 동시에, 자신만의 21세기 브랜드를 만들려는 김정은의 욕망을 보여주고 있다.

2018년 4월 북한 정권은 남북정상회담을 계기로 리설주의 호칭을 '존경하는 여사'로 공식화했다. 그녀의 화려하고 존경받는 지위와 남편에게 헌신하는 모습은 리설주를 북한 엘리트와 북한 주민들이 숭배하고 본받아야 할 동경의 대상으로 만들었다. 드로트 교수의 논평대로, 미혼 남성은 여전히 소년으로 취급받는 북한 사회에서 리설주의 '여사' 역할은 김정은에게 유부남의 진지함과 안정감을 가져다준다.

손을 맞잡고 걸어가며 북한 주민들에게 손을 흔들고, 보육원에서 꼬물대는 아기들을 안아주는 이 부부의 모습은 젊음의 원기와 자신감이 넘치는 매력적인 이미지를 연출했다. 그리고 리설주의 화려한 의상과 반짝이는 액세서리, 넘치는 활기는 희망의 이미지를 강화했다. 미국 하버드대학 한국 전문가 존 박John Park 석좌교수는 김정은과 리설주를 북한판 '카멜롯Camelot'의 주인공으로 비유했다. 카멜롯이란 제2차 세계대전 후 낙천주의를 요약한 듯했던 젊은 존 F. 케네디 대통령과 그의 우아한 아내 재클린의 존경받는 세계를 가리킨다. 원래 카멜롯은 전설 속 아서 왕이 다스린 왕국의 수도이자 궁궐 이름이었지만, 케네디 전 대통령 타계 후 영부인 재키 케네디가 그의 성공 신화를 '카멜롯의 전설'이라고 언급하면서 더욱 유명해졌다. 존 박 교수는 "북한에는 이와 유사한 '북한몽'이라는 개념이 있는데, 김정은은 이 꿈의 창조주이고 부인 리설주는 이 꿈의 얼굴이다. 이런 역학관계는 북한의 미래에 대한 일종의 비유다"라고 설명했다.

그들이 그리는 북한의 미래에는 핵무기와 경제를 동시에 개발하는 병진 정책 이행이 포함되어 있다. 리설주는 남편 김정은과 함께 군사 시설, 건설 현장, 공장, 제조 시설, 학교, 보육원 등 다양한 장소에 모습을 보인다. 미국과 긴장이 최고조에 달했던 2017년 10월에도 김정은은 시간을 내어 부인 리설주와 함께 평양의 한 화장품 공장을 둘러봤다. 아내가 기계와 컴퓨터 화면을 관찰하면서 구경하는 동안 만면에 미소를 띤 김정은은 '세계 최고' 제품과 포장에 감탄하며 칭찬을 아끼지 않았다. 전쟁을 위협하던 김정은이 아내와 함께 여성 화장품 공장을 시찰한 것은 북한의 번영과 핵무기의 상호 보완성, 즉 핵무기의 필요성을 보여주려는 목적이었다. 동경의 대상인 리설주의 참석은 이런 메시지를 더욱 강조한다.

또한 존경받는 여사 리설주는 북한의 남자들이 공장이나 군무에 종사하는 동안 공식 또는 비공식 시장을 채우는 비엘리트 여성들의 소비 에너지를 자극한다. 한 탈북민은 북한 관련 기사를 보도하는 인터넷 신문《데일리 NK_Daily NK》에 '북한 여성들은 리설주의 영향을 받아 끈 달린 하이힐을 즐겨 신는다'라고 전했다. 하지만 날로 증가하는 정보 침투와 한국과 중국 드라마에 대한 북한 주민의 욕구도 패션 선택을 주도하고 있기 때문에, 리설주만이 유일한 유행의 선도자라고 말할 순 없다. 평양과학기술대학 교수로 위장 취업한 수키 킴 기자는 '평양 거리의 인민들이 내게는 모두 중국인으로 보였다. 거의 모든 여성이 중국 여성들의 머리와 똑같은 파마를 하고, 반짝이는 베레모 같은 모자를 핀으로 고정하고 있었다'라고 목격담을 전했다. 탈북민들은 북한 주민들이 외국 매체를 은밀히 본 뒤 여성 등장인물들의 패션을 따라 한다고도 말했다. 북한 인권을 위한 대표적인 비정부기구 북한의 자유Liberty in North Korea가 만든 다큐멘터리에 출연한 한 탈북민은 '북한 동포들이 외국 영화와 시트콤을 보고 나서 밀수업자들에게 자신들이 본 물건을 사달라고 한 뒤 시장에다가 되팔곤 했다'고 말했다. 주민들은 머리 모양, 머리핀, 옷, 액세서리 등을 모방했다. 북한 정권은 리설주를 북한산 대체품 모델로 내세우려 했고, 화장품과 신발 공장에서 리설주가 넌지시 보여준 북한산 제품에 대한 찬사는 북한 주민들이 탐내는 물건을 국내에서 찾도록 하는 데 이용되었다.

하지만 이 모든 일에는 긴장이 내재되어 있다. 패션과 외모에 대한 북한 주민의 관심이 커지면서, 경제 발전의 결실을 누릴 수 있다는 기대감도 함께 커지고 있지만 그런 기대를 채우지 못하는 것에 대한 위험성이 점점 북한에 드리우고 있다. 한 북한 소식통은 이에 관해 '최신 남한 제품을 사용하는 것은 사회 계층과 생활 수준이 높다는 것을 의미한다. 그렇기에 사람들이 유행 따라잡기에 필사적이다'라고 말했다. 탈북민들의 회고록은 북한의 사회갈등과 빈부격차가 커지고 있으며, 이웃보다 더 잘 사는 장마당 세대 아이들과 가족들 사이에 패거리가 형성되고 있음을 암시한다. 이는 다른 사회와 비교할 때 그리 특이한 현상은 아니다. 북한 브랜드를 창출하고 리설주를 동경의 대상으로 만드려는 북한 정권의 노력에도 불구하고, 이들은 더 세련된 한국과 중국 기업들과의 경쟁에서 고군분투하고 있다. 김정은은 이런 결점을 확실히 인식하고 있다. 이는 외국 제품의 유입과 문화적 영향을 계속 통제할 필요가 있다는 그의 믿음을 강화할 것이다.

여성의 손길

리설주는 2018년 3월 5일 외교 무대에 처음 등장했다. 이날 김정은은 정의용 청와대 국가안보실장을 비롯한 최고위급 인사들로 구성된 사상 첫 한국 특사단을 맞이하는 중이었다. 한국 특사단은 한 달 뒤 열릴 첫 번째 남북정상회담 개최를 위해 평양에 와 있었다. 그만큼 이번 회담에 많은 현안이 걸려 있었다. 그런데 저녁 식사 때 나온 술 때문이었는지, 혹은 나이 어린 남자에게 조언하고 싶어서였는지 정의용 실장은 김정은에게 '담배를 끊는 게 어떻겠습니까? 건강에 좋지 않습니다'라고 말했다.

언론 보도에 따르면 그 순간 식탁에 있던 사람들이 얼어붙었다고 한다. 북한에서는 아무도 김정은을 비판하지 않는다. 김정은은 오류를 범할 수 없는 존재이기 때문이다. 아마도 긴장으로 분위기가 무거워지면서 사람들의 얼굴색이 새하얗게 변했으리라. 하지만 사랑스러운 리설주가 손뼉을 치며 '나는 항상 이이한테 담배를 끊으라 하지만 내 말을 듣지 않아요'라고 말했다. 이렇게 그녀가 만찬장에 흐르던 긴장을 풀어준 덕분에 4월 27일로 예정된 정상회담 논의는 순조롭게 진행되었다.

리설주는 다른 정상회담에도 남편 김정은과 함께 참석했다. 그녀는 2018년 3월 시진핑 중국 주석과의 회담을 위해 김정은과 함께 베이징으로 갔다. 지도자로서 김정은의 첫 해외 순방이자 집권 6년 동안 그를 무시했던 시진핑 주석과의 첫 만남이었다. 그녀는 2018년 9월 평양에서 열린 남북정상회담에도 참석했고, 이후 중국 방문에도 합류해 김정은 위원장의 영부인으로서, 문 대통령 부인 김정숙 여사와 시 주석의 부인 평리위안Peng Liyuan 여사를 상대했다.

회담 이후 한국과 중국 언론은 리설주의 의상에 대한 논평을 쏟아냈다. (이로써 '김정은 패밀리 브랜드 수출'이라는 북한의 의도는 성공했다.) 리설주의 모습은 보이지만 목소리는 들리지 않았기 때문에 다시 한번 그녀의 외모에만 초점이 맞춰질 수밖에 없었다. 홍콩 일간지 《사우스차이나모닝포스트South China Morning Post》는 지난 3월 베이징을 처음 방문한 리설주를 보고 '우아한 외모로 중국에서 대인기'라고 평했다. 이 신문은 중국 누리꾼들이 리설주의 외모에 대해 찬사를 쏟아냈고, 이것이 못마땅했던 중국 검열 당국이 소셜미디어 플랫폼에서 펑리위안보다 리설주에게 후한 점수를 준 내용을 모두 삭제했다고 보도했다. 중국 최대 소셜미디어 플랫폼 웨이보Weibo에 올라온 한 게시물은 '리설주가 정말 아름답고 상냥하다. 퍼스트레이디 외교를 잘할 것 같다'라고 찬사를 쏟아냈다. 또 다른 누리꾼은 그녀를 '송혜교만큼 예쁘다'라고 말하기도 했다. 대부분의 사람들이 그녀가 회담 중 입은 세 벌의 의상을 칭찬했다. 카멜 색상의 짧은 재킷과 스커트, 하얀 재킷과 초록색 드레스, 플레어 소매가 달린 아이보리색 페플럼 재킷이 극찬을 받았다. 우아하게 차려입은 채 시진핑 주석과 펑리위안 여사와 함께 상냥하게 웃고 있는, 그리고 남편 김정은과 베이징을 떠나기 위해 차에 오르면서 중국 지도자와 그 부인에게 따뜻하게 손을 흔드는 리설주는 나이 든 부부가 사는 이웃집에서 저녁 파티를 하고 떠나는 젊은 부부처럼 친숙한 분위기를 풍겼다.

또한 리설주는 평양에서 열린 3차 남북정상회담 동안 한국의 영부인 김정숙 여사와 단독회담을 가졌을 때도 호의적인 시선을 받았다. 남편들이 국정을 처리하는 동안 두 사람은 김원균명창 평양음악대학을 찾았다. 이는 경희대학교에서 성악을 전공한 김정숙 여사와 리설주 사이의 공통점, 음악에서 비롯된 방문이었을 것이다. 두 사람은 또한 평양의 옥류아동병원도 방문했다. 두 사람의 순방은 북한의 현대적 시설을 돋보이게 하는 한편 정치적이지 않아서 논란의 여지가 적은 배경에서 진행되었다. 이런 장소는 북한의 정상성을 부각하고 핵과 탄도 미사일 프로그램, 처형과 숙청, 군사적 위협 등의 존재를 얼버무리는 효과도 있었다.

따라서 김정은과 리설주의 결혼은 군국주의와 경제 발전의 유기적·자연적 결합인 병진 정책, 그리고 북한의 미래와 세계무대에서 대등한 북한의 지위에 대한 약속을 은유하는 것이었다. 리설주는 논쟁의 소지가 많은 정상 간 회담을 부드럽게 만들었다. 그리고 언론의 관심을 북한의 핵무기와 암살에서 그녀의 머리 모양과 옷으로 향하게 하고, 소프트 파워가 개입할 기회를 주었으며, 더 평화롭고 유연하고 매력적인 다른 북한을 약속하는 젊은 여성에게 시선이 쏠리게 만들었다.

가족계획

　북한 정권의 '리설주 미화'와 점점 높아지는 그녀의 대중적 인지도는 김정은이 생각하는 미래에 대한 몇 가지 실마리를 제공한다. 여러 명의 아내 사이에서 난 여러 명의 자식 중 한 명으로서의 경험에 비추어 볼 때, 김정은은 여러 집단이 잠재적 후계자와의 동맹을 통해 패권을 노리는 교묘한 책략을 잘 알고 있다. 그렇기에 리설주의 공개적인 격상은 김정은-리설주 연합을 '유일하게' 합법적인 조합으로 못 박아서 자신들 사이에서 나온 자손이 자기 뒤를 이을 수 있도록 하는 동시에, 잠재적인 도전자들을 피하고 더 이상의 궁중 음모를 사전에 차단하려는 의도적인 시도일 수 있다. 이는 30대 중반의 김정은이 장기적인 계획을 세우고 있으며, 자신의 일생뿐만 아니라 아이들의 일생에 관한 전략까지도 짜고 있음을 시사한다. 데니스 로드먼은 그의 두 번째 북한 방문에서 이 부부 사이에 적어도 아이가 한 명 있다고 확인했다. 하지만 한국 정부의 정보에 따르면 이들에게 다른 두 아이가 더 있다. 그리고 독립적이고 강력한 북한을 물려주려는 김정은의 열망을 고려할 때, 핵무기는 그의 후계자에게 물려줄 유산의 일부가 될 것이 분명하다.

　물론 리설주의 지위와 명망은 전적으로 김정은에게 달려 있다.

그가 없다면 그녀는 얼굴이 예쁜 한 명의 연기자에 불과할 것이다. 그녀는 북한이라는 브랜드를 재창조하고자 하는 김정은의 열망을 지지해왔고 그가 외부 세계에 투영하고 싶어 하는 이미지를 보완해왔다. 그러나 김정은에 대한 궁극적인 검증은 또 다른 인물인 도널드 트럼프가 맡을 것이다. 2018년 6월 김정은은 그의 할아버지와 아버지가 이루지 못했던 일, 현직 미국 대통령과의 북미정상회담을 하게 된다.

BECOMING
KIM JONG UN

15장
트럼프가 김정은을 만났을 때

•

김정은과 시진핑 중국 주석, 그리고 문재인 한국 대통령과의 만
남은 도널드 트럼프 미국 대통령과의 정상회담이라는 본 행사를
위한 개막식에 불과했다. 전기 작가 오브라이언에 따르면 '부동
산 대신 쇼 비즈니스 진출을 꿈꾸고 영화 제작 공부를 계획했던'
트럼프가 영화광 독재자이자 무용수의 아들 김정은을 만났을 때,
'흥행'은 이미 보장된 상태였다.

실제 시청률 역시 금메달감이었다. 전 세계 언론은 이날 미국
동부 표준시로 오후 9시 현직 미국 대통령과 북한 지도자의 사상
초유의 만남을 TV로 생중계했다. (이 시각은 워싱턴과 뉴욕에서 TV
시청률 황금 시간대다.) 트럼프 대통령과 김정은, 그리고 3000여 명

의 언론인이 운집해 있던 싱가포르는 오전 9시였지만 시차야 어찌 되었든 다양한 분야의 전문가들이 두 주인공과 조연들의 몸짓과 발언을 분석했다. 그동안 전 세계 사람들은 TV 앞에 앉아 소셜미디어에 댓글을 달고 있었다.

정상회담 준비 과정에도 극적인 드라마 요소가 있었다. 우선 혼란과 예측 불가능성을 좋아하기로 유명한 두 명의 초대형 주연 배우가 있었다. 마이크 폼페이오 당시 미 중앙정보국 국장이 3월 말 부활절 연휴를 앞두고 김정은을 만나러 평양에 가는 깜짝 예고편도 있었다. 회담을 앞두고 추측이 난무했다. '이들은 과연 어디에서 만날까?' '무엇을 논의할까?' '회담하는 동안 어떻게 지낼까?' 회담을 주선하는 데 큰 역할을 한 스파이들도 있었다. 북한이 '정부에 대한 스파이 및 적대 행위' 등으로 억류했던 미국인 3명을 석방하는 이벤트도 이루어졌다. 심지어 관객 참여도 유도했다. 트럼프 대통령은 4월 30일 트위터에 '여러 나라를 회담 장소로 고려하고 있다. 남북한 접경 지역에 있는 평화의 집과 자유의 집이 제3국보다 더 대표성 있고 중요하며 영속적인 장소가 될 것인가? 그냥 한번 물어보는 거다'라는 글을 올렸다. 정상회담에 대한 기대를 관리하기보다는 김정은과 갖는 회담의 장점만을 내세우며 마치 자랑하는 듯한 트윗도 올라왔다.

사실 그간 북한이 보여준 언행이 불일치하는 모습이나 이전의 합의를 어긴 숱한 역사에도 불구하고 트럼프 대통령이 김정은과의 회담을 중요시한 이유는 따로 있었다. 미국 여론 조사 기관 퓨리서치센터Pew Research Center가 2018년 4월 말에서 5월 초에 진행한 여론 조사에 따르면, 미국인 71퍼센트가 북한과의 직접 대화에 찬성했다. 거의 동일한 시기에 실시된 CNN 여론 조사에서도 이와 비슷한 결과가 나왔다. 불과 7개월 전, 그러니까 미국과 북한의 긴장이 최고조로 달했을 때만 해도 트럼프 대통령의 대북 문제 처리에 대해 미국 국민 35퍼센트만이 찬성했는데 정상회담을 앞두고는 무려 70퍼센트 이상이 긍정적인 의견을 제시한 것이다. 한국인들도 트럼프를 긍정적으로 평가하기 시작했다. 그에 대한 호감도는 1년 만에 9퍼센트에서 32퍼센트로 껑충 뛰어올랐다.

트럼프에게 김정은과의 정상회담은 당파와 지리적 경계를 초월한 성공적인 외교 정책의 결과물이었다. 그는 심심치 않게 흘러나오는 노벨평화상 수상 이야기를 즐겼다. 트럼프는 자신이 상황을 장악하고 있음을 과시하고, 자신의 정치적 성공과 김정은의 모호한 발언을 연결해 이야기를 보강했으며 대중이 자신의 성공을 바라보게 했다. 김정은 역시 트럼프와 마찬가지로 호의적인 평가의 상승세를 누렸다. 트럼프와 문 대통령에 따르면 김정은은 이제 비핵화를 원하고 한반도 평화를 위해 헌신하고자 하는 '훌륭하고 진정성 있는 사람'이었다. 두 사람의 말은 김정은을 '인도적인 사람'으로 만들었고, 평양의 비이성적인 미치광이이자 살인자라는 이미지를 벗기 위한 김정은의 노력을 도왔다.

그 후 몇 달간 핵 문제에 진전은 없었다. 그러나 트럼프와 김정은은 여러 번 만나고 편지를 주고받으며 자신들의 개인적인 친분을 과시했다.

지피지기

전 세계가 트럼프와 김정은의 정상회담을 손꼽아 기다리는 가운데 트럼프 대통령은 6월 12일 싱가포르에서 회담이 열릴 것이라고 발표했다. 이 발표 직후 온갖 경고와 낙관론, 평화가 다가오고 있다는 섣부른 선언과 각종 정책 조언, 전문가 논평이 방송과 인쇄 매체를 가득 채웠다. 그리고 김정은이 핵무기 폐지를 약속했다는 트럼프와 문재인 대통령의 주장이 아직 확인되지 않았기에, 한국의 전문가들은 '과연 김정은이 핵무기에 대한 기존 생각을 전략적으로 바꿨을지' 자신들의 추측을 검토하고 있었다.

이렇듯 많은 전문가들이 과거 합의를 깬 북한의 역사가 자신들의 평가를 어떻게 왜곡할지, 북한의 접근법에 실질적인 변화의 조짐이 있는지를 놓고 열띤 논의를 이어가고 있었지만, 정작 회담 당사자인 트럼프 대통령은 아무것도 의심하지 않는 것처럼 보였다. 사실 역대 대통령들이 모두 실패했던 북한 문제를 자신이 마지막으로 해결할 수 있으리라는 트럼프의 근거 없는 자신감은 '미러 이미징Mirror imaging'에서 기인했을 가능성이 크다. 다시 말해 트럼프는 김정은이 자기와 함께 일했던 많은 사업가들과 궁극적으로 같을 것이며, 그렇기에 자신이 김정은에게 어떤 것이 통할지 그 누구보다 잘 알고 있으리라고 생각했다.

트럼프는 근거 없는 자신의 사업 감각을 맹신하여 종종 보좌관들과 상의도 없이 변덕스러운 외교 정책을 펼쳤다. 스스로 연마한 트럼프의 이런 사업 감각은 자신만이 최상의 행동 방식을 안다는 그의 자부심과, 경제적 이익을 위해 시청률만을 추구하는 리얼리티 TV 프로그램 제작자들에 의해 강화되었다. 《뉴요커》의 패트릭 래든 키프Patrick Radden Keefe 기자의 논평대로 실제로 트럼프의 사업은 가파른 내리막길을 타왔지만, 2003년까지 트럼프는 지역의 관심을 한 몸에 받는 화려한 인물이었다. 여기에 더해 14년간 그가 진행한 TV 쇼 「어프렌티스The Apprentice」는 그를 더 큰 인물로 신화화했으며 미국의 성공 아이콘으로 만들었다. 트럼프는 CIA를 비롯한 정보기관들의 보고를 묵살하고 이들의 불편한 평가를 맹비난했다. 미국 국가정보국 댄 코츠 국장은 2019년 연례 위협 평가에서 '김정은이 체제 존립에 핵심으로 보고 있는 핵무기를 완전히 포기할 가능성은 없다'라고 증언했다. 언론 보도에 따르면 이 말을 들은 트럼프는 강하게 '분노'하면서 국가 정보국이 '불충하다'고 평가했는데, 이는 김정은과의 관계에 대한 자신의 장밋빛 전망을 깎아내렸다고 판단했기 때문이다.

트럼프는 김정은에 대한 자신의 접근법을 일관되게 '사업가의 시각'에서 평가해왔다. 2017년 11월 한국 국회 연설에서 트럼프는 전쟁으로 피폐해진 나라에서 경제 대국으로 발전한 한국의 선진화를 도운 미국의 역할을 극찬하며 '아무도 원하지 않는 지옥'인 북한과 한국의 성공을 비교했다. 그는 '만약 북한 지도부가 위협을 중단하고 핵 프로그램을 폐기한다면, 미국은 북한에 더 밝은 길을 보여줄 준비가 되어 있다'라고 약속했다. 그리고 한국과 그랬던 것처럼 미국은 북한과도 같은 수준의 경제적 성공을 달성하기 위해 협력할 것이라고 말했다. 2018년 5월 트럼프는 북한에 대해 (무아마르 알 카다피가 초기 핵무기 프로그램을 포기했다가 이후 친미 반군에 붙잡혀 살해된) 리비아 모델을 추구하지 않는다고 직설적으로 밝히며 김정은을 안심시켰다. 백악관 집무실에서 열린 한 연설에서 트럼프는 이렇게 말했다. "리비아 모델은 우리가 북한에 대해 고려하는 모델이 아니다. 김정은은 자기 조국을 경영할 것이고, 그의 조국은 매우 부유해질 것이다." (정치에 입문해 의원으로 선출되기 전 사업가로 활동했던 폼페이오 국무장관도 비슷한 의견을 표한 바 있다. 2018년 4월 김정은과의 첫 만남 이후 그는 미국 CBS 뉴스 프로그램《페이스 더 네이션Face the Nation》에 출연해서 김정은이 핵무기를 포기하면 미국이 재정적으로 가치 있는 보상을 해줄 것이라고 말했다. '김정은이 미국에서 얻을 것은 우리 미국이 자랑하는 최고의 것이다. 즉, 우리 기업인들이다. 북한에 민간 자본이 유입될 것이다.' 또한 그는 '탄탄한 경제를 만들기 위한 미국인의 노하우와 지식 기업, 북한 주민과 함께 일하는 벤처 사업가'도 약속했다.)

아마도 트럼프는 과거에 실패한 모든 핵 협상과 달리 자신만큼은 이 거래를 성사시킬 수 있다고 스스로를 세뇌한 것처럼 보인다. 1990년 미국 남성 잡지《플레이보이Playboy》와의 인터뷰에서 그는 "비전은 내가 가진 최고의 자산이다"라고 말했다. "나는 무엇이 팔리는지, 사람들이 무엇을 원하는지 잘 알고 있다." 김정은과의 회담에 앞서 같은 해 5월 중순에는 미국 시사 주간지《타임Time》이 백악관 고위 관계자의 말을 인용해 '트럼프 대통령은 준비할 필요가 없다고 생각하고 있다'고 보도했다. 미 공화당의 한 고문은《허프포스트》에 '트럼프는 김정은과 2시간 동안 한 방에 들어가기만 하면 자신이 모든 것을 해결할 수 있다고 생각한다'고 털어놓았다. 또한 이 고문은 김정은이 미국 대통령과의 정상회담을 원하는 이유와 그 배경이 무엇인지에 대해서는 트럼프가 거의 알지 못한다고 고백했다. 실제 싱가포르 회담을 채 일주일도 남겨두지 않은 시점에 트럼프 대통령은 자신의 준비 부족을 '자랑'하기도 했다. "준비가 아주 잘된 것 같다. 별로 준비할 필요는 없을 것 같다. 문제는 태도다. 일을 성사시키겠다는 의지의 문제다." 이는 트럼프가 자신이 가진 매력과 '거래의 기술'이라는 순수한 힘만으로도 김정은으로 하여금 핵을 포기하도록 설득할 수 있다고 믿고 있음을 시사한다. 국가 안보 문제에 대해 정부 전체가 논의하도록 설계된 전통적인 의사 결정 과정을 트럼프는 계속 회피했고, 그 때문에 백악관은 북한과의 정상회담을 논의하기 위한 각료급 회의조차 소집하지 못했다. 이는 매우 걱정스러운 대목이었다. 회담장에 트럼프와 김정은 단 두 사람만 남겨졌을 때 김정은이 원하는 것과 트럼프가 제공할 것에 대한 시나리오를 미리 점검할 수 없었기 때문이다.

만일 김정은이 지난 수년간 트럼프가 상대해온 도급업자나 토지 개발자 혹은 투자자 같은 사업가였다면 그런 협상 방식이 통했을 것이다. 부동산 거물이었던 트럼프는 과거 자신의 사업 파트너들이 열광했던 '부'와 '영광'을 김정은도 똑같이 원할 것이라 생각했다. 정상회담을 앞두고 이 무모한 미국 대통령은 트위터에 '나는 북한이 훌륭한 잠재력을 가지고 있고 언젠가는 대단한 경제 금융 국가가 되리라고 믿는다'라고 썼다. 이렇듯 트럼프 행정부는 싱가포르 정상회담 이후 '경제'라는 주제를 고수했지만, 김정은이 이를 핵무기를 포기할 설득력 있는 제안으로 받아들였는 지는 알 수 없다. 2019년 2월 27~28일 베트남 하노이에서 열린 2차 북미정상회담에 앞서 백악관은 '북한이 완전한 비핵화 약속을 이행할 경우 대통령은 경제 개발 옵션을 위해 노력할 것임을 분명히 했다'라고 발표했다. 4개월 후 트럼프 대통령은 이 복잡한 국가 안보 문제의 해법이 김정은과의 개인적 친분 따위에 있다고 보았다. 두 사람의 세 번째 회담을 불과 몇 시간 앞두고는 '김정은과의 케미Chemistry'를 자랑하며 '이것이 때로는 아주 좋은 일로 이루어질 수 있다'라고 이야기했다.

하지만 모두가 알다시피 김정은은 사업가가 아니다. 트럼프 대통령이 제안하는 '부'는 김정은이 추구하는 바가 아니다. 트럼프의 미러 이미징은 자칫 이 골치 아픈 문제의 현실과 전혀 맞지 않는, 상당히 잘못된 정책 입안으로 이어질 가능성이 높았다. 김정은이 평양에 맥도날드를 유치하기 위해 핵을 포기하겠는가? 그럴 가능성은 거의 없다. 그간 김정은은 할아버지와 아버지가 육성해온 핵 사업을 완성했다고 선언해왔다. 북한은 국가 정체성이 '핵보유국'이라는 생각에 사로잡혀 있다. 이는 북한의 헌법과 기념비, 신화, 문화에 모두 녹아 있다. 이것을 미국인들이 제공하는 '부'와 맞바꾸자는 트럼프의 제안은 김정은에게 북한의 건국 원칙에 대한 모욕과 배신처럼 느껴졌을 것이 분명하다.

트럼프 행정부가 김정은과의 첫 정상회담을 '북한의 발전을 돕는 미국 자본주의'라는 틀에 넣었을 때, 아마도 김정은은 이를 자국민과 자국의 자원을 착취하려는 '미국 제국주의의 횡포'로 보았을 것이다. 북한의 한 고위 관리는 미국의 이런 선언에 대해 '우리는 우리의 경제를 건설하는 과정에서 미국의 지원을 전혀 기대하지 않으며, 앞으로도 그럴 일은 없을 것'이라고 잘라 말했다. 동시에 김정은은 '북한에 투자하고 노하우를 제공하겠다'는 미국의 언급과 개인적 친분에 대한 트럼프 대통령의 낙관론을 이용해 다른 나라들이 미국을 따라 하도록 설득하는 한편 핵 프로그램을 양보하지 않고도 관여 이익을 챙길 수 있기를 바랄지도 모른다.

스스로가 세운 가정의 옳고 그름을 확인하기란 쉽지 않다. 새로운 정보나 다른 정보를 얻고 통합하려는 의지가 없다면 더더욱 그렇다. 트럼프 대통령이 회담 준비를 '별로 하고 있지 않다'고 공개적으로 떠들어대는 동안, 김정은은 숙제를 하느라 바빴다.

트럼프 알기

밥 우드워드에 따르면 트럼프는 자신의 강점을 '즉흥적인 일

처리'라 여겼고, 외교 정책은 '개인적인 친분 관계 같은 것'이라고 믿었다. 한편 김정은은 트럼프와의 회담을 준비하면서도 2018년 상반기를 미국 대통령과의 회담 계획으로 보내게 될 것이라고는 전혀 예상하지 못했다. 2018년 3월 트럼프가 김정은과 만날 용의가 있다고 전격 발표한 뒤 한 달이 지나도록 북한은 김정은과 트럼프의 회담 가능성을 공식적으로 인정하지 않았다. 4월 9일이 되어서야 김정은은 북한 공산당 중앙위원회 회의에서 '현재 남북관계 발전 방향과 북미 대화 전망에 대해 심도 있는 분석과 평가를 했다'고 밝혔다. 다소 고민이 길었던 것은 트럼프가 먼저 치고 나온 데 놀란 김정은이 반응을 저울질하고 있었음을 시사한다. 그리고 김정은은 그해 4월에 열린 문재인 대통령과의 회담을 통해 트럼프에 관한 정보를 수집했다. 남북정상회담에서 문 대통령과 김정은이 도보다리에서 나눈 비공개 대화를 지켜본 독순술 전문가들은 김정은이 문 대통령에게 미국의 의중을 묻고, 트럼프 대통령과의 만남에서 '긍정적인 결과'를 바라는 뜻을 밝혔다고 전했다. 2018년 3월 말 김정은이 베이징을 방문한 자리에서는 시진핑 주석과 미국과 미국 대통령의 의제에 대해 논의하기도 했다.

싱가포르 행사에 앞서 가졌던 일련의 정상회담은 확실히 김정은에게 유익한 시간이었다. 이로써 김정은은 북핵과 끔찍한 인권

침해, 계속되는 사이버 공격 작전에 대해서는 그 어떤 양보도 하지 않은 채 2년 이상 걸릴 정상회담들을 2018년 상반기 내에 모두 해결했다. 게다가 김정은의 일거수일투족이 지역 언론과 세계 언론의 헤드라인을 장식하며 관심을 모으기도 했다. 시 주석과 나란히 레드카펫 위를 걷고, 싱가포르에서 트럼프와 활짝 웃고, 한국 케이팝 가수들과 어울리고, 내방한 중국 고위 관계자의 손을 따뜻하게 잡고, 와인에 흠뻑 취한 채 만찬장에서 문 대통령의 특사단과 정감 어린 농담을 주고받는 김정은의 모습이 언론을 장식했다.

한국과 중국 지도자들과의 회담에서 김정은은 트럼프 대통령과의 회담 의제를 구체화하고, 미국 대통령과 지역 리더들의 의도에 대한 자신의 가정을 검증하기 위해 노력했다. 그의 목표는 국제 제재 철폐에 대한 한국과 중국의 지지를 강화하는 동시에 미국을 압박하여 한국과 중국이 북한 비핵화에 대한 인센티브를 제공하도록 만드는 것이었다. 하지만 이번에도 김정은의 약속에는 한국 관찰자들과 정책 입안자들이 그의 아버지와 할아버지에게서 귀에 못이 박이도록 들어온 진부한 말들이 포함되어 있었다. 예컨대 '한반도 비핵화'와 '대화를 통한 문제 해결 의지'를 천명하고, 중국인들의 북한 경제 개혁에 대한 희망을 불러일으키기 위해 중국의 과학기술 발전에 찬사를 보내는 식이었다.

김정은이 중국 설득에 완벽히 성공했음은 시 주석의 다음 발언에서 확연히 드러났다. "중국은 북한이 선호하는 용어를 사용해 한반도 비핵화 목표를 지지하고, 모든 당사국에 남북관계 개선을 지지할 것을 촉구하고, 평화회담을 촉진하기 위해 구체적인 노력을 기울인다." 이어 2018년 5월과 6월, 그리고 2019년 1월과 6월 총 네 차례에 걸쳐 이루어진 중국 지도자와의 만남은 의심할 여지없이 김정은의 확신을 굳혀주었다. 시 주석이 말한 '모든 당사국'은 긴장을 고조시킨 것에 대해 미국도 북한만큼 책임이 있다는 중국 지도자들의 믿음을 반영한 말이다. 아마도 김정은은 싱가포르 정상회담에 앞서 보도된 시 주석의 다음과 같은 발언에 마음이 놓였을 것이다. "국제 정세와 지역 정세가 어떻게 변하더라도 우리는 세계 개발 동향과 북중 관계의 전반적인 상황을 확실히 파악할 것이다. 이를 바탕으로 양국 간 고위급 교류를 강화하고 우리의 전략적 커뮤니케이션을 심화하며 교류와 협력을 확대한다. 그리고 양국을 포함한 모든 나라의 국민을 이롭게 할 것이다." 김정은은 6년이라는 시간 동안 중국을 피하거나 반항했지만, 시 주석은 끝내 북한을 버리지 않았다.

시 주석과 문 대통령의 명시적 지지를 등에 업은 김정은에게는 상황을 유리하게 할 또 하나의 무기가 있었다. 김정은이 외교에 나서면서 세계는 그에 관한 통찰을 조금씩 확보할 수 있었지만,

정작 김정은의 진짜 의도는 아직까지 불투명했다. 하지만 김정은의 입장은 달랐다. 그는 트럼프 대통령이 자기 마음대로 올린 트윗과 전직 미국 행정부 관리들의 전기 및 회고록, 그리고 수십 년간 트럼프가 해온 협상 방식에 관한 실마리를 얻을 수 있는 수많은 자료를 가지고 있었다. 《워싱턴포스트》 보도에 따르면 2017년 말 김정은은 외교관들을 파견해 미국 싱크탱크 전문가들과 전직 관료들을 상대로 '파격적인 대통령의 전략 이해하기'라는 프로젝트를 위한 인터뷰를 진행했다고 한다. 2018년 중반쯤에는 시 주석과 문재인 대통령과의 대화, 그리고 마이크 폼페이오 국무장관과 가진 몇 차례의 만남을 토대로 트럼프의 성격과 사고방식을 완전히 파악했을 것이다. 폼페이오 장관은 김정은을 만난 뒤 「페이스 더 네이션」과 가진 인터뷰에서 이렇게 말했다. "그는 파일에 보관된 세부 정보를 모두 알고 있을 만큼 매우 박식하고, 복잡한 토론에 참여할 수 있는 뛰어난 능력도 갖고 있다. 내가 그에게 어떤 것에 대해 질문했을 때 그는 메모지 없이 답했다. 이번 양국 간 성공적인 협상의 윤곽이 궁극적으로 어떻게 그려질 것인지에 대해 활발히 논의할 상대는 바로 김정은 위원장이다."

　결과적으로 폼페이오는 김정은이 현안을 잘 알고 있으며 트럼프 행정부를 다루는 데 능하다고 평가했다. 그리고 실제로 김정은은 트럼프 대통령이 개인적으로 이 정책을 주도하고 있다는 사실을 잘 이용하려고 했다. 2018년 3월 중순 렉스 틸러슨 국무장관이 축출되고 그 자리에 트럼프 충성파인 마이크 폼페이오가 지명된 점과, 4월 맥매스터 국가안보보좌관을 존 볼턴John Bolton으로 교체했다는 점을 보고 김정은은 트럼프 행정부의 혼란과 정책적 역기능의 징후를 확실히 파악했다. 그와 동시에 김정은은 트럼프의 행동을 '두려움을 모르고 구속받지 않으며 기꺼이 관습에 저항할 용의가 있는 강인하고 자신감 넘치는 지도자의 행동'으로 해석했을 것이다. 그리고 자신에게도 이런 자질이 있다고 믿었음이 분명하다.

이런 두 남자의 자질이 잠시 정점에 이르렀던 시기가 있었다. 바로 북한이 펜스 부통령과 볼턴 백악관 국가안보보좌관의 거듭된 '리비아 모델' 발언에 강하게 반발하면서, 펜스 부통령을 '정치도 모르는 멍청이'라고 비난하며 정상회담 취소 가능성을 내비치던 5월 말이었다. 북한 협상단은 싱가포르에서 열릴 정상회담을 계획하기 위해 방문한 미국 협상단을 바람맞히면서 막판에 손을 뗄 수 있다는 우려를 증폭시켰다. 트럼프 역시 김정은에게 보낸 공개서한에서 '북한이 보여준 엄청난 분노와 노골적인 적대감을 고려하면 이 회담을 진행하는 것이 부적절하다고 생각한다'라며 회담에 대해 회의적인 시각을 드러냈다. 하지만 한편으로 트럼프의 어조에는 정상회담이 이루어지길 바란다는 뜻이 강하게 비쳤다. 트럼프는 '나는 당신과의 회담을 매우 고대하고 있었다' 라는 말과 함께, '만약 마음이 바뀌면 주저하지 말고 나에게 전화하거나 편지를 보내주길 바란다'라는 말로 서한을 끝맺었다.

이어 김정은은 새롭게 대미 협상 수석대표를 맡은 김영철 전 북한 정찰총국장을 백악관에 보내 트럼프 대통령을 면담하게 했다. 이날의 면담은 2시간 가까이 진행되었다. 많은 한국 전문가들은 2010년 46명의 해군 장병을 죽음으로 몰아넣은 천안함 폭침 사건과 2014년 소니 해킹 사건의 배후로 여겨지는 김영철의 임명에 실망감을 드러냈다. 이들은 김영철과 그가 대표하는 북한 정권을 믿을 수 없다고 주장했다. 하지만 트럼프는 달랐다. 20년 만에 처음으로 백악관은 북한 관리를 맞이했다. 트럼프는 김정은의 초대형 친서를 기쁘게 받아들였고, 양측은 우호적인 분위기 속에서 싱가포르 정상회담 추진 의지를 다졌다.

그렇게 극적으로 싱가포르 정상회담이 열렸다. 회담이 끝난 후 트럼프 대통령은 언론과의 인터뷰에서 '북한과 미국은 잘 지내고 있고, 지금 북한과 우리의 관계는 오랫동안 그랬던 것처럼 아주 좋다'라고 말하며 김정은과 한국 관측통들은 물론 트럼프 대통령 고문들까지도 놀라게 했다. 그는 '이제 최대 압박이라는 표현조차 쓰고 싶지 않다'라고 말하고, 비핵화에 대해 '서두르지 말고 천천히 하라'고 북한에 촉구함으로써 이 문제가 시급하다고 말하는 미국 고위 관리들의 이전 발언을 일축했다.

또 트럼프 대통령은 정상회담 전 김영철과의 면담에서 (한때 대북정책의 중심축으로 내세워 항상 북한의 혹평을 불러일으켰던) 인권 문제를 제기하지 않았다고 시인했다. 오히려 그는 '우리 미국은 아주 멀리 있다. 북한은 그들(한국과 일본)의 이웃이다'라며, 오랫동안 주장해왔던 미군의 동아시아 주둔 효용성에 대한 의심을 되풀이했다. 그리고 '우리가 한국전쟁의 종식을 이야기하고 있는 현실을 믿을 수 있는가? 우리는 이 문제를 70년 동안 이야기하고 있다'라고 하면서 종전 문서에 서명할 용의가 있음을 밝혔다.

김정은은 북한 협상 대표의 백악관 회담을 통해 '자신과 미국 대통령 간에 최소한 정상회담을 매력적으로 만드는 잠재적 공통 관심사가 있다'는 사실을 파악했다. 트럼프 대통령이 오래전부터 품고 있던 한미동맹의 효용성에 대한 의심과 한반도 '평화'에 대한 그의 확실한 열정, 인권 문제 거론 포기의 여부 등을 고려할 때 김정은은 싱가포르 정상회담의 결과를 낙관할 만했다.

판타지 아일랜드

약 730제곱미터 면적에 인구 600만이 채 안 되는 도시국가 싱가포르에 위치한 센토사Sentosa섬은 면적이 4.7제곱킬로미터밖에 안 되는 호화로운 휴양지이다. 여행 웹사이트 론리플래닛Lonely Planet에 따르면 '마음껏 즐길 수 있는 쾌락의 섬'인 이곳에는 테마파크와 수족관, 골프장과 비치클럽, 레스토랑, 바 등이 있다. 트럼프 대통령과 김정은이 만난 2018년 6월 12일 센토사섬은 덥고 후덥지근했다. 현장에서 취재하는 기자들이 땀에 젖은 이마를 닦고 부채질하는 모습이 카메라에 잡혔다. 정상회담이 열린 카펠라호텔Capella Hotel에서는 공작들이 마당을 누비고 있었다. 이 호텔 경영진이 올린 홍보 트윗에 따르면, 이는 '새로운 시작을 알리는 상서로운 신호'라고 했다.

  김정은은 정상회담이 시작되기 전부터 전 세계의 주목을 받았다. 그의 전용기가 낡은 탓에 평양과 싱가포르를 오가는 약 5000킬로미터의 거리를 비행하지 못하자 김정은은 중국국제항공공사의 보잉 747기를 빌려 회담 장소에 도착했다. 회담 전날 밤 싱가포르에 도착한 김정은은 깜짝 저녁 산책에 나섰고, 이를 포착한 언론과 호기심 많은 구경꾼들이 기념 촬영을 하며 박수를 보내기도 했다. 김정은도 그 자리에 동행한 싱가포르 외무장관, 교육부장관과 함께 활짝 웃으며 '셀카'를 찍었다. 김정은이 군중을 향해 손을 흔들자 카메라 플래시가 그의 얼굴을 환하게 비추었다. 그는 '깨끗하고 아름답고 모든 게 멋지다'라는 말로 싱가포르의 발전에 감탄했고 '향후 북한이 다양한 분야에서 싱가포르의 지식과 경험을 많이 배울 것'이라고 말했다. 김정은은 이 회담을 통해 자신의 격을 미국 대통령과 대등한 정치인으로 높였고, 12시간 후 있을 회의의 분위기를 미리 조성하면서 자신에게 쏟아지는 관심을 한껏 즐겼다.

레드카펫 위에 다소 부자연스럽게 늘어선 북한과 미국 국기를 배경으로 인민복 정장 차림의 김정은과 파란색 정장에 빨간 넥타이를 맨 트럼프 대통령이 서로를 향해 다가갔다. 둘은 악수를 나누었고, 트럼프 대통령은 왼손으로 김정은의 오른팔을 꽉 움켜잡았다. 잠깐의 환담 후 두 사람은 사진 촬영을 위해 카메라 쪽으로 돌아섰다. 3000여 명의 기자가 이 역사적인 만남을 전 세계에 중계했다. 이후 카메라를 등진 두 사람은 더욱 친밀한 장면을 연출했다. 김정은은 통역사를 통해 '전 세계 많은 사람이 이 만남을 판타지 공상과학영화의 한 장면으로 생각할 것'이라며 트럼프에게 말했다. 짐작건대 그의 발언은 북한과 미국의 두 현직 지도자가 처음으로 만난 역사적 의의와, 불과 몇 달 전의 대립 이후 극적으로 찾아온 변화를 의미했을 것이다. 할아버지도 아버지도 생전에 이루지 못한 '위업'을 김정은은 34세의 나이에, 그것도 집권 7년이 채 안 된 시점에 해냈다. 2500만 북한 주민과 함께 김정은의 승리를 나누고 싶었던 북한 정권은 이례적으로 「조선중앙통신」을 통해 북미정상회담을 생중계했다.

1시간 가까이 이어진 비공개 대화에서 트럼프 대통령은 김정은에게 가상의 영화 예고편을 보여주었다. 천박하고 선정적인 4분 분량의 이 영상은 미래에 대한 결정권을 쥔 두 사람이 주연 배우로 출연하고, 다소 격양된 언어로 이들의 만남에 엄청난 역사적 의미를 부여한다. 또한 '도널드 트럼프 대통령과 김정은 위원장이 정상회담에서 역사를 재창조한다'라는 내용의 내레이션으로 이들을 70억 인구 가운데 가장 특출난 영웅으로 묘사한다. 트럼프와 김정은이 주인공이지만, 이 영화는 김정은이 냉철한 선택을 해야 한다는 점을 분명히 보여주었다. 즉, 이 영상은 가능성과 위험성 모두를 내포하고 있었다. '역사는 항상 진화하고 있다.' 근엄한 내레이터가 낮고 진지한 어조로 읊조렸다. '과거가 반드시 미래일 필요는 없다. 어둠 속에서 빛이 나올 수 있다.' 상품이 즐비한 슈퍼마켓, 초고층 빌딩이 늘어선 번화한 도시, 최첨단 실험실에서 돌파구를 만드는 과학자들, 공장에서 바쁘게 일하는 남녀들의 영상이 내레이션과 함께 펼쳐졌다. 만일 이 영상 속 모습과 달리 김정은이 '경제적 번영'이 아닌 '핵'을 선택한다면 북한은 향후 전쟁과 빈곤에 직면하게 될 것임이 분명했다.

트럼프 대통령은 김정은이 '이 영상을 좋아했던 것 같다'라고 말했지만, 그렇지 않았을 가능성이 더 높다. 아마도 김정은은 미국의 오만함을 느끼고 미국의 행동을 저지하기 위해 앞으로도 반드시 핵무기가 필요하다는 자기 생각을 굳혔을 수 있다. 이 영화는 북한과의 핵 교착 상태에서 벗어날 도구가 '돈'이라는 트럼프 대통령의 생각, 즉 미러 이미징을 반영하고 있었다. 정상회담 후 트럼프는 자신이 김정은에게 건넨 말을 설명했다. "한 예로 북한에는 멋진 해변이 있어요. 매번 그들이 바다에 대포를 쏠 때마다 보았죠? 내가 김정은에게 말했어요. '자, 이 멋진 경치를 보세요. 여기에 콘도를 지으면 훌륭하지 않을까요?' 그리고 나는 '거기에 세계 최고의 호텔을 지을 수도 있답니다'라고 설명했어요. 부동산 투자 관점에서 생각해보세요. 남한은 여기, 중국은 여기, 그리고 북한은 그 가운데에 땅을 가지고 있어요." 물론 김정은이 이번 정상회담에 온 목적은 호텔 건설이 아니라 핵무기 제조였다.

정상회담 후 자신의 승리를 떠벌리는 트럼프의 자화자찬에도 불구하고 트럼프 행정부는 이 영화를 통해 거두려 했던 그 어떤 효과도 거두지 못했다. 게다가 싱가포르 공동성명은 누가 봐도 일방적인 미국의 양보처럼 보였다. 미국과 북한이 '새로운 북미 관계를 수립하고, 한반도의 항구적이고 안정적인 평화 체제를 구축한다'라고 명시한 이 공동성명은 아시아 전문가들로부터 '그저 막연히 바라는 내용뿐'이라는 혹평을 받기도 했다. 가장 중요하면서도 가장 실망스러운 내용은 북한이 '한반도의 완전한 비핵화를 향해 노력한다'라는 다짐이었다. 이는 미국 입장의 취약점을 드러내고 있다. 즉, 북한이 취해야 할 구체적인 일련의 조처를 받아낼 수 없었던 트럼프 행정부의 무능함을 보여준 빈약한 성명이었다. 게다가 이 성명은 '모든 핵무기와 현존하는 핵 프로그램을 폐기하고 조기에 핵확산금지조약과 국제원자력기구의 안전보장 조치에 복귀하겠다'는 내용이 담긴 2005년 6자회담 4차 공동성명에서 한 발자국도 발전하지 못했다.

이번 정상회담은 허황된 말과 미소, 악수 외에 아무런 실질적인 성과도 얻지 못했다. 트럼프는 싱가포르에서 '우리는 정말 환상적인 만남을 가졌고 많은 진전을 이루었다. 모두의 예상보다 훨씬 더 좋았다'라는 말로 성공담을 만들어냈다.

사실 트럼프는 불과 몇 달 전만 해도 북한의 인권문제를 강조했다. 또한 한국과 일본 주둔 미군의 장래에 대해 의문을 제기하고, 미국의 정책을 깨고 미국 국방부와 한국 관리들을 기습 공격해 그들을 허둥지둥하게 만들었다. 그런데 갑자기 트럼프는 김정은을 칭찬하는 발언을 쏟아냈고, 백악관 방문 등 김정은에 대한 추가 선물 가능성도 언급했다. "그는 매우 재능이 있다. 26살의 나이에 그처럼 정권을 넘겨받아 운영하는 사람은 누구든 강경하게 운영할 수밖에 없다. 그 나이에 그렇게 할 수 있는 사람은 만 명 중 한 명 정도 될까? 아마 거의 없을 것이다." 트럼프는 두 사람의 개인적인 친분 관계가 비핵화로 이어질 것이라 말하면서 북한에 대한 사찰 방법과 김정은의 진정성, 비핵화 진척도 측정 방법 등 구체적인 조처에 관해서는 대답을 일축했다.

싱가포르에서 돌아오는 길에 트럼프 대통령은 트윗을 날렸다. '방금 착륙했다. 긴 여행이었지만 이제 전 세계 사람이 내가 취임한 날보다 훨씬 더 세상이 안전하다고 느낄 것이다. 북한의 핵 위협은 이제 없다.' 지난 20년 동안 북한 정권이 비핵화를 지연시키고 비껴가기 위해 내놓았던 변명을 재탕한 것에 불과한 김정은의 발언을 국가 안보의 성공으로 믿는 대통령의 순진함이 그저 놀라울 따름이었다.

개인적인 스타일과 일맥상통하는 트럼프의 자신감 과시는 리처즈 휴어가 말하는 '현저성 편향'의 산물이었다. 현저성 편향이란 '사람에게는 실제로 증거로서의 가치가 더 큰 간접 정보보다 자신의 귀로 듣고 눈으로 직접 본 정보가 더 큰 영향을 미칠 수 있다'는 뜻이다. 즉, 트럼프의 마음속에서는 정보기관의 냉철한 분석과 노련한 국가 안보 전문가들의 경고보다 김정은이 자신에게 보내는 친서를 통한 직접 교감에 더 무게가 실린 것이다. 회담 이후 트럼프는 여러 차례 '북한이 많은 조처를 하고 있다. 그리고 현재 비핵화 작업이 잘되어가고 있다'라고 말하면서 자신의 성공에 대한 자신감을 강조했다. 그는 이 기회를 틈타 동맹국인 한국

에 대해서도 다시 잽을 날렸다. "나는 취임한 날부터 한미합동군
사훈련이 싫었다. 나는 의문을 제기했다. 왜 우리는 보상을 받지
않는가?" 더구나 트럼프는 이번 연합훈련을 '전쟁 게임War Game'
으로 지칭했다. 이는 북한 정권이 즐겨 쓰는 용어로, 이 훈련이
호전적인 침략 준비라는 의미를 담고 있었다.

반면 김정은은 공개 석상에서 말을 아꼈다. 트럼프의 발언을
통해 핵무기 보유국으로 인정받고 미국의 동맹국을 깎아내린다
는 목표를 달성할 수 있었기에, 자신이 무언가를 내놓을 필요가
없다고 인식했을 것이다. 실제로 김정은이 풍계리 핵실험장 폐쇄
를 발표하고 소해 로켓 발사 시험장 철거에 합의한다 해도 그는
잃을 게 없었다. 트럼프 대통령과 문재인 대통령의 열렬한 지지
역시 김정은에게는 실제적이고 검증 가능한 어떤 일을 하는 것
보다 '비핵화 연극'을 하는 편이 더 낫다는 믿음을 강화했을 것이
다. 정상회담에서 김정은은 핵 포기에 동의하느냐는 질문을 무시
하고 일반론으로 얼버무렸다. "세계는 중대한 변화를 보게 될 것
이다. 여기까지 오기가 쉽지 않았다. 과거는 우리의 팔다리에 족
쇄로 작용했고, 낡은 편견과 관행은 앞으로 나아가는 길에 장애
물로 작용했다. 하지만 우리는 오늘 그 모든 것을 이겨내고 여기
에 있다."

김정은은 인터뷰에서 유례없는 회담 자체에 대해서만 간단히

언급했다. 자신의 옆에 선 트럼프 대통령이 기자들에게 '김정은은 매우 훌륭하고 똑똑한 협상가'라고 치켜세우는 모습을 보고는, 자신이 이 환상 속 주인공이 되었다고 생각했을 수도 있다.

하지만 현실은 트럼프 대통령과 문재인 정부가 말하는 '진전되는 상황'과는 거리가 멀었다. 한국과 미국은 김정은이 우라늄 농축, 장거리 미사일 기지 확충, 신형 탄도 미사일 제작, 핵무기 관련 시설 고도화 등을 해왔다는 보도를 계속 경시하고 있다. 트럼프 대통령은 비핵화의 진전을 핵과 탄도 미사일 실험의 부재로 좁게 정의하고 있다. 그리고 2018년 이후 텔레비전과 소셜미디어에서 김정은이 스타로 떠오르면서, 그간 엄청난 노력을 기울였던 제재 기반이 취약해졌다. '최대 압박'이 '최대 융통성'으로 바뀌면서 아마도 김정은은 자신의 노골적인 도발 행위와 수동 공격 성향Passive-aggressive(겉으로 드러나지 않는 소극적인 방식으로 적대감이나 공격성을 표출하는 행동 성향-옮긴이)을 지닌 비타협적 외교가 자신의 생존은 물론이고 북한의 독립까지 충분히 보장하고 있다는 사실을 배웠을 것이다. 애석하게도 북한의 위협은 여전히 존재하며, 이런 엄연한 현실을 부정하는 트럼프의 솔직하지 못한 주장은 북한이 지역과 세계 안보에 끼치는 다차원적인 위험을 가려버렸다.

트럼프 행정부가 2차 정상회담 준비를 시작하자, 12월 초 존 볼턴 백악관 국가안보보좌관은 북한이 싱가포르 정상회담 이후 비핵화에 더 가까이 다가가는 조처를 하지 않았다고 시인했다. 펜스 부통령 역시 진전이 없었음을 인정하고, 일요일 아침 토크 쇼 「폭스뉴스 선데이Fox News Sunday」와의 인터뷰에서 '다음 정상회담에서 트럼프 대통령이 김정은에게 비핵화를 향한 구체적인 조처를 촉구할 것이며, 북한에 대한 우리의 기대를 제시하겠다'라고 밝혔다.

싱가포르 정상회담 이후 몇 달 동안 미국과 북한의 핵 협상은 교착 상태였다. 김정은은 핵무기를 포기할 의사가 없음을 분명히 했다. 제재를 철폐하기에 앞서 '북한의 완전하고 최종적으로 검증 가능한 비핵화가 선행되어야 한다'는 트럼프 행정부 관계자들의 주장이 불만스러운 듯, 북한은 12월 말 '일방적 군축'을 거부하는 기존 입장을 되풀이하는 논평을 냈다. 그리고 이는 미국과 북한이 '비핵화'에 대한 합의에서 얼마나 멀리 떨어져 있는지를 보여주었다. "한반도 비핵화에 대한 올바른 정의는 우리의 핵 억지력을 없애기 전에 '미국의 대북 핵 위협을 완전히 제거하는 것'이다."

2019년 신년사에서 김정은은 자신이 원하는 바를 강조하기 위해 한미 합동 군사 훈련 종료와 (한국전쟁의 군사적 충돌을 공식적으로 종식시키지 않고 끝낸) 1953년의 정전 체제를 대체하는 평화 체제, 그리고 제재 철폐 등 북한 정권이 오랫동안 제시한 요구를 거듭 강조했다. 그리고 '언제든 미국 대통령을 다시 만날 준비가 되어 있다'라고 선언했다. 김정은은 종족 민족주의Ethno-nationalism에 호소하기 위한 목적으로 '우리 대 그들'이라는 틀을 통해 남북한 한민족의 단합을 강조하기도 했다. 김정은은 '민족의 화해를 가로막는 외부 세력의 간섭과 개입을 결코 용납하지 않을 것'이라며, '한민족이 한반도 평화의 주인'임을 강조했다. 문 대통령은 김정은의 신년사가 '새해 한반도 문제를 원만하게 해결하는 데 긍정적인 효과를 줄 것'이라고 환영했고, 트럼프 대통령 역시 트위터에 '나도 북한이 큰 경제적 잠재력을 가지고 있음을 너무나 잘 아는 김정은 위원장과 다시 만나기를 기대한다'라고 밝혔다.

트럼프와 김정은은 2019년 2월 27~28일 두 번째 정상회담을 위해 하노이에서 다시 만났다. 기온은 23도였지만 습도가 90퍼센트를 넘어 찌는 듯한 날씨가 계속되었다. 이번 정상회담에서 김정은은 트럼프 대통령보다 훨씬 더 편안한 모습을 보였다. 두 사람의 몸짓도 일치했다. 두 사람 모두 팔꿈치를 자신들 사이에 놓인 테이블 위에 무심코 올려두었다. 이들은 오래된 친구처럼 말할 때 서로의 팔꿈치를 만지면서 편안하게 웃었다. 두 사람이 한 장소에서 다른 장소로 걸어서 이동할 때 김정은은 팔을 자연스럽게 흔들었고, 손동작은 편안하고 느긋했으며, 걸음걸이에는 자신감이 넘쳤다. 그는 싱가포르 회담 이후 살이 더 찐 것 같았다. 매끈하고 통통한 피부와 점점 불어나는 그의 몸집은 정상회담 실험을 시작한 이후 더욱 커진 그의 위상을 비유하는 듯했다. 북한이 '경제 강국'이 되는 것을 보고 싶다는 트럼프 대통령의 거듭된 발언에 김정은은 매우 만족해하며 고마워하는 미소를 지었다. 또한 트럼프는 '나는 속도가 그렇게 중요하다고 생각하지 않는다. 중요한 것은 우리가 올바른 거래를 한다는 점이다'라고 재차 강조하고, '수년에 걸쳐 우리는 자주 만날 것이다'라고 말했다. 아마도 이 말을 통해 김정은은 그가 비핵화를 얼마나 대단치 않게 생각하는지 확실히 알아챘을 것이다. 그리고 실제로 이들은 불과 몇 달 후에 다시 만났다.

하지만 세 번째 이루어진 정상회담은 예상보다 일찍 끝났다. 그리고 많은 사람이 예상했던 공동성명도 발표하지 않았다. 이 정상회담 광경을 포착하기 위해 진을 치고 있던 수천 명의 기자들은 당황한 나머지 짐을 싸서 현장을 떠났고, 수행원들은 급히 움직이는 차에 재빨리 올라탔다. 이 정상회담을 앞두고 두 명의 지도자는 실무 협상단으로부터 상대방의 요구 조건과 양보 사항의 제한적 한계를 보고받았을 것이다. 그럼에도 정상회담이 강행된 것은 자신들의 카리스마와 우정이라는 순수한 힘만으로 좋은 거래를 할 수 있다는 두 지도자의 자만심과 과신이 만들어낸 결과였다. 즉, 이는 헛된 프로젝트에 불과했다.

　트럼프와 마찬가지로 김정은 역시 다루기 쉬운 상대를 만났다고 오산했다. 김정은은 국교 정상화로 가는 중요한 중간 단계로 워싱턴과 평양에 연락사무소를 설립하자는 미국의 제안에 대해 냉랭한 태도를 보였다. 이를 통해 그가 '평화'를 진지하게 생각하지 않으며 미국과의 관계 개선보다는 제재 해제를 더 중요하게 생각한다는 사실이 적나라하게 드러났다. 김정은은 북한 수출 산업에 대한 대부분의 제재를 해제하는 대가로 확인되지 않은 일부 영변 핵 연구단지의 폐쇄를 거래하려 했으나 결국 실패했다. 만일 이 거래가 성사되었더라면 북한이 가져갈 수익이 수십억 달러에 달했을 것이고, 이 돈은 미국이 금지한 핵 프로그램 개발에 투입되었을 것이다.

　정상회담 이후에도 트럼프는 비슷한 행보를 이어갔다. 하노이 회담 4개월 후 트럼프 대통령은 자신의 외교 스타일과 어울리게 북한 지도자에게 비무장지대에서 만나 인사나 한번 하자는 제안을 트위터에 올렸다. 마침 그는 문 대통령과의 회담을 위해 그 주 주말에 한반도에 있을 예정이었다. 그리고 2019년 6월 30일 트럼프는 김정은을 만나기 위해 군사분계선을 통과함으로써 북한에 발을 들여놓은 최초의 현직 미국 대통령이 되었다.

　싱가포르와 하노이에서 그랬던 것처럼 두 사람은 카메라를 향해 활짝 웃고 반갑게 인사를 나누며 협상을 이어나가겠다고 다짐했다. 김정은 자신이 인민들에게 약속한 경제적 번영은 점점 공허해지고 있었다. 그러나 그는 '진보의 환상'을 조성하는 일의 가치를 확실히 알고 있었기 때문에 트럼프의 행동에 기꺼이 장단을 맞췄다.

어쨌든 그렇게 두 사람의 만남이 성사되었다. 그즈음 전 세계 언론에는 싱가포르와 하노이의 인상적인 자동차 행렬, 역사상 '최초'의 사건들, 국기를 흔드는 구경꾼들, 언론 홍보 등의 문구가 도배되고 있었다. 하지만 두 사람의 회담이 낳은 최종 결과는 '현상 유지'에 그치고 말았다.

결론

전이轉移

2018년 11월 EBS의 자회사 EBS미디어가 김정은의 모습을 만드는 어린이용 입체 퍼즐을 공개해 논란이 일었다. 이 퍼즐은 김정은을 '세계 최연소 국가 원수', '한반도 비핵화를 통해 세계 평화를 추구하는 지도자'로 묘사했다. 정부의 대북 화해 정책을 비판해온 문재인 대통령의 정적政敵들은 EBS가 '아이들이 결코 존경해서는 안 될 독재자'를 선전했다며 맹비난했다. 이에 EBS는 즉각 해당 교구를 단종시키고 이미 판매된 퍼즐은 회수할 것이라 밝히며 빠르게 물러섰다.

EBS가 김정은의 리더십을 찬양하는 어린이용 퍼즐을 발행한 것은 북한에 대한 한국 내 극적인 인식 변화를 보여주었다. 이런 인식의 변화는 김정은을 '주적'에서 '한반도 평화 통일의 동반자'로 바꾸려는 문재인 정부의 노력이 반영된 한편 모호한 비핵화 선언과 외교 선회를 통해 살인적 독재자라는 악명을 떨쳐버리려는 김정은의 노력이 효과를 본 결과이다. 물론 트럼프 대통령도 싱가포르 정상회담 이후 갈팡질팡한 외교 전략으로 김정은의 이미지 변신을 돕는 데 한몫했다.

그런데 더 큰 문제는 따로 있다. 이 어린이용 퍼즐을 보면 그간 계속해서 '중대한 사이버 위협'을 제기하고 화학 무기를 이용해 대량 살상 의지를 밝혀온 북한의 실체를 잊기 쉽다는 점이다. 우리가 김정은의 부드러운 캐리커처 이미지에 사로잡혀 정책을 도출하고 또 그의 전략적인 목표와 본질을 놓치며 그의 전술에 잘못된 반응을 보인다면 아마 세계는 그에게 '한반도에서 계속 사건을 일으킬' 여지를 줄 게 뻔하다.

김정은의 목표

김정은은 북한이 경제 발전을 이루고 북한의 전략적 중요성과 자주성을 공고히 하는 데 '핵무기'가 반드시 필요하다고 생각한다. 북한을 둘러싼 모든 불확실성과 속임수에도 불구하고, 이것만은 분명 확실하다. 핵무기는 그의 권력을 단단히 하고 김 씨 왕조의 영생을 보장하는 핵심 요소다. 2011년 이후 북한 정권의 행동과 선전으로 미루어 볼 때, 김정은은 자신의 권력과 독립성, 그리고 민족 통일이라는 목적을 강조하기 위해서뿐만 아니라 국가 안보를 한미동맹에 의존하고 있는 남한과 반대편에 서기 위해 핵 프로그램을 발전시켜왔다. 김정은은 북한의 군사 프로그램을 국가의 위상과 현대적 진보의 상징으로 보고, 자신의 개인적 유산과 김 씨 왕조의 운명을 핵무기에 걸었다. 더구나 그는 핵무기를 격상해 대중의 의식과 사상적·물리적·문화적 배경으로 편입했으며 이를 헌법에 성문화함으로서 북한의 번영과 연결해왔다.

대외적으로 북한은 미국의 공격과 침략을 저지하고 강압적인 외교를 펼치기 위해 핵무기 프로그램을 휘두르고 있다. 이를 통해 한미동맹과 미일동맹을 약화시키는 동시에 중국으로부터는 독립적인 행동을 인정받고 있으며, 더 부유한 이웃 강대국들 틈바구니에서 북한의 전략적 관련성을 유지시켰다. 지금껏 김정은은 도발적인 행동을 통해 위기 상황을 조성하고 이용했으며, 북한 정권의 예측 불가능성과 변동성에 대한 인식을 교묘히 활용해 경제적·정치적 양보를 이끌어냈다. 김정은은 자신이 이룬 기술적 진보와 핵탄두 장착 대륙 간 탄도 미사일로 미국을 타격하는 잠재적 능력을 보여줌으로써 미국의 주의를 끌었고, 이를 다시 주변국들과의 관계를 형성하고 주도하는 데 사용해왔다. 또한 핵 협상에서 소외될까 우려하는 중국과 이산가족 상봉 및 남북한 경제 협력 추진 등의 과제를 안고 있는 한국, 한반도 문제에서 소외되는 것을 두려워하고 납북자 문제를 해결해야 하는 일본을 이용함으로써 자신들의 요구 조건대로 개입할 수 있었다. 김정일과 마찬가지로 김정은은 양자 관계를 선호해왔다. 이는 그에게 지역 경쟁과 전략적 경쟁, 그리고 역사적 적대감을 이용할 기회를 제공했다. 김정은은 얼버무리기 수법과 외교 수법으로 어느 정도 제재를 약화시키는 데 성공했다.

그렇다. 김정은은 심화하는 고립과 늘어나는 제재에도 불구하고 북한의 능력을 가속화하고 활용하는 데 성공했다. 김정은의 뻔뻔함과 높은 위험 감수성은 그가 이미 진전된 핵무기 프로그램을 가지고 집권했다는 사실에서 비롯된다. 김일성과 김정일은 핵무기 개발을 추진했고, 김정은은 이 프로그램을 자신이 완성했다고 주장한다. 김일성과 김정일은 국제적 지위를 열망했지만, 김정은은 (이 글을 쓰는 시점을 기준으로) 현직 미국 대통령과 세 차례 정상회담을 했다. 김정일은 경제 발전을 경시하고 인민들에게 허리띠를 졸라매라고 촉구했지만, 김정은은 사회주의 동화의 나라를 만들어 인민들에게 핵무기와 경제적 번영 모두를 가질 수 있다고 말했다. 김정일은 자신의 노력으로 북한 관료주의를 헤쳐 나왔지만, 김정은은 곧바로 최정상에 올랐다. 김정일은 세간의 이목을 피하고 비교적 신중한 모습을 보였지만, 김정은은 할아버지 김일성처럼 대중을 껴안고 카리스마 있는 남성으로서 자신을 선전했다.

그리고 이 모든 것은 앞으로도 김정은이 핵무기 프로그램을 포기할 가능성이 매우 낮다는 사실을 의미한다. 오랜 시간 정보계는 이런 점을 지적해왔다. 사실 이런 결론은 그 어느 때보다 지금 유효할 것이다. 경제 원조를 대가로 핵무기를 협상하고자 하는 의지는 김정일이 더 강했다. 은밀하게 핵 능력을 개발하면서 시간을 벌려고 했기 때문이다. 하지만 지금은 상황이 다르다. 지금은 북한의 전략적 무기가 '김정은' 그 자체를 상징하는 개인적인 정체성이 되었다. 또한 경제적 번영과 국가 안보, 핵무기 간의 연결고리가 김정은을 국제무대에 서게 해준다는 사실 등을 고려할 때 김정은이 핵 프로그램 일부를 협상 테이블에 올리는 방안까지 고려할지는 아직까지 불투명하다.

그리고 김정은은 미국과 전쟁을 벌일 만큼 비이성적인 사람이 아니다. 린지 그레이엄 미 상원의원은 '북한의 이 미친 작자가 우리 조국을 타격할 능력을 갖추게 놔두지는 않을 것이다'라고 선언했다. 니키 헤일리 UN 주재 미국대사는 UN 안전보장이사회 회의에서 '김정은이 전쟁을 도발하고 있다'라면서, '가능한 한 가장 강력한 조치'를 촉구했다. 제임스 매티스 국방부 장관은 '미국 영토를 향한 모든 위협에 대해 대규모 군사적 대응으로 맞설 것'이라고 말했다. 이런 언어는 북한의 행동에 대해 경고하는 동시에 동맹국들에게 확신을 주고 그 순간의 긴장을 반영하기 위한 노력이었을 것이다. 또한 이는 2011년 김정은이 집권한 이후 그에 대한 논의에 집요하게 따라 붙었던 '김정은이 비이성적이고 무모하다'라는 생각을 표현하고 있다. 하지만 이런 생각은 김정은의 의도와 능력을 분리해서 보지 않고 김정은이 미국과의 핵전쟁을 추구한다는, 거의 존재하지도 않는 전략적 의도를 추정한 것과 다름없다.

지난 수년간 정보계는 김정은이 이성적인 인물이며, 핵무기의 주된 목적은 체제 생존을 위한 억지력과 국제적 지위 확보라고 거듭 강조해왔다. 김정은은 북한에 대한 공격이 임박했다고 판단할 때에만 미국이나 미국의 동맹국들을 상대로 핵무기를 사용할 가능성이 높다. 김정은이 핵 프로그램을 직접 관리하는 것, 북한 정권이 군사 퍼레이드를 통해 다양한 기술적 이정표를 공개적으로 기념하는 것, 과학자와 기술자의 지위를 높인 것 등 이 모든 것이 핵무기가 북한 내부에서 '자부심의 원천'이며 김정은이라는 브랜드의 중요한 부분임을 시사한다. 더구나 북한은 2013년 '핵 보유국 지위를 공고히 하기 위한' 법안에서 주장한 바와 같이 핵무기 보유 목적은 억제력을 위한 것이고, 이런 북한 입장의 근거는 바로 '미국'이라고 일관되게 주장해왔다. 당시 김정은은 다음과 같이 말했다.

> "침략자와 침략 거점에 대해 핵으로 정밀 타격하는 능력을 확고히 갖추었을 때, 지구상 그 어디에 있는 그 어떤 침략자도 감히 함부로 공격할 수 없다. 핵 타격 능력이 크고 강력할수록 침략을 저지하는 힘은 더욱 커진다. 특히 적국이 미국인 우리나라의 경우 양적·질적으로 핵무장 군사력을 굳건히 보강할 필요가 있다."

그 후 북한 정권의 성명은 계속 비슷한 노선을 고수하고 있다. 2018년 신년사에서 김정은은 '북한은 평화를 사랑하는 핵보유국으로서 침략적 적대 세력이 우리의 주권과 이익을 침해하지 않는 한 핵무기를 사용하지 않을 것이며, 핵무기로 어떤 나라나 지역을 위협하지 않을 것이다. 하지만 한반도 평화와 안보를 파괴하는 어떤 행위가 발생한다면 단호히 대응할 것이다'라고 말했다. 김정은은 이런 메시지를 강조하면서 지역 지도자들과 미국 대통령과의 거듭된 정상회담을 통해 정치가로서의 이미지를 세심하게 구축했고 자신의 정체성 또한 확실히 강화해왔다. 2019년 그의 신년사는 책임 있는 국가 원수로서의 자기 위상을 높이기 위한 것으로 보인다. 그는 2017년 이후부터 그래왔던 것처럼 양복과 넥타이를 매고 텔레비전을 통해 연설했지만, 이번에는 푹신한 가죽 의자에 편안히 앉아 이야기했다. 그의 외모가 연설 어조를 더 부드럽게 느껴지도록 만들었고, 그가 현대적인 지도자이자 공감대를 형성하는 핵보유국의 강력하고 책임 있는 관리인으로 보이게 했다. 이를 두고 2017년 미국 국무부 아시아 최고 전문가였던 에번스 리비어Evans Revere는 '북한의 새로운 목표는 미국이 핵보유국 북한을 받아들이고, 공생을 위한 조건들을 논의하며 적대감을 종식하는 데 동의하는 것'이라고 말했다.

'핵 프로그램 완성'을 선언한 김정은이 자신의 정통성과 유산을 뒷받침하는 핵을 포기할 가능성은 오히려 그의 아버지 때보다 적어 보인다. 더욱이 오늘날 세계에서 김정은의 위상을 지켜보자면, 아들에게 강력한 안보와 세계적 지위를 선물하기 위해 힘겨운 세월을 헤쳐 나갔을 김정일의 행보가 결국에는 옳았음을 증명하고 있다.

가정 검토

　김정은의 호전성을 예측하는 데 익숙했던 분석가들은 그가 2018년 초 정책의 방향을 외교로 급선회하자 난관에 봉착했다. 리처즈 휴어는 '관찰자에게 어떤 이미지나 사고방식에 대한 기대감이 형성되면 이것이 곧 미래의 인식에 영향을 미친다'라고 경고한 바 있다. 2017년 당시 미국 전문가들은 김정은을 '미친' 또는 '비이성적인'이라는 말로 수식했다. 하지만 이듬해에 많은 한국 전문가들은 김정은을 둘러싼 안보 우려를 누그러뜨리고 그가 국제사회에 통합될 수 있는 조처를 지지하기 시작했다. 진자의 축이 전혀 다른 방향으로 흔들린 것이다. 미국을 향해 핵무기를 휘두르는 '미치광이'의 모습과, "새로운 시대"를 언급하며 북미 관계의 개선 가능성에 낙관론을 불러일으키는 '북한 정치인'의 모습이 교차했다. 그리고 여전히 이 같은 북한의 의도를 둘러싸고 동아시아 지역과 미국 내 안보 커뮤니티 간의 견해가 크게 엇갈리고 있다.

　열린 외교의 가능성에 흥미를 느낀 일부 한반도 전문가들은 압박보다는 유인책을 더 우선시해야 한다고 주장했다. 미국 대통령이 보내온 우호적인 트윗과 김정은이 사랑스러운 그의 아내와 웃고 있는 모습, 대외 협상에 노련한 글로벌 리더로서 TV 생중계되는 정상회담 속 이미지들만 보면 북한의 행보는 충분히 평화를 위한 행동으로 비칠 수 있다.

한반도 평화와 세계 경제에 통합된 북한을 상상하는 것은 달콤하게 느껴진다. 외교로 선회한 김정은에게 고무된 선의의 평화 운동가들과 학자들은 늘 북한이 미국으로부터 체제 안전 보장을 받아야 한다고 생각했으며 북한의 핵무기 개발은 미국으로부터 위협에 대비한 타당한 대응책이라고 여겨왔다. (북한은 군사적 타격을 저지할 핵무기가 없는 상태에서 일어날 제2차 한국전쟁을 두려워한다.) 그리고 이 같은 평화 옹호자 가운데 일부는 한반도 분단의 책임이 미국에 있다고 본다. 한미 동맹의 성격, 특히 한미상호방위 조약과 미국의 압도적인 군사력을 볼 때 북한이 편집증적이고 억압적인 국가가 될 수밖에 없었다는 논리다. 이들을 포함한 일부 인사들은 한반도가 아직 전시 상태라는 점을 고려할 때 북한이 평화 협정과 제재 해제 없는 비핵화에 저항하는 것은 마땅한 일이라고 여긴다. 문재인 정부와 트럼프 행정부가 경제적 유인책을 충분히 제공해야 김정은이 초점을 경제 발전으로 돌릴 수 있다고 보는 것이다. 나아가 일부 학자들은 김정은이 스스로 훌륭한 경제 개혁가가 되기를 희망한다고 주장했다. 한 아시아 학자는 김정은이 '북한을 정상적인 동아시아 국가로 만들고 다른 나라를 따라잡아 그 지역에 통합되기를 바란다'고 말했다.

물론 이들의 주장이 옳을 수도 있다. 북한이 미국을 유일한 위협으로 인식하고, 핵무기 프로그램을 엄격한 방어의 목적으로 사용한다고 가정할 때만 그렇다. 하지만 사실은 다르다. 김 씨 일가는 미국은 물론 한국, 중국, 궁극적으로는 북한 주민들까지 자신들의 생존을 위협하는 요소로 보고 있다. 그리고 김정은은 2011년 12월에 집권한 이후 북한 정권의 핵 프로그램과 강압 외교, 탄압을 통해 이런 도전들에 체계적으로 대응해왔다.

　이제부터 나는 왜 김정은이 미국과의 평화협정을 원하지 않는다고 생각하는지 설명하고자 한다. 첫째, 미국이 평화선언에 동의하면서 북한의 체제 안전을 보장할 때는, 김정은의 평화 사상이 곧 핵 포기와 연계되어 있다는 핵심 전제가 성립할 때만 가능하다. 실제로 하노이 정상회담이 갑작스레 종료되기 전까지는 북미 간 평화선언과 연락사무소 교환이 검토되고 있었다. 그런데 회담이 갑자기 결렬되었다. 김정은이 양국 관계를 한층 더 정상적으로 나아가게 하는 것보다 제재를 해제하는 것에 무게를 실었기 때문이다. 북한의 핵 야망 역사와 수십 년간 쌓아올린 김 씨 왕조의 이념적 인프라, 그리고 북한 정권의 공개 성명을 볼 때 '평화'란 핵무기를 지녔을 때만 성취할 수 있는 것임을 강력히 시사하고 있다.

　북한 정권에는 '적대적인' 외부 세계가 꼭 필요하다. 부족한 자원을 군사 프로그램으로 전용하는 데 정당성을 부여하고, 북한의 경제 문제를 외부 세계에 전가하며, 김 씨 일가의 신화를 북한 존립의 수호자로서 유지할 수 있기 때문이다. 오벌린대학에서 동아시아학을 가르치는 실라 미요시 야거Sheila Miyoshi Jager 교수는 '평화를 파괴하는 것은 북한이 1950년 남한을 침공한 이후 그들의 주요 전략적 목표'였다고 주장했다. 북한 정권이 한국전쟁과 유격대 투쟁을 계속해서 선전하고 교육하며, 기념비를 건립한 이유는 미국에 대한 공포를 끊임없이 되새김질하기 위함이었다. 특히 젊은 나이에 권력 세습 과정에서의 난관을 극복하고 미국의 '화염과 분노'를 제압한 김정은으로서는 핵무기 프로그램의 완성이 '위대한 승리'이자 북한의 안보와 번영을 '안정적으로 보장할 평화 수호를 위한 강력한 전가의 보도'였다. 2017년 9월 6차 핵 실험과 같은 해 대륙 간 탄도 미사일 시험 발사 직후 북한의 뉴스를 전문으로 제공하는 《NK뉴스》는 "북한 관영 매체들이 '국가 핵무력 완성'을 축하하는 집회를 열고 '조국의 영원한 장밋빛 미래'를 연 김정은에게 감사를 표하는 북한 관리들의 모습을 내보냈다"고 보도했다.

김정은은 자신의 요새화된 국가를 보존하기 위해 노력해야 하는 이유를 틀림없이 알았을 것이다. 그는 정치적 의지와 지도력으로 전략적 등가성Strategic Equivalence을 얻어냈고, 마침내 미국 대통령과 여러 번에 걸쳐 정상회담을 나눌 수 있는 위치에 섰다. 그는 오직 자신만이 북한의 안보를 지킬 수 있다고 믿었으며, 그러면서도 자신의 책상 위에 핵 단추가 있음을 분명히 밝혔다. 김정은이 북한 역사에서 배운 것이 있다면 그 누구도 믿을 수 없다는 점이었다. 과거 제국주의 세력이자 식민주의 국가였던 일본은 당연히 신뢰할 수 없었으며, 역대 대통령들이 북한의 테러 활동과 핵무기 계획을 징벌했던 한국도 믿을 수 없었다. 심지어는 한국과 관계 정상화를 선택하며 UN 제재에 서명했던 중국과 러시아도 마찬가지였다. 게다가 한국과 미국, 일본의 민주정부는 바뀐 대통령에 따라 정책도 변하기에 정세가 혼란스러웠다. 이들은 북한에 유리한 정책을 장기적으로 지속할 수 없었기에 북한은 안심하고 희망을 품을 수 없었다.

자기 국민도 신뢰하지 않는 김정은이 강대국과의 경제 통합 과정에서 발생할 정보 침투의 위험성을 가볍게 여길 리 만무했다. 가장 큰 권력이 국민에게 있으며 그들이 서로 연결됐을 때 발생할 위협적인 상황을 굳이 멀리서 찾을 필요도 없었다. 2017년 한국 최초의 여성 대통령을 탄핵시킨 촛불시위는 부패한 정부에 대한 시민들의 정당한 불만이 불씨가 되어 소셜미디어를 타고 걷잡을 수 없이 퍼져 나가면서 시작됐다. 김정은이 국경 감시를 강화하고, 탈북자나 불법 시장 활동을 하는 사람들(한국 드라마나 영화,

책, 음악을 소비하는 사람까지)을 엄벌하며 광범위한 감시망을 구축하려는 이유도 이처럼 억압적인 조치가 완화되면 북한 정권에 어떤 불안정한 영향을 미칠지 그가 잘 이해하고 있음을 나타낸다. 한편으로 그가 북한에 독자적인 인트라넷을 구축하며, 럭셔리 상품과 서비스를 국내에서 생산하고 소비하게 한 것, 더불어 한국과 중국의 취향에 점점 더 가까워지는 대중들의 구미에 맞도록 체제 선전을 현대화하려는 시도 등은 북한 주민들의 삶을 통제하기 위한 그의 공격적인 노력을 뒷받침하고 있다.

게다가 이 젊은 지도자가 번영을 원하는 만큼 북한에는 경제 개혁과 통합이 요구될 것이다. 이 과정에서 외국인 투자와 혁신, 그리고 기업가정신과 개발을 촉진하기 위한 유인책이 수반될 것이다. 이는 북한과 북한 주민들에게 더 많은 정보가 유입된다는 것을 의미한다. 결국 김 씨 가문의 통치를 둘러싼 신화가 언제든지 허물어질 수 있는 것이다. 세계 경제 대국으로 손꼽히는 나라이자 북한과 국경, 언어, 역사를 공유해온 나라, 질식할 것 같은 미 제국주의의 속박에 얽매어 산다고 여겨 왔지만 실제로는 번창한 나라인 한국이 김정은 정권에 실존적인 위협을 가하고 있다. 야거 교수는 다음과 같이 요약한다. '한국의 기적적인 경제 성장과 진보한 민주주의는 권력을 장악한 북한 정권을 위협한다. 북한 주민들이 남한에 대해 더 많이 알게 될수록 그들이 국내에서 겪는 가난과 억압을 참아낼 가능성이 희박해지기 때문이다.' 더욱이 통일 이후에는 지금껏 북한의 소규모 시장 주체들을 지배해온 당과 군 고위 간부들은 더 정교하고 조직적으로 움직이는 남한 자본가들에게 밀릴 것이다.

이 같은 결론으로 미루어 보아 김정은은 평화보다는 갈등, 경제 통합보다는 자립에 초점을 두고 있으며, 자신의 생존과 김 씨일가의 영속을 위하여 비핵화가 아닌 핵무기 보유에 방점을 찍고 있다.

자만심

사실 우리는 김정은이 핵과 미사일 프로그램을 이용해 (할아버지의 꿈인 한반도 통일에 좋은 여건을 조성하려는 등) 공격적인 목표를 향해 나아갈 가능성을 경계해야 한다. 2011년 이후 김정은은 훨씬 더 대담해졌다. 그는 자신의 악행이 받아들여질 수 있는 국제적 관용의 경계를 넓혔으며, 북한 정권의 생존을 위협할 수 있는 미국이나 동맹국의 군사적 대응을 촉발하기 직전까지만 도발 수위를 높였다. 북한의 행동과 성명, 역사와 이념은 핵전쟁을 막거나 평화 또는 미국과의 관계 정상화를 위해서가 아닌, 자신들의 오랜 염원인 북한식 통일을 위한 방향으로 점점 더 나아갔다. 핵무기를 다변화하거나 제2격 핵 능력Second-strike Nuclear Capability(적의 제1격을 받은 후에도 보복 핵 공격으로 적에게 큰 피해를 줄 수 있는 능력-옮긴이)을 개발하고, 재래식 군비와 훈련을 개선하면서 감시와 정찰 능력을 향상하기 위한 김정은의 노력은 북한이 주장하는 단순한 방어 목적을 넘어섰다. 1998년 전직 안보 관료와 학계 전문가, CIA 분석가들로 구성된 한 위원회에서 내린 '북한 정권은 한반도를 통일하려는 사명에서 이념적 정당성을 얻는다'는 결론은 오늘날에도 여전히 유효한 것으로 보인다.

브루킹스연구소의 학자이자 전 동아시아 국가정보관리관인 리처드 부시Richard Bush는 2017년 '북한의 핵 개발 속도와 성공이 의미하는 진정한 위험은 한반도에서의 동맹 약화와 단계적 핵 확산이 통제되지 않을 가능성이다'라고 말했다. 그는 이른바 '비동조화' 문제에 경종을 울렸다. 북한이 미국을 타격할 수 있다면 미국은 한국을 구하기 위해 구태여 샌프란시스코를 위험에 빠뜨리는 선택을 하지 않을 것이다. 이는 한반도에서 미국의 신뢰도와 영향력이 약화될 수 있음을 의미한다. 게다가 미국을 저지할 수 있다는 자신감을 얻은 김정은이 자신들의 행동반경을 넓히면서 한국의 결의를 탐색하고 내부 분열을 조장하며 미국과 동맹국의 사이를 틀어지게 하기 위하여 한국에 재래식 공격을 가하려고 할 수도 있다. 이 모든 것은 북한이 실제로 핵무기를 사용하거나 포를 쏘지 않고도 성취할 수 있는 일이다. 김정은은 이미 한미동맹을 깎아내리는 외교 카드를 휘둘렀고, 핵보유국 지위와 혐오스러운 인권 침해국이라는 북한의 국가 이미지를 정상 반열에 올려놓았으며, 국제적으로 이미지를 회복하는 데 성공했다. 그리고 앞으로도 그는 계속 그럴 것이다.

김정은은 아직 자신의 할아버지와 아버지가 맞닥뜨려야 했던 '진짜 위기'에 직면하지 않았다. 그 사실이 그의 자신감을 한층 고취시켜놓았을지도 모른다. 핵 프로그램을 양보하지 않고도 정상회담을 이뤄낸 그는, 앞으로 자신의 뜻을 이루기 위해 도발적인 행동을 서슴지 않는 전술을 되풀이할 것이다. 그러다가 훗날 외교 전술로 선회한다면 국제 제재를 축소하거나 완화할 수 있다는 믿음이 학습을 통해 더욱 굳건해졌다. 그는 미국이 결국 군사 행동을 단념할 것이라는 그럴싸한 가정하에 자기 마음대로 행동했다. 중국과 러시아는 북한 정권을 포기하지 않을 것이며, 미국과 중국은 한국과 일본이 북한에 군사 공격을 하지 못하도록 노력할 것이다. 또한 미국은 한국과 일본의 핵무기 개발을 제지할 것이다.

김정은이 집권한 이후 지금까지 (심지어 그가 황당한 발언과 도발을 서슴지 않던 시기에도) 이런 추정은 사실로 확인돼왔다. 수년간 중국의 지도자들은 북한뿐만 아니라 미국과 남한을 포함한 '모든 당사국'에 '조용히 자제하고' 대화를 통해 문제를 해결하며 '지역 평화와 안정을 유지'하는 것이 최우선이라는 노선을 고수해왔다. 북한이 비핵화 진전을 위한 아무런 노력을 하지 않았는데도, 시진핑 주석은 2019년 6월 평양을 방문하여 북한과의 관계를 강화하겠다고 약속했다. 그리고 이 약속은 북한의 내부에 있던 우려까지도 확실히 누그러뜨렸다. 러시아 역시 북한에게는 비교적 신뢰할 수 있는 파트너다. 러시아는 2018년 9월 UN 안전보장이사회를 비롯하여 2019년 12월에도 북한에 대한 국제사회의 제재 완화를 촉구했다. 당시 북한이 핵무기 활동을 지속하고 있다는 보고가 있었음에도 말이다. 2014년 러시아는 북한 부채의 90퍼센트에 달하는 110억 달러를 탕감해줬고, 2019년 4월에는 푸틴 대통령과 김정은이 처음으로 만났다. 이는 중국과 러시아의 지지를 얻기 위해 구애한 김정은에게 두 강대국 모두 북한을 버리지 않겠다는 신호를 보낸 것으로 풀이할 수 있다.

김정은은 미국에 군사 충돌 욕구가 없다는 것 또한 확인했다. 그동안 한국과 미국은 전쟁을 일으킬 수 있는 행동을 서로 제지해왔다. 문재인 대통령은 그동안 미국의 대북 군사 공격에 반대하는 목소리를 높여왔으며, 이제까지의 모든 미국 행정부가 북한을 향한 핵이나 재래식 군사 공격을 고려했음에도 수많은 인명

피해가 예상돼 실행으로 옮기지는 못했다. 그리고 이는 김정은이 분명히 직시하고 있는 바이다. 미국 행정부 또한 전쟁 가능성이 있는 한국의 조처들에 반대해왔다. 2010년 북한은 김정은이 후계자 준비를 하는 과정에서 한국의 군사 훈련 기간에 연평도 포격으로 도발했다. 그해 초 북한은 한국에서 예정된 군사 훈련을 감행할 경우 천안함 폭침에 이어 곧장 대응하겠다며 위협했지만, 한국 역시 물러설 기분이 아니었다. 이에 오바마 행정부는 한반도 문제 전문가 밴 잭슨이 자신의 저서 『온 더 브링크』에서 언급한 대로, 보수적인 이명박 정부가 취할 조처를 우려하며 북한에 대한 보복 조치를 하지 말아 달라고 요청했다.

한국과 미국의 기조에 확신을 얻은 김정은은 앞으로도 북한의 경쟁자들과 균형을 잡기 위해 인터넷이나 다른 강압적인 도구를 이용하며 제한적인 공격 행위를 계속할 것이다. 그가 어떠한 책임도 지지 않을 수 있다는 가설을 시험하기 위해 그가 얼마나 대담한 도발을 이어갈지에 대해 걱정해야 한다. 미국이 다시한번 심각하게 군사적 타격 옵션을 고려하더라도, 김정은이 이를 2017년 '화염과 분노' 때처럼 대수롭지 않게 받아들이면 의도하지 않은 충돌로 번질 수 있다. 북미 관계는 그만큼 악화될 것이고, 미국이 이에 동맹국의 지지를 받지 못하고 홀로 서게 된다면 김정은의 자긍심은 하늘을 찌를 것이다.

하지만 김정은은 불사신이 아니다. 오랫동안 북한을 연구해온 북한 전문가 조너선 폴락은 "북한의 근본적인 골칫거리는 그 영향이 북한 사회 전체에 미치고 오래간다는 것"이라며 "자립 국가 비전은 북한에 실제로 필요한 것과는 거리가 멀다"고 주장해왔다. 북한이 자초한 고립의 결과로 북한의 교역 대상은 (그들 무역의 90퍼센트 이상을 차지하는) 하나의 국가, 중국으로 축소되었다.

그리고 최고 수위의 압박 제재가 북한을 더욱 곤란하게 하고 있다. 북한의 2위 교역국인 인도와의 수출입도 2017년 전년 대비 10퍼센트 감소한 700만 달러를 조금 넘는 수준에서 그쳤고, 3위인 러시아와는 70퍼센트 감소한 200달러 안팎으로 2위와 상당한 차이가 있다. 남북 교역은 2016년 3억 3300만 달러에서 약 100만 달러로 급감해 격차는 더욱 심해졌다. 통일 시나리오에 있어 북한의 흡수 통일 공포가 더욱 심해진 것이다. (시장조사업체 IHS마킷IHS Markit에 따르면 2016년 인구 2500만 명인 북한의 전체 무역액은 약 64억 달러로, 인구 50만 명의 몰타보다 작았다. 한국의 총 무역액은 8350억 달러로 북한보다 130배 많았다.)

그렇다면 중국과 무역은 어땠을까? 2017년 북한의 대중 수출은 2001년 이후 가장 적은 2억 1000만 달러로, 90퍼센트 가까이 줄었다. 반면 수입은 22억 달러로 33퍼센트가량 감소하면서 대중 무역 적자가 거의 20억 달러로 급증했다. 2018년에는 중국의 제재 이행 결과로 북한의 대중 무역이 전년 대비 50퍼센트 가까이 감소했는데, 북한의 무역 활동에서 중국이 차지하는 비중이 압도적으로 높은 점을 고려할 때 전체 대외 교역량도 비슷한 감소세를 띤 것으로 보인다.

북한의 경제 규모는 2018년 전반적으로 5퍼센트가량 줄어들어, 엄청난 기근에 시달렸던 1997년에 버금가는 수준으로 축소됐다. 김정은은 집권 후 처음으로 북한의 대외 무역이 30억 달러 아래로 떨어지는 모습을 지켜보았다. 김정은은 분명 자신의 무기 계획이 추진 중인 경제 번영에 얼마나 큰 타격을 입혔는지 잘 알고 있을 것이다.

북한은 물론 통계를 공식적으로 발표하지는 않는다. 다만 2019년 초에 북한에서 흘러나온 검증되지 않은 정보와 보도를 참고하면, 북한은 당시 교역이 중단돼 석유 수입에 난항을 겪으면서 정부 지원으로 돌아가던 공장과 광산의 생산 활동이 중단됐다. 그로 인해 해외 노동자들에게 더 많은 돈을 쥐어짜내 국내의 여러 프로젝트에 자금을 대려 하고 있었다. 북한이 유럽과 동남아시아뿐 아니라 주변국과의 관계를 구축하기 위해 각지에 외교관을 파견한 것은 투자와 무역 관계를 활성화하기 위함이었다. 한편 북한 정권은 정보 침투 확대와 시장화, 그리고 이념보다는 돈에 의해 움직이는 신흥 부유층의 성장 등으로 압박을 받고 있다. 이런 조건들이 내부 모순의 무게에 짓눌린 정권을 잠재적으로 압도할 수도 있다는 우려를 더하고 있다.

　김정은은 당면하고 있는 도전 과제의 윤곽을 이해하고 있을 것이다. 그렇기에 그는 외교 활동을 통해 자기 행동의 부정적인 영향력을 완화하려 노력할 것이다. 예컨대 중국이 북한에 등을 돌리지 않게 하면서 역내 국가들의 틈바구니를 잘 이용하는 동시에 중국 의존도를 낮추기 위해 한국과 다른 나라들의 외국인 투자와 지원을 장려할 것이다. 또한 대북 제재를 줄이려고도 노력할 것이다. 김정은은 아버지처럼 나라를 그럭저럭 꾸려나가는 것을 원하지 않는다. 그가 진정으로 바라는 것은 북한의 경제 발전임이 확실하다. 향후 수십 년간 권력을 유지하면서 안정되고 번창한 (그리고 핵무기로 무장한) 북한을 자녀 중 한 명에게 물려주려할 것이 분명하다. 그렇기는 해도 점차 개인주의 성향이 짙어지는 젊은 세대들의 기대감과 심각한 제재의 여파, 그리고 북한의 의도적인 고립 사이에서 김정은이 자신의 열망과 계획을 실현하기는 쉽지 않을 것으로 보인다.

　하지만 단 몇 달 만에 외교로 빠르게 태세를 전환해서 한국, 중국, 러시아와 정상회담을 이끌어낸 그의 능력은 손에 쥔 무기나 누군가의 희생 없이도 자신이 세운 목표를 달성할 수 있다는 자신감을 키웠을 것이다. 외교와 도발 사이에서 정교하게 줄타기를 하며 모호성과 아첨을 능수능란하게 구사하는 그의 능력을 예의 주시해야 한다. 그의 의도를 정확하게 파악하고 주어진 시나리오에서 위험과 기회를 식별할 줄 아는 민첩한 분석력이 우리에게 필요한 이유다.

진화하는 수수께끼

김정은의 의도를 파악하는 것이 퍼즐을 완성하는 일과 같다면, 북한 문제의 해결책을 고안해내는 것은 루빅큐브(여러 가지 색깔이 칠해진 사각형들로 구성된 정육면체의 각 면을 동일한 색깔로 맞추는 퍼즐 장난감-옮긴이)를 맞추는 일과 같다. 루빅큐브는 끝없는 순열로 플레이어를 당황하게 한다. 게다가 한 면을 겨우 맞추고 난 뒤에도 여전히 뒤죽박죽 색이 섞여 있는 나머지 다섯 면은 더 큰 좌절감을 준다. 북한 문제에 있어 모든 해결책은 '비핵화'로 통한다. 또 다른 우선 과제는 김정은이 집권한 이후 더 다양해지고 더 기동성을 갖추며 비약적으로 발전한 세계 안보를 위협하는 핵무기 프로그램과 북한 정권으로 향하는 자금줄을 막는 일이다.

하지만 우리는 또한 북한 안팎에서 들이닥치는 위험 상황에 김정은의 인식이 어떻게 발전하고 변화하는지도 주시해야 한다. 핵무기 프로그램의 사유화와 사회주의 동화 나라에 대한 약속, 그리고 한국과 미국, 중국, 러시아와의 경제 관계 개선에 김정은이 실패했다는 느낌을 주게 할 수도 있다. 자신은 무슨 일을 해도 자유롭다는 김정은의 전제를 뒤흔들고, 도발하면 보상받을 수 있다는 순환을 끊을 장기 전략을 유지해야 한다. 김정은이 옳지 못한 행동을 할 경우 그에 상응하는 대가를 치르게 될 것이라는 미국 정부의 일관된 의지가 필요하다. 거기에 국제사회가 긴밀히 협력해 북한의 모험주의를 저지하고 단념시켜야 할 것이다.

국제사회는 공공과 민간 분야에서 핵무기가 김정은 자신의 생존을 보장하는 장치가 아니며, 오히려 그를 더 위험하게 만들 수 있다는 사실을 설득하는 방향으로 압박과 협상 전략을 정교하게 구사해야 한다. 우리 스스로 김정은이 느끼는 공포와 우려, 욕망의 전체상을 이해하고 이용하지 않으면 제재와 경제적 유인책, 군사 행동의 위협만으로는 핵무장을 포기하게 할 수 없다. 우리의 정책은 외부적으로 북한을 압박하는 동시에 김정은이 국내에서 높은 대가를 치르는 방식으로 진행되어야 한다. 그렇다면 일부 정치 운동가나 학계의 주장처럼 김정은이 요구하는 것을 그저 내어주고 그에게 '안전감'을 심어주는 것이 아니라, 핵무기가 (자산이 아니라) 자신의 통치와 체제 보존에 더 큰 위협이 될 수 있음을 믿게 하는 방향으로 이루어져야 한다. 즉, 그의 위험한 계산법을 바꾸는 것이다.

그러기 위해서는 우선 동맹에 초점을 맞춰야 한다. 동맹국이나 파트너들 사이에 균열이 생기거나 동아시아 지역에 대한 미국의 신뢰에 의심이 드는 순간, 유리해지는 것은 김정은뿐이다. 이는 그에게 지역 안정을 교란할 수 있는 여지를 주며 국제적 군사 보복의 임계점에는 살짝 못 미치는 폭력 행위를 감행하게 할 수 있다. 북한은 태평양에서 수소 폭탄 실험을 하겠다고 위협한 바 있다. 한국과 일본을 향한 북한의 공격 능력은 계속 강화하고 있으며, 실제로 북한은 과거 한국에 치명적인 공격을 가한 적이 있다. 북한은 정권에 필요한 수익을 창출하기 위해 사이버 테러활동 또한 계속해왔으며 재래식 무기와 신식 무기의 확산자로서 이란과 시리아에 미사일 관련 기술을 이전했다.

동맹국의 안보를 지키려는 미국의 분명한 선언과 시위, 그리고 한국과 일본 간의 방위 협력 증대는 지역의 안정을 해치려는 북한의 그릇된 성향을 누그러뜨릴 것이다. 라이언 하스Ryan Hass 미국가안전보장회의 전 중국 국장과 내가 「브루킹스 외교정책 브리핑Brookings Foreign Policy Brief」에서 주장했듯이 "미국과 우방인 한국, 그리고 일본이 가장 먼저 해야 할 일은 북한의 위협을 최소화하기 위해 3국이 공동으로 실행할 수 있는 옵션 메뉴를 개발한 뒤 이로써 3국이 보조를 맞출 때 중국에는 협력하거나 물러나 있으라고 선택권을 제시하는 일"이다. 여기에는 북한에 대한 은밀하고 노골적인 조처들과, 한국과 일본이 위협적인 특정 상황에 도래했을 때 자국의 안보를 강화하기 위하여 취할 수 있는 조처들이 포함된다. 이런 합의는 한국과 일본이 북한을 향한 국제사회의 노력을 무력화시키는 일방적인 행동을 하지 못하게 하는 동시에 중국이 북한을 감싸기보다는 압박하도록 부추길 것이다.

둘째, 최고의 압박 제재 체계를 구축하고 또 유지해야 한다. 북한과의 협상에서 이를 당근으로 삼고 북한의 핵·탄도 미사일 기술 확산을 막는 한편 그들의 추가 핵 개발을 지연시키기 위해서다. 하지만 제재는 저절로 이행되는 것이 아니다. 제재가 효과를 발휘하기까지는 얼마간 시간이 필요하다. 북한을 효과적으로 제재하기 위해서는 미국의 리더십과 주도권이 필요하다. 또한 동맹국과 파트너들이 북한의 제재 위반에 대한 경계를 유지해야 하며, 북한이 조금이라도 핵을 포기할 가능성을 보인다면 제재를 해야 마땅하다는 공감대도 형성되어야 한다.

2019년 3월 UN 전문가 위원회의 연례보고서가 발표되면서 국제 공조의 중요성이 부각됐다. UN 전문가 위원회U.N. Panel of Experts는 UN 안전보장이사회의 대북 제재 이행 감시를 담당하는 그룹이다. 이 보고서는 북한과 북한을 돕는 제3국 조력자들이 사용하는 제재 위반과 회피 전술을 폭넓게 다루고 있다. 이 보고서에 따르면 싱가포르 기업들이 금지된 사치품을 북한에 밀반출해온 것으로 알려졌다. 한국 정부 관리들은 이미 수입 상한선을 초과했다는 미국의 경고에도 불구하고 북한에 석유 제품을 이전했고, 정부 차원에서도 이에 대한 보고를 누락하며 UN의 규정과 요구사항을 어겼다. 북한 금융 기관 대표들은 중국과 시리아, 아랍에미리트, 러시아 등 여러 나라를 자유롭게 여행하면서 사업을 하고 있었다. 국제 사회는 북한의 사이버 공격을 막기 위한 노력에 더욱 심혈을 기울여야 한다. UN 보고서에 따르면 북한은 금융제재를 피하기 위해 사이버 공격을 악용해온 것으로 밝혀졌다. 중국은 사이버 행위에 관대해서 사이버 테러리스트들이 선호하는 국가다. 따라서 중국의 네트워크를 이용하거나 중국에서 활동하는 악성 사이버 테러리스트들을 차단하기 위해서는 특히 중국의 협조가 절실하다. 이 같은 위반 행위들이 모여 김정은 정권을 떠받치고 있으며 국제적 규칙과 규범에 대한 북한의 반항을 부채질하고 있기 때문이다.

셋째, 국제적 목적이 일치한다는 것을 나타내는 신호로서 미국은 한국과 일본, 중국, 러시아와 5자회담을 열고 지역의 이해 당사자들과 함께 일관되고 제도화된 대화를 하기 위해 노력해야 한다. 이 그룹은 5자회담을 통해 북한이 전략적으로 핵무기 프로그램을 포기한다면 기꺼이 제공할 경제적 혜택과 기타 혜택의 범위를 논하고, 이것이 각 나라의 정권이 바뀌어도 변하지 않는 지속 가능한 결정이라는 점을 북한에 보여주어야 한다. 또한 이해당사자들은 국제 공조를 혼란스럽게 하고 약화시키려는 향후 북한의 행보를 미리 예측하고 이에 대한 시나리오와 대응책을 개발해야 한다.

넷째, 김일성과 김정일이 구축하고 김정은이 현대화된 도구와 기법으로 보강한 억압의 인프라를 약화시키기 위해 노력해야 한다. 미국과 국제 사회는 북한 정권을 더욱더 압박하는 방법을 모색하는 한편, 미국은 트럼프 행정부에 들어서면서 폐기한 인권 특사를 다시 임명해야 한다. 더불어 북한 주민들에 대한 김정은의 잔혹한 통치가 눈에 띄게 완화되지 않는 한 대북 제재를 해제해서도 안 된다. 북한은 과학자와 기술자, 그리고 군 관계자들이 정부의 보복을 두려워하지 않고 정확한 데이터를 자유롭게 제공할 수 있는 개방적인 환경이 아니다. 그렇기에 어설프게 제재를 완화하면 잠재적 비핵화 조치도 검증할 수 없게 된다.

마지막으로, 미국은 북한 사회에 정보를 전파하는 프로그램에 대한 투자를 촉진해야 한다. 이와 함께 미국은 탈핵 시대를 대비하여 신뢰할 수 있는 대안적 비전을 수립하고 보급해야 한다. 이는 북한 체제의 허약함을 드러내는 한편 북한의 지도층이 내부 압력에 더욱 관심을 보이도록 부추기는 데 도움이 될 것이다. 이

때의 목표는 그동안 도외시되었던 이해당사자 집단, 즉 북한 주민들을 활용하는 것이다. 『북한의 숨겨진 혁명North Korea's Hidden Revolution』을 쓴 백지은 씨는 10년 간 수백 명의 탈북민을 취재하며 그들에게 긍정적인 변화를 이끌어내기 위해서는 북한으로 유입되는 정보의 흐름을 늘려야 한다는 결론을 얻었다고 밝혔다. 그는 "정보 보급은 북한 주민들이 요구하는 것이기에 의미가 크다. 북한 주민들이 더 많은 정보를 접할 수 있게 되면 국가를 상대로 자신들의 미래와 운명을 결정할 힘, 그리고 자기결정권과 지식을 갖게 된다"라고 썼다. 미국 국가정보위원회에서 한국 담당 국가정보차장을 역임했을 때 상사로 모셨던 제임스 클래퍼 전 미국 국가정보국장도 이런 평가에 동의했을 것이다. 그는 회고록에서 "우리는 정보에 목마른 북한 주민들의 갈증을 해소하기에는 제한된 수단을 갖고 있다"고 개탄하며, "북한에 대항하기 위해서는 우리의 가장 큰 강점인 개방성과 정보 활용 능력을 고려할 필요가 있다고 생각하고 지지해왔다"라고 말했다. 김정은의 선택을 긍정적인 방향으로 돌리기 위해서는 북한 주민들에게 내부 환경을 조성할 능력을 필수적으로 부여해야 한다. 제재와 외교라는 외부 압력에 가장 필요한 부분이다.

묘책은 없다. 그리고 정책이란 무릇 오랫동안 지속해야만 성과가 보인다. 앞서 열거한 일련의 정책들 역시 미국의 지도력과 숙련된 이행, 그리고 이에 수반되는 위험과 기회를 함께 이해해나가는 국제 사회의 공조가 필요하다. 또한 이런 조치들에는 북한과 대화 창구를 열어두려는 미국의 의지도 병행되어야 한다.

김정은이 도발적인 행동으로 복귀하는 것은 시간문제다. 하노이 정상회담 이후 김정은의 '플랜 B'는 더 구체화된 것으로 보인다. 북한을 피해자라고 주장하고 미국을 압박하며 양보를 끌어내기 위한 도발적인 행동과 성명을 저울질하면서 지역 지도자들과 양자 회담에 관여하는 등 그의 외교는 아버지 김정일의 강압 외교와도 많이 닮았다. 트럼프 개인과는 좋은 관계를 유지하려는 듯 대화와 협상의 장점을 내세우면서도, 한편으로는 2019년 4월 12일 북한 최고인민회의 연설에서 "미국은 그런 궁리로는 백 번, 천 번 우리와 다시 마주 앉는다 해도 우리를 조금도 움직이지 못할 것이며, 저들의 잇속을 하나도 챙길 수 없을 것"이라고 강조했다. 그는 미국이 대북 '적대' 정책을 바꾸지 않는 한 '절망적이고 매우 위험한' 상황이 될 거라고 경고했다. 그러면서 "올해 말까지 인내심을 가지고 미국의 용단을 기다려 볼 것"이라고 말했다.

김정은은 이전부터 강경한 발언으로 자신의 영향력을 강화하려는 수법을 넌지시 이용하고 있다. 2018년 4월 그는 북한 매체가 강력한 탄두를 탑재할 수 있다고 주장한 신형 전술유도무기 Tactical Guided Weapons 실험을 참관했다. 그다음 달 북한은 김정은이 동해안에서 대구경 장사정 다연장 로켓Large-caliber, Long-range Multiple Rocket Launchers과 전술 유도 무기 시범 훈련을 감독했다고 발표했다. 이는 2017년 11월 이후 처음 발사한 탄도 미사일 시험 이후 기존의 UN 제재와 남북의 '첨예한 군사적 긴장 완화'를 약속했던 판문점선언을 위반한 것이다. 2019년 7월 북한 관영 매체는 김정은이 탄도 미사일 발사용으로 추정되는 신형 잠수함을 시찰하고, 이어서 간부들에게 "착실하고 안정적으로 국방력을 증강하라"고 지시했다며 보도했다. 그로부터 석 달 뒤인 2019년 10월, 북한은 해상 플랫폼 발사 탄도 미사일을 시험 발사함으로써 김정은의 외교 행보와는 무관하게 계속 군사력을 향상하고 있다는 점을 시사했다. 그리고 같은 달 김정은은 일련의 미사일 실험을 주재했다. 2019년 12월 기준으로 북한은 모두 20여 차례 탄도 미사일 발사 시험을 했다. 김정은은 훨씬 더 공격적인 태도로 나설 것으로 예상됐다. 이윽고 2020년 제야의 종이 울리자마자 김정은은 "세계가 새로운 전략 무기를 목격할 것"이라고 교만하게 공언하며 핵과 ICBM 실험의 복귀를 시사했다. 김정은은 자기 야망의 윤곽을 보다 명확하게 규정하면서 우리에게는 외교의 한계를 강조하는 동시에 내부적으로는 북한의 군사적 옵션을 향상하려 한 것처럼 보인다.

'화염과 분노'의 영향으로 김정은이 미국의 군사 행동 위협을 믿지 않게 되면서 향후 대참사가 일어날 가능성은 더 높아졌다. 앞으로 김정은은 국제 사회의 계산법이 바뀌었다는 사실을 인정하지 못하고 미국과의 어떤 대결에서도 계속 긴장감을 높이고자 할 것이다. 전쟁은 현재와 과거는 물론이고 미래의 그 어느 시점에서도 미국 행정부가 고려했거나 고려할 만한 선택사항이 아니다. 하지만 젊고 공격적이며 위험천만한 독재자와의 타협 역시 마찬가지다. 우리의 안보가 그의 변덕과 개인적인 선호에 의해 좌우될 수는 없다. 김정은은 태양에 가까이 다가가려다가 추락해서 죽은 이카로스Icarus처럼, 북한의 마천루와 미사일이 의기양양하게 하늘을 찌를수록 도저히 지킬 수 없는 약속을 하고 위협을 무릅쓰며 자신의 존재를 과대평가하고 있다.

비록 우리가 북한 독재자에 대한 많은 통찰력을 얻었어도, 아직은 한국 전문가들이 더 면밀히 조사해야 할 부분이 남아 있다. 지금까지도 북한 정권이 내놓는 성명들과 김정은 개인의 건강, 그가 행하는 숙청과 좌천 그리고 승진의 끝없는 순환 속에서 들고나는 북한의 인사, 최신 무기의 성능, 대북 제재가 북한 정권 지지도에 미치는 영향 등 조사해야 할 목록은 계속 늘어나고 있다. 한국과 미국은 물론이고 일본, 심지어 러시아와 중국에서도 지도자는 새로운 인물로 교체될 것이다. 하지만 핵으로 무장한 김 씨 왕조는 가까운 장래에도 존속할 것으로 보인다.

내가 갖고 있는 리처즈 휴어 책은 모서리가 잔뜩 접혀 있다. 몇몇 구절에는 밑줄이 쳐져 있으며, 여러 페이지가 다채로운 포스트잇으로 표시되어 있다. 2021년은 김정은의 집권 10주년을 맞이하는 해이다. 하지만 출간된 지 20년이 지나도 휴어의 책은 그의 취임 20주년까지 쓸모가 있을 것 같다. 북한 문제를 둘러싼 기존의 가정은 참가자와 사건, 상황이 달라졌고, 지역 간 역학관계와 정책이 바뀌었기에 새롭게 논의되어야 한다. 여기에 새로운 연구와 참신한 분석도 필요하다. 편견을 인정하는 것에 대한 휴어의 경고는 분석가들에게 끊임없이 공감을 불러일으킬 것이다. 그가 지적했듯이 '사고방식은 좋고 나쁜 것이 아니라, 피할 수 없는 것'이기 때문이다. 2018년 8월 91세의 나이로 세상을 떠난 휴어는 "우리의 현실 인식은 어쩔 수 없이 과거의 경험과 교육, 문화적 가치, 역할 요건, 조직 규범 등에 영향을 받는다"라고 강조했다. 이 말은 평양의 독재자에게도 똑같이 적용된다. 김정은의 사고방식은 자기 가족과 나라의 역사, 그 속에서 자신의 역할에 대한 이해와 이웃의 행동, 대내외 환경을 조작한 경험 등에 의해 형성되었다. 그렇기에 그가 당면한 정치, 군사, 경제적 도전에 대한 상대적인 장단점 분석이 필요하다.

김정은은 아직도 배우고, 적응하고, 조정하며 지도자로서 자아

를 형성해가는 과정에 있다. 우리는 그의 야망을 긍정적인 방향
으로 유도하고, 그릇된 환상은 억제해야 한다. 그렇지 않으면 북
한의 미래에 대한 그의 비전이 더 새롭고 위험한 수위에 다다를
수도 있기 때문이다.

감사의 말

이 책을 쓰는 일은 짜릿하고 숙연해지는 경험이었다. 이 과정에서 나는 너무나 많은 사람의 지도와 성원을 받고 우정을 확인했다. 나는 내가 얼마나 행운아인지를 깨닫게 되었다. 이들의 너그러움과 학식, 유머 감각이 나에게 자양분을 주고 힘이 되었다.

집필 당시 브루킹스연구소 소장이었던 스트로브 탤벗Strobe Talbott에게 감사한다. 그는 이 책의 바탕이 된 브루킹스 에세이 『김정은의 교육』을 쓰도록 격려해줬고, 성공적인 집필을 위해 연구소 자원과 편집 및 창작, 커뮤니케이션 팀의 훌륭한 인재들을 지원해주었다. 브루스 존스Bruce Jones는 내가 브루킹스의 문을 열고 들어선 순간부터 브루킹스에서 성공하는 데 필요한 모든 것을 내가 갖추고 있다며 자신감을 심어줬다. 마이크 오핸런_{Mike O'Hanlon}은 내 챔피언과 멘토, 친구로서 모든 원고를 다 읽어주었고, 익명의 평론가 세 명과 외부 검토 과정을 맡아주었다. 그의 사려 깊은 제안 덕분에 이 책을 더 좋은 책으로 만들 수 있었다.

리처드 부시_{Richard Bush}와 미레야 솔리스_{Mireya Solis}의 지혜는 매일같이 힘과 영감의 원천이 되어주었다. 초안에 대한 이들의 논평에도 감사의 말을 보낸다. 사랑하는 친구이자 동료인 라이언 하스와 조너선 폴락은 원고 일부를 읽고 자신들의 통찰력을 제공해주었다. 네이트 크렛천은 한 챕터를 읽고서 너그럽게 중요한 논평을 해주었고, 마크 리퍼트_{Mark Lippert}는 도움이 되는 제안과 격려를 해줬다. SK그룹과 한국국제교류재단, 그리고 한국 석좌에 대한 다른 기부자들의 후한 재정 지원에도 진심으로 고마움을 표한다.

한국에서의 여러 프로젝트를 효율적으로 관리할 수 있게 하고 싱크탱크로 옮길 때도 많은 도움을 준 재능 있는 연구원이자 작가, 행정가인 폴 박_{Paul Park}에게도 많은 신세를 졌다. 재스민 자오_{Jasmine Zhao}, 은 두보이스_{Eun Dubois}, 샘 크로스비_{Sam Crosby}, 이선 주얼_{Ethan Jewell}도 이 책에 귀중한 손길을 보태주었다. 브루킹스의 사서 로라 무니_{Laura Mooney}와 세라 칠튼_{Sarah Chilton}도 잘 알려지지 않은 글과 책을 찾는 내 요구를 끈기 있게 받아주었다. 모든 실수는 다

내 탓이다.

브루킹스 밖에서도 미국 정부의 동료로서 활동하는 한국 분석가와 아시아 전문가들로 구성된 학술 공동체를 발견하게 되어 매우 기뻤다.

비록 나는 정보 업계를 떠났지만, 정보 업계는 나를 떠나지 않았다. 나는 여전히 객관적이고 엄격하며, 정책과 관련된 분석을 제공하는 데 사명감을 느끼고 있다. 중앙정보국과 국가정보위원회에서 근무한 것은 내게 큰 영광이었다. 내 멘토들과 후원자들, 매니저들을 비롯해 아직 업계에 남아 있는 동료들에게도 감사한다. 그리고 요청한 시간 안에 이 책의 원고를 검토해준 CIA 출판 심의위원회 위원들께도 진심으로 고마움을 전한다.

에이전트인 브리짓 마찌Bridget Matzie는 모든 과정에서 나를 이끌어주고 격려해주었다. 미국의 뛰어난 편집자인 수재나 포터Susanna Porter와 그녀의 밸런타인Ballantine 팀은 원고에 훌륭한 공헌을 했고, 내가 상상했던 것보다 훨씬 더 좋은 책을 만들어냈다.

마지막으로, 내게 너무나 많은 기쁨을 안겨주고 매일을 포옹과 웃음으로 채워주는 남편 제이Jay와 우리 아이들에게 감사한다. 나를 자신들의 삶속에서 따뜻하게 맞아주고 자식처럼 대해준 딕Dick 과 캐럴 하버만Carol Habermann에게도 감사를 전한다.

무엇보다도 미국에 이민 와서 모든 것을 희생하고 내게 용기와 끈기를 가르쳐주신 부모님이 계시지 않았다면 이 모든 게 불가능했을 것이다.

BECOMING
KIM JONG UN

옮긴이 **손용수**

부산대 법대와 대학원에서 법철학과 형법학을 공부했다. LG전자를 시작으로 30여 년간 정보통신 산업계에서 상품기획, 지식재산권, 해외사업 등을 두루 경험했다. 바른번역 아카데미 영어출판번역 과정을 수료하고, 산업 현장의 다양한 경험을 바탕으로 경제경영, IT 과학기술 분야 전문 번역가로 활동 중이다. 옮긴 책으로는 『4차 산업혁명의 충격』(공역), 『중국이 세계를 지배하는 날』, 『2030 미래 일자리 보고서』 등이 있다.

비커밍 김정은

초판 1쇄 인쇄 2021년 12월 15일
초판 1쇄 발행 2021년 12월 27일

지은이 박정현(JUNG H. PAK)
옮긴이 손용수
펴낸이 김선식

경영총괄 김은영
책임편집 한다혜 **디자인** 윤유정 **책임마케터** 이고은
콘텐츠사업1팀장 임보윤 **콘텐츠사업1팀** 윤유정, 한다혜, 성기병, 문주연
마케팅본부장 권장규 **마케팅2팀** 이고은, 김지우
미디어홍보본부장 정명찬
홍보팀 안지혜, 김민정, 이소영, 김은지, 박재연, 오수미
뉴미디어팀 허지호, 임유나, 박지수, 송희진, 홍수경
저작권팀 한승빈, 김재원 **편집관리팀** 조세현, 백설희
경영관리본부 하미선, 박상민, 김소영, 안혜선, 김민아, 윤이경, 이소희, 이우철, 김재경, 최완규, 이지우, 김혜진, 오지영

펴낸곳 다산북스 **출판등록** 2005년 12월 23일 제313-2005-00277호
주소 경기도 파주시 회동길 490
전화 02-702-1724 **팩스** 02-703-2219 **이메일** dasanbooks@dasanbooks.com
홈페이지 www.dasan.group **블로그** blog.naver.com/dasan_books
종이 IPP **출력** 민언프린텍 **후가공** 제이오엘앤피 **제본** 대원바인더리

ISBN 979-11-306-7813-9 (03340)